Is: S. Brandano.

Cabo de No:

詭圖
THE
PHANTOM
ATLAS

國內外各界書評和亞馬遜讀者五星★★★★★推薦

在沒有衛星影像和 GPS 導航的年代，要精確紀錄茫茫大海或冰天雪地中所觀測到的地理位置，是一件極其困難的工作，某些探險地圖因而成為珍貴的資產。然而由於測繪技術的限制和感官認知的謬誤，早年的地圖資訊經常有誤。例如 16 世紀時，航行通過臺灣海峽的西方水手，從海上看臺灣，曾把臺灣本島繪製成 3 個獨立的小島。尤有甚者，基於商業利益或政治的考量，有些地圖繪製者刻意在圖上標示錯誤資訊。本書作者透過科學考證，從 58 張地圖中找到許多其實不存在的島嶼和錯置的地標，並揭開一個個美麗的謊言和迷思。透過一張張的詭圖，作者讓我們更深刻地認識地圖的本質：原來地圖不只會說話，而且會說真話、假話和謊話。這項認知有助於我們成為更聰明的讀圖者。——國立臺灣大學地理環境資源學系教授暨中國民國地圖學會理事長，賴進貴教授

受限於以往的科技能力，使得大航海時代的航海家們，即使冒著生命危險努力地探勘，丈量繪測所得的地圖與海圖，仍舊存在著許多不可思議的荒謬與錯誤；但也因此，為現在的我們，留下了這些充滿故事與幻想的「詭圖」。

《詭圖》一書裡有著神話般的海獸與異族，還有想像的樂園、王國、大陸、山脈、河流，以及錯繪的半島、岬角、島嶼與海峽等；甚至還有一個十八世紀的法國人，為了滿足其虛榮心與特殊目的，自稱他是道地的「福爾摩沙」人，為當時的英國上流社會，勾勒出以一個蛇肉為主食、劊子手販賣死刑犯屍體當作其薪俸、男人娶妻超過其贍養能力時需斬首等荒誕風俗的清代臺灣社會。但不管是來自遠古的口傳神話，冒險家的刻意謊言，或是航海家的無心謬誤，即使經過當代科學驗證它們的「不存在」後，不存在的「詭圖」，卻始終「存在」我們的腦海與茶餘飯後中。——國立清華大學歷史研究所，李毓中副教授

這本《詭圖》簡直就是一部精采絕倫的小說！它適合那些相信遠方藏有寶藏的大冒險家，也需要經驗老練的水手，才能涉險抵達未竟之地，許多新大陸或是新的島嶼，就是這樣被發掘的吧，縱使握有不可告人的祕密，或精心策畫的詭計，地圖本身自有魔力，那些虛幻的存在，縱使千里迢迢也要親眼目睹方能信服，是這些欲望使得傳說之島成為神話，讓製圖師成為至尊魔法師，博物學和航海圖很明顯是一條不歸路，讓心中有夢想的人，永遠追尋著美麗新世界。——荒野夢二書店主人，銀色快手

一本超級瘋狂又有趣的書……強烈推薦！——《世界的歷史》作者，安德魯‧馬爾

一次浩瀚壯闊、令人大開眼界的愉快閱讀經驗。——前 BBC 電視台脫口秀主持人，喬納森‧羅斯

精緻美麗的插圖，搭配令人難以置信的故事和真相，一本收集未知世界天馬行空想像的遊覽大全。
——《旁觀者》雜誌

引人入勝！本書告訴我們，只要一位製圖者用墨畫上它們的位置，這些不存在的地域便可以久久留存，甚至長達數百年。——《泰唔士報》

這本與眾不同、高度有趣的書，揭露了地圖製作者持續了百年之久的幕後祕辛。——《時代》雜誌

作者有一雙能探索真相的銳利眼睛，作品中的古老錯誤地圖，每一幅都伴隨著一個徹底研究過它們的人的故事。——《每日快報》

非凡的成就。——《博物》雜誌

優秀的作品！精簡扼要的章節佐以大量豐富珍貴插圖，這本書提供了一個令人目眩神迷的珍貴紀實。
——《文學評論》期刊

從北極磁山到澳大利亞內海，愛德華‧布魯克希欽描繪、查找出了五個世紀以來，橫跨五百年的歪曲地圖。——《衛報》

絕對值得一讀的科普書選擇……昭示了人類生動的思維是如何利用有限的知識，在學術想像中堅持謠言、猜測和徹頭徹尾的謊言。——《經濟學人》

《詭圖》一書描寫了五十則神話、謊言與粗心失誤，並配以細實的地圖……這樣的書值得放在客廳桌上，但你可得先睹一快——這裡面有許多值得吸收的內容。——約翰‧烏瑞，英國《鄉村生活雜誌》

內容精彩，插圖美麗絕倫。——羅沙蒙‧爾溫，《倫敦標準晚報》

精緻細膩的撰筆工夫……使曾經存在的諸國諸島，以美麗插圖的形式躍然紙上，地圖迷必買之作！
——《澳洲人報》

這本引人注目的作品展現了地圖之美麗，文筆精湛、逗趣……這本書是一場富含靈性與愉悅的研究。
——英國《立場月刊》

詭圖

地圖歷史上最偉大的神話、謊言和謬誤

THE PHANTOM ATLAS

The Greatest Myths, Lies and Blunders on Maps

愛德華·布魯克希欽

EDWARD BROOKE-HITCHING

SIMON & SCHUSTER

London · New York · Sydney · Toronto · New Delhi

A CBS COMPANY

MMXVI　奇幻基地

ORBIS
TERRARVM
NOVA ET
ACCVRATISSIMA
TABVLA.
auctore
PETRO GOOS.

獻給艾蜜莉與法蘭克林
沒有你們，我如何立身於此？

CONTENTS 目次

第四頁、第五頁地圖
西元 1672 年，彼德魯・古斯繪製的〈全新世界海圖〉。

第六頁地圖
迪亞哥・古提列茲於西元 1562 年繪製的〈美洲與世界第四塊區域最新精確圖〉。

引言

繪製非洲地圖的地理學家
在山路織上蠻荒的圖像；
至於難以維生的山岬
則放上象影誘人立家。

——約納丹·史威夫特（Jonathan Swift）

陽光灑落於六月晴空的某天，胡士托·西耶拉號（Justo Sierra）整裝出航。它的任務是搜查墨西哥灣中被稱作「貝梅哈」（Bermeja）的島嶼，這座島有 31 平方英哩（80 平方公里）大，船員依照前人的指引而行，其中包括製圖學家阿隆索·聖塔克魯茲（Alonso de Santa Cruz）在西元 1539 年製作的這張〈猶加敦與周邊島嶼地圖〉（El Yucatán e Islas Adyacentes），以及西元 1540 年，作家阿隆索·夏維斯（Alonso de Chaves）記載的「褐金色的島嶼」的精確座標。

然而船員抵達座標所在地後，眼前只見到一望無際的平靜海面。儘管有數不盡的海圖記載了這座島嶼，胡士托·西耶拉號的船員卻找不著任何陸地的蹤跡。船員努力徹查此區，進行大規模的丈量與測深，但是依然徒勞無功。至此，人們方知貝梅哈島竟是座幽靈島嶼，原先認定的事實，頓時化為虛構之產物。更令人意外的是，這個十六世紀的幽靈地域立足已十分長久，因為胡士托·西耶拉號並不是一艘古船，它的船員是墨西哥國立自治大學集結的跨領域學者團隊，該船則是在 2009 年出航。

為此，本書囊括了世界各地不曾存在的地域——這些地點不僅曾經存在於歷史，也廣泛受到世人認定。書中收錄的國家、島嶼、城鎮、山脈、河流、大陸與種族幾乎全屬虛構，然而它們確實曾經一時，甚至立足好幾個世紀。為什麼會這樣呢？這全是因為——它們曾被記載在地圖上。

探討歷史時，人們經常會忽略製圖學上的謬誤，深究其因，或許是比起單純的錯誤，人們更傾向將地圖上的誤差視為夢想之地，而這些幻想之境皆呼喚著人們去探索究竟。例如：地圖把加利福尼亞當作一座島嶼，或是認為北極有座以黑色磁石構成的黑石峰，又或是對巴塔哥尼亞 9 呎巨人（約 2.7 公尺）的描述等等，這些概

念從何而來？為什麼廣為人知？我們是不是還能找到其他奇妙的產物？

　　或許人們可能認為這些地圖上的幽影已經無足輕重，但就像貝梅哈島的故事所昭示的意義一樣，這些出奇、精彩的迷信，造就了它們不散的陰魂。有些幽魂持續存在到十九世紀以後：例如原本被認為在珊瑚海東部的珊迪島（Sandy Island），紀錄上第一次出現是在西元 1876 年的捕鯨船日誌，之後便標注在正式海圖上超過一百年。直到西元 2012 年 11 月，也就是首次有人「目擊」該島一百三十六年後，大家才發現它並不存在，然而珊迪島卻已於今日的 Google 地圖存了七年以上。這些幽靈島嶼被視為海圖上的病灶，經常讓求證任務無功而返。現今由於各大航線日漸忙碌，全球定位也更加精確，才因此漸漸有條不紊地將這些異常地點排除。以西元 1875 年為例，英國海軍至少從北太平洋海圖上，剔除一百二十三座不存在的島嶼（標記 E.D.，也就是『可能不存在 Existence Doubtful』的意思）。

　　但這些不存在的島嶼是怎樣被記錄下來的？我們很自然地追溯到遠古迷信、古典神話與對宗教教條的虔信。以中世紀歐洲的世界地圖中現存最大的〈赫里福德地圖〉（Hereford Mappa Mundi）為例（西元 1290 年繪製），就像是一個歷史與流行信仰匯聚的百寶箱。這張巨大且複雜的拼貼畫用意原為提供不識字的朝聖者瀏覽，通常這類地圖會將耶路撒冷置於中央，用來展示上帝造物的廣幅地域。地圖上有許多抄寫錯誤，也描繪了老普林尼（Pliny）記載的奇異物種（如塔珀芭娜的獨腳人，這個物種會舉起單隻的大腳來遮陽）。

　　海市蜃樓與其他視覺現象，也常成為地圖上虛構地點的材料。低層雲經常在海上被誤認成陸地，讓水手稱之為「偽岬」（Dutch Capes）。「摩迦娜的妖精」（Fata Morgana）也是一種特殊且複雜的海上幻象，讓身在船首的人以為海平線上出現了陸地，這個名字貼切傳達了水手們對於這些景象既是鄙蔑，卻又帶著恐懼的心情，用語語源是義大利人對亞瑟王傳說中的唬騙女巫摩根勒菲（Morgan le Fay）的稱呼而來。通常這種視覺幻象會出現在極地，導致人們以目視誤判為陸地──有人指稱就是這種現象造成尋找北極海「杉尼可夫地」的馮·托爾男爵（Baron von Toll）在西元 1902 年的罹難。

然而這些錯誤當中，自然也有無心之過。通常是基於以智識推測的理想式地圖，或是缺乏現代測量系統所致。以往的座標標示既粗略亦不精準，直到約翰‧哈里遜（John Harrison）在十八世紀發明了精準的航海天文鐘，才解決了長久以來測量經度的困難。地圖上的錯誤經常為人所複製，也一再被「發現」，以查爾斯‧威克斯上尉（Charles Wilkes）為例，他在西元 1838 年調查土阿莫土群島（Tuamotos）時，在西經 144°36'、南緯 15°44' 的地方，發現了一座島。他以觀察員的名字命名為「金恩島」（King Island）。但其實在此之前（西元 1835 年），小獵犬號（Beagle）的羅伯特‧菲茨羅伊（Robert Fitzroy）船長已經發現了這座小島，並命名為「泰拉羅」（Tairaro）。

有時，這些幽靈島嶼不過是場笑談。彼得‧黑林（Peter Heylyn）在西元 1659 年所著的《宇宙誌》（*Cosmography*）中，轉述沃爾特‧雷利爵士（Sir Walter Raleigh）捉拿佩德羅‧沙爾緬度（Pedro Sarmiento）的故事：爵士質詢了這位西班牙探險家，要他供出在麥哲倫海峽的地圖上記載的奇特發現，以及具有戰略優勢的特定島嶼，但沙爾緬度開心地回答：

那座島的名字是「製圖師之妻」，那是製圖師製作地圖時，坐在一旁的妻子要他放進去的，這樣她就可以幻想自己成為一島之主啦。地圖上那座假造的島嶼並不存在——而我認為在常用的地圖上，製圖師的妻子可是坐擁許多島嶼，甚至是許多國家的主人。因此你不太可能在任何嚴格的搜索中，找得到這些地域的。

此外，也有無實下流的騙子為了不光彩的自我利益，經過算計，信誓旦旦地無中生出一座小島或國家。像是喬治‧撒瑪納札（George Psalmanazar），就是個行騙十八世紀世人的法國人。他自稱是福爾摩沙（台灣）的居民，以鉅細靡遺的謊言騙過許多人。他的作品《福爾摩沙歷史與地理的描述》（*An Historical and Geographical Description of Formosa*）裡天花亂墜的內容，完全出自於他豐富的想像力。

還有，狂野的故事可以大賣，並且深受世人歡迎。探險家們為自己打上英雄的聚光燈，引誘贊助者支持未來的探險，班傑明・莫羅（Benjamin Morrell）這位以「太平洋大騙徒」聞名的傢伙，會在結束驚險的旅行後講述自行發現前無古人的無人之境故事（同時盡可能吹噓自己的名號），而他的遊歷顯然都是隨意剽竊的結果。但要說到騙子中的貴族，不得不提提蘇格蘭人葛雷各・麥奎格（Gregor MacGregor）這個唬人大師，他將幻想的故事誇大成引人入勝的冒險，以「波亞斯酋王」之名在倫敦街上大搖大擺，達成十九世紀最大一宗詐騙行動，甚至可能是至今有史以來最大的一樁騙案。

　　製圖家們可能也會為了保護自己的利益而動些手腳，自行設計虛構的地理位置，做為版權所有的「陷阱」，如同有些辭典編寫者會製造虛構的條目，以做為對手盜用時的證明一般，這種舉止在時下仍盛行著。西元2005年，發行《A-Z街道地圖集》（A-Z Street Atlas）的公司就曾向英國廣播公司坦承，當年發行的倫敦地圖記錄了超過一百條假造道路。

　　調查這些地理上的幽靈，同時也可以發現這些幽靈有可能是太早被列下來所致，像是在火山活躍的地區，島嶼的生成與消失都履見不鮮，這些地區經由口傳的文化記錄了這些島嶼，像是斐濟就盛傳一座不宜人居、名為伏尼維列伏（Vuniivilevu）的島嶼，這座島某一天就突然消失在太平洋的深海中，時至今日，當地的漁船行經島嶼舊地時，依習俗仍會保持靜默，來向該島致敬。有時，地圖亦記錄了災難：冰島一帶的海域本來有一處名為庚比雍（Gunnbjörn）的環礁，上面有十八座農場，但根據尤漢・羅什（Johannes Ruysch）在1507年製作的地圖，西元1456年的火山活動，已經毀滅了庚比雍。

　　無論我們自認已經多麼認識自身所處的世界，但背後還是有著更多的故事。我開始思考，還有多少幽魂躲在舉目可見的地方，就這樣印在世界各地牆上的地圖中呢？又有什麼島嶼、什麼山地，或是幻想的國度，仍在現實中戴著面具恣意遊行，享受著它們寧靜的虛無，直至人們尋覓無果的那一天？

亞尼俺海峽 STRAIT OF ANIAN

西經 124°50'，北緯 48°29'；亦被稱為亞尼俺窄道（Strete of Anian）

——通往富饒航道的神祕入口

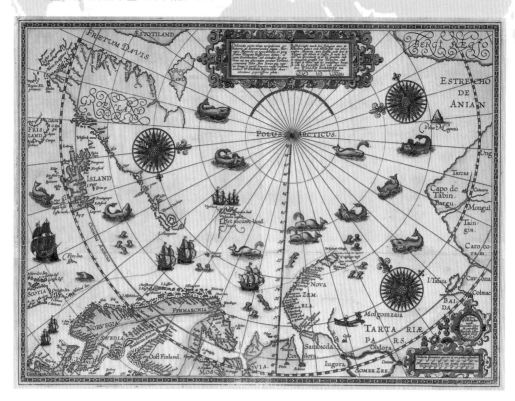

　　歐洲人的探險史中，總是少不了對西北航道（Northwest Passage）的執著。一旦能從北極海的碎冰之間找出一條通往豐饒亞洲的航道，來代替環繞南美洲、令人精疲力竭的怒海，尋獲這條航線的國家將會獲得難以計算的財富。數百年以來，這航線純粹是個假說，只是天方夜譚中的神祕通路。然而羅伯特·馬庫勒（Robert McClure）在西元 1850 年發現了西北航道，而挪威探險家耶魯旺·阿孟森（Roald Amundsen）也在西元 1906 年成功通過航道。在此之前數百年間，有不少海灣與水道都曾被謠傳或描述為這條通道的入口，並讓人們付出極大代價深入探索，其中最大宗者，莫過於亞尼俺海峽。

威廉·拜倫茲（Williem Barentsz）於 1598 年根據自身在西元 1596 年的航行觀察所繪製的極區地圖。地圖上繪製了海怪、船隻、鯨魚為裝飾，右上角還有傳說中的「亞尼俺海峽」（Estrecho de Anian，西班牙語）。

謠傳中，亞尼俺海峽位於北美洲西北處與亞洲東北處之間（接近白令海峽處），在十四世紀中後期開始出現在地圖上，並被視為北極海航道的西方端點。這個傳言激起許多探險家的好奇心，其中包括約翰・凱伯特（John Cabot）、法蘭西斯・德雷克爵士（Sir Francis Drake）、加斯帕・科提利阿（Gaspar Corte-Real）、賈克・卡提赫（Jacques Cartier）與亨佛利・吉伯特爵士（Sir Humphrey Gilbert）。人們認為「亞尼俺」一名來自十三世紀探險家馬可波羅（Marco Polo）的探險故事，他在《馬可波羅遊記》（Travel）第三卷第五章提到「長及兩個月」航程才能走完的海灣北部，一路連結到蠻子（Manji）省分的南部，然後可以抵達亞尼亞（Ania）、托曼（Tolman）以及其他已知國度。馬可波羅詳細描述它的細節：「這道海灣綿延不絕、居民眾多，彷彿是個新世界。」

　　馬可波羅在這裡指的是越南北部海域的東京灣（Gulf of Tonkin，亦稱北部灣）。雖然他清楚指出此處位於南方，但也可以理解地圖學家在查找該地資訊時，為海峽取用了「亞尼亞」一名。此名首先在義大利宇

史上第一張完全針對北美洲所印製的地圖，也是第一張記載著亞尼俺海峽（Streto de Anian）的地圖。地圖上的亞尼俺海峽分開了美洲與亞洲。在西元1566 年，由威尼斯的保羅・佛蘭尼（Paolo Forlani）與波羅尼諾・薩提耶里（Bolognino Zaltieri）出版。

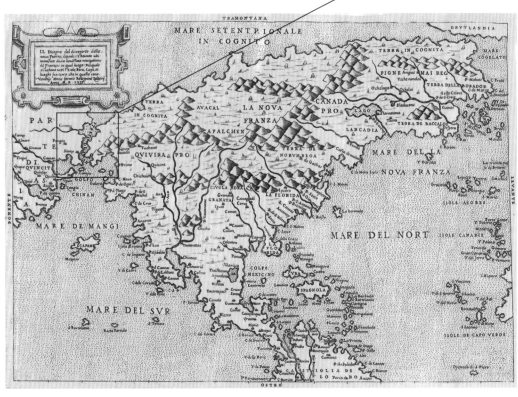

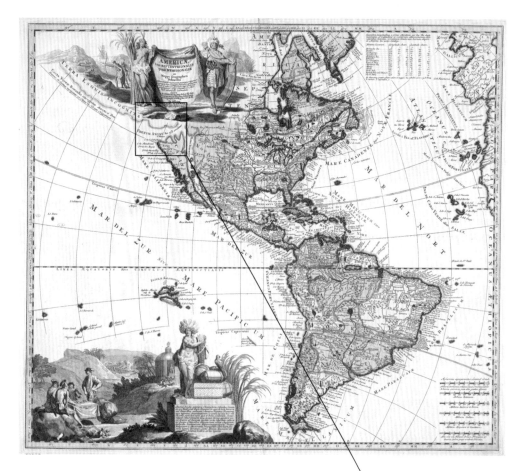

宙學家加柯摩・加斯塔第（Giacomo Gastaldi）於西元
1562年所用，接著1567年被製圖家波羅尼尼・薩提耶
里（Bolognini Zaltieri）與傑拉杜・梅爾卡托（Gerardus
Mercator）所引用。探險家與地圖學家在接下來的數百
年內，緊抓著尋獲亞尼俺海峽的夢想，因為這個假說的
目的，就是要找到世人難尋的西北航道。當時歐洲與
亞洲的貿易雖已大幅成長，但仍屬不易，這些商品必
須經由陸路或是繞過好望角（Cape of Good Hope）才
能運抵，而眾人繞行的好望角，在西元1488年被迪亞
士（Bartolomeu Dias）發現時，曾被命名為「風暴角」
（Cabo das Tormentas）。

　　希臘水手胡安・弗卡（Juan de Fuca，西元1536 –
1602年）宣稱自己曾在亞尼俺海峽上航行，因此接下新
西班牙總督的命令，發動了尋找這條虛構航道的探索。
第一次探索時，他帶了三艘船，配有兩百名人力，結果
航行初期就因為船員在加利福尼亞叛變（他們認定船長
『行為不檢』），以失敗收場。

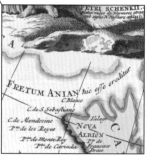

亞當・蘇爾諾（Adam Zuemer）的
〈地理略圖〉（Mappa Geagraphica
Delineatio）中的南、北美洲（西
元1707繪製）。
在美洲原住民獵人的卷飾下
方，標注著「亞尼俺海峽」
（Fretum Anian）。

他在西元 1592 年第二次出航，總督命令他用兩艘船探索該區域，這次理應看來會更有斬獲。根據麥可·洛克（Michael Lok）的記載：

弗卡這次航行來到緯度 47° 處，在那裡找到位於緯度 47° 與 48° 間、延伸至北方與東北方的廣闊海灣。他航行進入海灣多達二十天，然後發現……比起出入口更廣闊的海域，接著航經分割海域的陸地……

在弗卡的紀錄中，海峽的入口有座立著石塔的大型

奧特里烏斯（Ortelius）在西元 1598 年出版的韃靼（Tartar）王國地圖，正中偏東處標記了亞尼俺海峽（Stretto di Anian）。

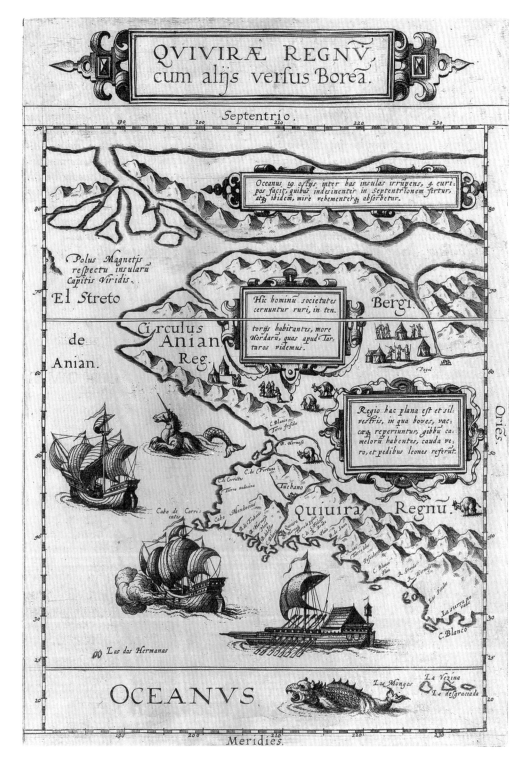

康尼利斯・尤德（Cornelis de Jode）
在西元 1593 年繪製的北美洲西海岸
地圖。

島嶼，他歡欣返航至阿卡普爾科（Acapulco），想要獲得發現此地的報酬，卻分文未得。

由於僅有洛克這位英國商人記載了弗卡的航行，而他又宣稱這是與威尼斯一位水手會面的結果（這位英國人同時也是熱切宣傳尋找航道的人物），因此有人甚至懷疑弗卡這個人的真實性——有些學者將弗卡與弗卡的發現一併視為傳說。

然而就算弗卡是虛構人物，他的地理發現也有真實的元素。毛皮商人查爾斯·威廉·巴克利（Charles William Barkley）西元 1787 年於北美西海岸的弗來特里角（Cape Flattery）發現一道海峽，雖然這裡距離弗卡宣稱的地點整整一個緯度（大約 69 英哩，或 111 公里），但是他找到了水手當時發現的石柱（如今被稱為弗卡之柱 De Faca Pillar）。弗卡所宣稱的發現，也被西班牙航海家羅倫佐·菲瑞·馬東納多（Lorenzo Ferrer Maldonado）支持。這位西班牙人宣稱在西元 1588 年從該海峽的另一端航行過來，而這是弗卡出航四年前的事情（只不過馬東納多此次航行純屬編造，因此在當時不被重視。十八世紀後期的再次發現，才讓海峽重新享有盛名）。巴克利發現的海峽以弗卡之名命名，但它只是一道連接沙利旭海（Salish Sea）與太平洋、分隔美國與加拿大的水道，長不過 95 英哩（約 153 公里）。

這麼多急切追尋跨大陸航道的探險，使得亞尼俺海峽的鬼影在地圖上飄動了數百年，揮之不散。赫曼·墨爾（Herman Moll）在西元 1719 年的地圖上，將亞尼俺定為加利福尼亞島位於北緯 50° 的海港（相關資料詳見第 64 頁）。西元 1728 年，尤漢·凡·庫倫（Johannes van Keulen）也將亞尼俺定位於此，並且注記：「傳言此海峽可通往哈德遜灣，但未經證實」。山謬·赫納（Samuel Hearne）在西元 1772 年為了尋找海峽，從哈德遜灣（Hudson Bay）往科珀曼河（Copermine River）航行後返回（這是一趟超過 3600 英哩、約 5800 公里的壯舉），仍然沒有找到亞尼俺海峽。最後的這趟探索，終於使這個迷思沉寂了下來。

安提利亞島 ANTILLIA

西經 54°55'，北緯 33°44'；又稱七城之島（Isle of Seven Cities、Ilha das Sete Cidades、Sept Citez）

—— 擁有七座黃金之城的隱形之島

　　西元 711 年，信奉伊斯蘭教的摩爾人從北非跨越直布羅陀海峽（Strait of Gibraltar）侵略伊比利半島（Iberian peninsula）。塔里克・伊本・齊亞德（Tariq ibn Ziyad）帶領大軍進行了八年大戰，擊拜了西哥德王國（Visgothic）的基督教軍隊，並掌握現今西葡兩國的領土。摩爾人翻越庇里牛斯山（Pyrenees）繼續侵略，最後才在西元 732 年的普瓦捷戰役（Battle of Poitiers，又稱 Battle of Tours）遭鐵錘查理斯（Charles Martel）領軍的法蘭克人擊退。但在這之前，有則奇異的傳說從他們鐵蹄踏下的瓦礫中升起。據傳有七位主教脫離穆斯林軍隊的掌握，最後避居在「安提利亞」這座偏遠的小島上，這些聖人在那裡定居，每一位都為自己建立了黃金之城，因此讓這座島有了「七城之島」的美稱。

　　人們不知道這些主教是怎麼到這座島上的，七百年過去，沒有人再提過安提利亞，然而威尼斯地圖學家皮茲加諾（Pizzigano）在西元 1424 年的波特蘭海圖（航行指示圖）上，畫上了這座島嶼，還有幾座傳說中的亞特蘭提斯島嶼。在這張地圖上，安提利亞被描繪成一座巨大的方塊，並在海岸飾以七座城市的圖樣：阿塞（Asay）、阿黎（Ary）、維拉（Vra）、傑索斯（Jaysos）、馬恩里歐（Marnlio）、安蘇黎（Ansuly）與奇歐德奈（Cyodne）。這座大島如果存在，應該坐落於與直布羅陀同緯度、葡萄牙再往西 750 英哩（1400 公里）的北大西洋上。這座島的名字十分神祕，人們認為這是自「安提爾哈」（anteilha）一詞演變而來，大意是「對面的島」，有此命名可能是因為該島被認為就在葡萄牙海岸對面（後來被改稱為安提利群島）。

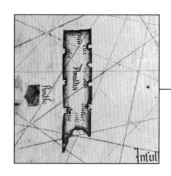

　　這座島的規模吸引了探險家的注意：像是葡萄牙的恩里克親王（Prince Henry，1394-1460，又稱航海家恩里克），便在西元 1452 年派遣迪歐哥・忒維（Diogo de Teive）船長與西班牙貴族佩德羅・維拉斯科（Pedro de Velasco），自亞速爾群島（Azores）的法亞爾島（Fayal Island）出發，在該島西南方至西北方搜索安提利亞的蹤跡。只是一行人航抵等同於愛爾蘭島南部的緯度後，連安提利亞的一片海岸都看不見。不過這趟任務並非徹底失敗，在航行期間，他們發現了科爾武島（Corvo）與佛

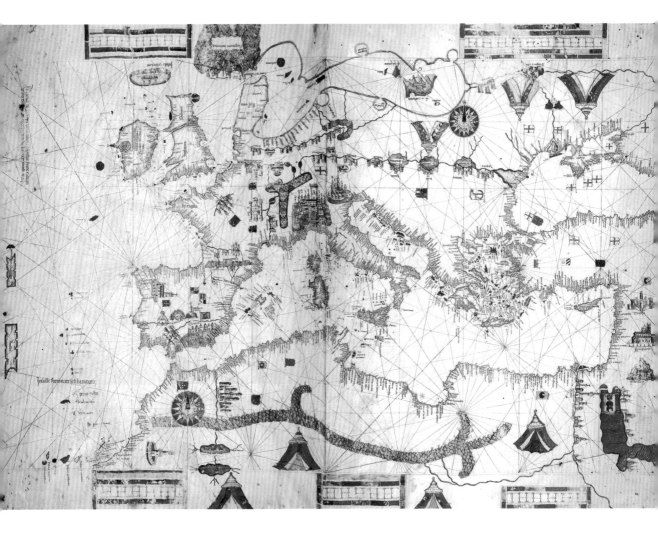

洛雷斯島（Flores），為亞速爾群島添加了兩個新成員。義大利天文學家保羅・托斯卡內利（Paulo Toscanelli）在西元 1474 年給費曼・馬丁（Ferman Martins）的書信中，表示他肯定安提利亞的位置就在 Cipangu（日本，歐洲古稱）以東五十經度處，並認為該島是前往契丹（Cathay，即中國）的中途站；接著在西元 1486 年，葡萄牙的國王若昂二世（João II）命令費納爾・杜默（Fernão Dulmo）這位特塞拉島（Terceira，亞速爾群島中的一座大島）北部的船長，要以國王之名尋找並佔領七城之島。杜默在三月組成搜查團出發，但只碰到了狂風暴雨。

阿爾比諾・卡內帕（Albino de Canepa）在西元 1489 年繪製的波特蘭海圖。極左方的四方形島嶼就是安提利亞。

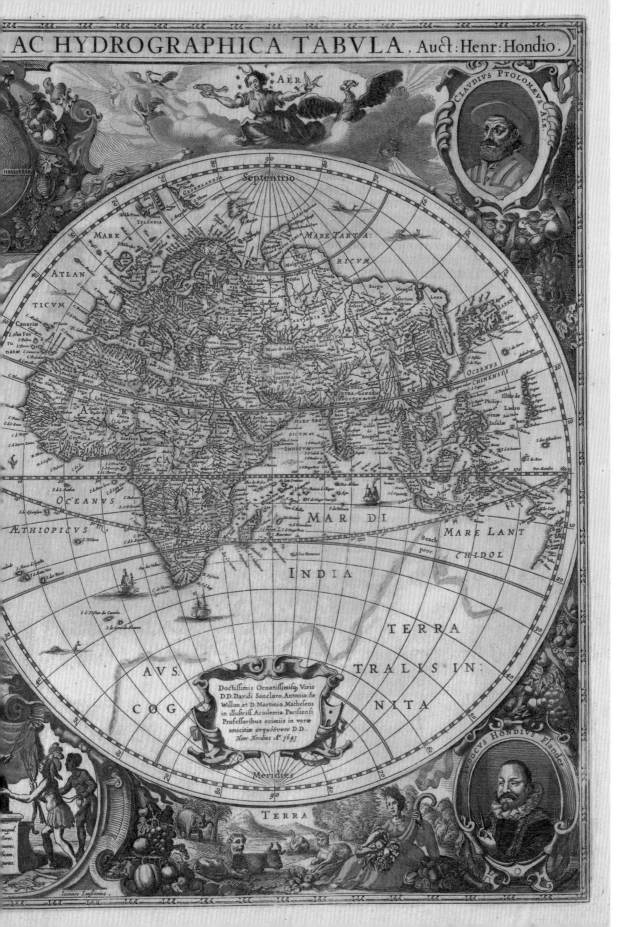

哥倫布也深信安提利亞的存在，並認為它是前往印度途中的休息站。他在西元 1492 年的航海日誌指出，自己會在北緯 28° 找到該島。他可能是根據馬丁‧倍海姆（Martin Behaim）同年在「厄達普菲」（Erdapfel，即地球的蘋果之意）地球儀上的標示，做出這樣的判斷。地球儀上也注記著以下內容：

在主後 734 年，非州的異教徒肆虐西班牙之際，安提利亞島，又稱七城之島，由波爾圖（Proto）樞機主教帶領六位主教與不少男女逃離西班牙，拋棄他們的牲口、財產與貨物。一艘西班牙船在西元 1414 年，安全抵達該島近海。

西元 1508 年，尤漢‧羅什（Johannes Ruysch）在他的地圖上更詳細地記載安提利亞：

葡萄牙人發現了安提利亞，但是至今找不到該島。當地人說西班牙的語言，據信是哥德人統治西班牙的末王羅德里克（King Roderic）的年代，也就是野蠻人侵略西班牙的時候逃到這裡。這裡有一位樞機主教與六位主教，每一位都有其主管的城市，因此該島被稱作七城之島。這裡的居民大多是基督徒，坐擁著本世紀的財富。

哥倫布的兒子費納度‧科隆（Hernando Colón）也對安提利亞國度心生嚮往。他在西元 1571 年的著作《艦隊司令史》（Historia del Almirante）中，信心滿滿地指出主教在西元 714 年出逃，而非 734 年，這個年份才接近羅德里克王在西元 711 年僅僅兩年的掌權期。他也寫著這些聖人在抵達安提利亞後，燒掉了他們的船隻，惟恐任何人有一絲返回西班牙的打算。那麼，流亡主教的故事怎麼傳回歐洲大陸的呢？科隆則表示，在航海家恩里克的時代，有艘船意外因暴風雨偏離航線，登陸了安提利亞。船員探索了這座島，向當地人問安並參與了教會的儀式，之後才趕回葡萄牙，報告了這趟經歷。然而，這群船員在接獲返回該島確認細節的命令後，全員便行蹤成謎。法國水手伊斯塔塞‧福什（Eustache de la Fosse）則擴大了這個謎團，他警告大家，安提利亞其中一位「通曉死靈法術」的主教，利用咒語保護這座島，認為該島在「西班牙回歸天主教會的美好信仰」後，才會再次出現。福什也宣稱航經這座隱形島嶼的船員，看

到棲息在海岸的鳥兒飛過船隻，但是這些鳥也因為「前述的法術」而瞬間隱形消失。

安提利亞後來在在安東尼歐·加伐歐（Antonio Galvão）於西元 1563 年出版的《世界探索集》（*The Discoveries of the World*）出現。根據這位編年史作家記述，有艘從直布羅陀出航的葡萄牙船隻，與七城之島接觸，當地居民以葡萄牙語為母語，向船員詢問西班牙是否仍在摩爾人的統治下，而他們正是在羅德里克王死後逃來這裡的人。這艘船在返航至里斯本（Lisbon）後，將該島的土壤交給金匠分析，宣稱土裡有三分之二的泥土與三分之一的金子（最後一句敘述常見於探險故事中，用以炒熱氣氛，但在加伐歐冷漠的筆調下，顯然對此事抱持著審慎的態度）。加伐歐證明了水手將位於遙遠西方加勒比海的安提列斯群島（Antilles）與這個傳說搞混了，他的結論也受到當時其他地理學家的支持，因此將該島從地圖上移除，不過後人的作品中，還是將安提利亞畫進了地圖，例如洪第烏斯（Hondius）在西元 1631 年繪製的驚人世界地圖，便是一例。

亞特蘭提斯 ATLANTIS

西經 39°48'，北緯 35°09'；

—— 古希臘傳說中的巨大沉沒之島

亞特蘭提斯，這座歷史中最廣為人知的幽靈島嶼，在西元前柏拉圖筆下，「比起利比亞與亞細亞加起來還要龐大」。他在兩篇對話錄〈蒂邁歐篇〉（Timaeus）與〈克里提亞斯篇〉（Critias）詳細描述了這片土地。這位西元前 360 年的哲學家寫下的作品，是這則傳說最早的紀錄（並且寫著是『真實故事，而非虛構』），但這個故事在古雅典人與柏拉圖時代以前的九千年間，曾引發大量論戰。柏拉圖以亞特蘭提斯的故事講述一則警示傲慢強國的寓言，描繪了他的想像。人們認為亞特蘭提斯是因為

波西・聖文森（Bory de St-Vincent）所繪〈加納利群島地圖〉（Sur les Canaries）中的亞特蘭提斯。

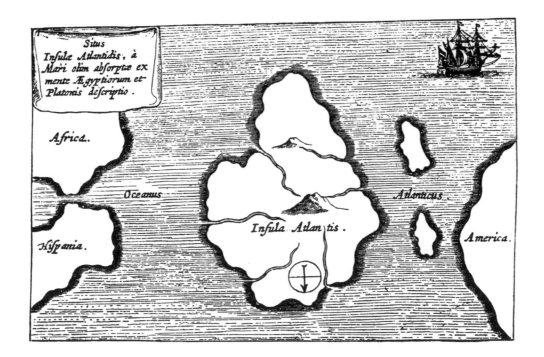

西元前 1500 年錫拉島的火山爆發（island of Thera，也就是聖托里尼火山 Santorini）而毀滅。亞里士多德則將傳說斥為虛構故事，但是希臘學者克蘭托爾（Crantor）則護之心切，將其認定為史實。這個傳說是否有事實根據的論戰，一發不可收拾，至今仍餘波蕩漾。

在〈蒂邁歐篇〉中，柏拉圖寫著有個「位於眾人稱作海格力斯之柱（Pillars of Heracles）海峽外海」的強權島國，這個國家對歐亞兩地發動突襲。古雅典城邦的人們「勇往直前，展現了雅典人民出眾的美德與力量」：

> 雅典人以勇氣與戰技出名……他們打敗了侵略者，凱旋而歸，解放居於大柱內海的我們，讓我們免受奴役。但在這之後，發生了一場劇烈的地震，帶來洪水；不幸的一日一夜過後，雅典人的戰士沉入海中，亞特蘭提斯島也消失在海底。海上於是有道泥灘，正是那沉沒的島嶼，因此人們無法在那片海上通行。

十七世紀學者阿塔納斯·珂雪（Athanasius Kircher）將亞特蘭提斯放在美、非兩洲之間等距處。

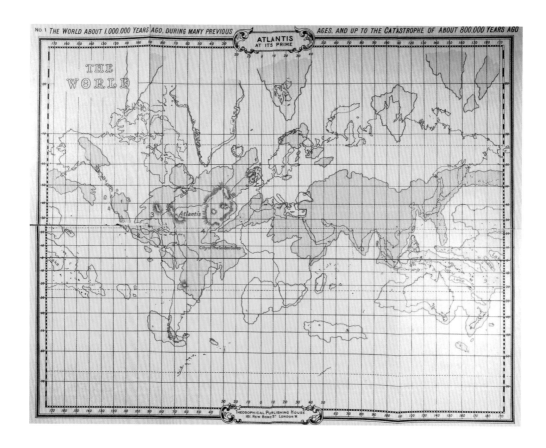

ATLANTIS
AT ITS PRIME

THE WORLD

Atlantis

City of the Golden Gates

THEOSOPHICAL PUBLISHING HOUSE
161 NEW BOND ST. LONDON W.

　　柏拉圖想像的強權寓言，卻因為他信誓旦旦的保證，以及引人入勝的故事，而失去了原本的寓意。亞特蘭提斯慢慢成為失落世界與謠傳的烏托邦代表，並且融入了各地文化的神話。十九世紀翻譯柏拉圖著作的喬偉特博士（Dr. Jowett）便寫著：「這則傳說如此深植人心，甚至進駐世界各個國家。它藏身在雲霧之間，隨時會在信徒眼前出現……柏拉圖可說是最會編造堂而皇之謊言的人物。」但是世界上仍有大量的學術理論（以及非學術理論）認定這支消失的種族曾經存在於現今的真實區域，這些區域包括秘魯、西印度群島、南極大陸、加納利群島、古巴、印尼、奈及利亞、摩洛哥、塞普勒斯、斯里蘭卡、薩丁尼亞、北美洲與英吉利海峽。

　　本節地圖是地圖學中提及亞特蘭提斯的稀有案例——德國學者珂雪將亞特蘭提斯安置在地圖上大西洋的正中央。這位學者在西元 1665 年出版的自然科學名作《地上世界教本》（Mundus Subterraneus）一書中，也有其他有如神話的地理記載，例如以往的假想中，被認為是尼羅河源頭的月亮山脈（Mountains of the Moon，詳見第162頁）；或是巨人葬身之地的遺跡，以及地下世界的生

威廉・史考特－艾略特（W. Scott-Elliot）的《亞特蘭提斯與失落的雷姆利亞故事》（The Story of Alantis and the Lost Lemuria）中，亞特蘭提斯巔峰時期的版圖（西元 1925 年）。

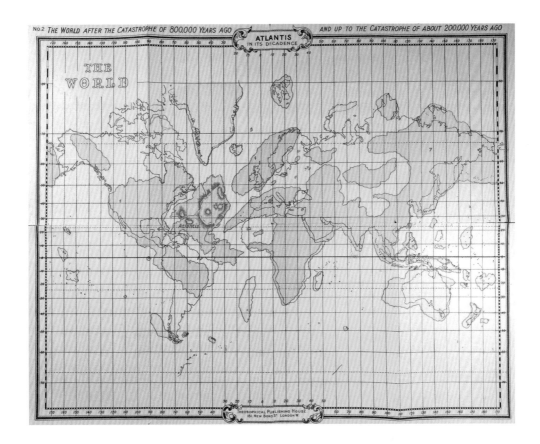

威廉・史考特－艾略特的地圖，標注「失落」的亞特蘭提斯。

物（包含龍類）。其中的「熱能噴發概念系統」（Systema Ideale Pyrophylaciorum）圖片最為人所知，這張圖就是對地球火山系統的研究，他在書中表示這個星球「並非固體，而是有許多空洞的孔洞與隱藏的地穴」，而火山只不過是「大自然的通風口或煙斗口。」

　　不斷延續的亞特蘭提斯神話也擴展到學術圈外，到達了令人異常執著的領域。在西元 1953 年勞倫斯・杜洛（Lawrence Durrell）的《維納斯的海上倒影》（*Reflection of a Marine Venus*）一書中，寫了一種未經醫學分類的疾病：「其中有一種叫作『島嶼狂熱』的病症，雖說不常見，但是不知為何能影響心靈……完全無法抗拒島嶼的魅力。我們知道這些人身處四周環海的小小島嶼，卻難以名狀地陶醉其中，這些天生的『島嶼狂熱者』……正是亞特蘭提斯人的直系後裔。」

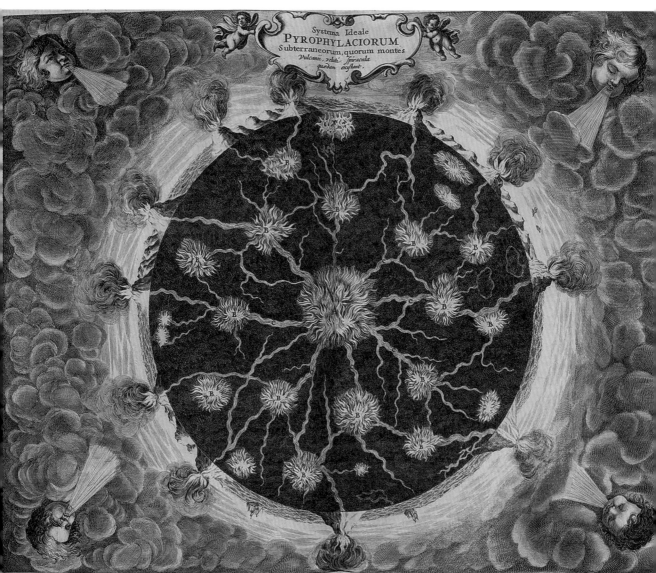

Systema Ideale
PYROPHYLACIORUM
Subterraneorum, quorum montes
Vulcanii, velut: spiracula
quædam exystunt.

Hoc Schema exprimit Caloris sive Jgnis nidos, vel, quod idem est, pyrophylacia per universa Geocosmi viscera admirando DEI opificio, varie distributa ne alicubi deesset, quod conservationi Geocosi
tantopere foret necessarium; Nemo autem sibi persuadeat Jgnem revera hoc pacto quo schema refert constitutum esse; eoq prorsus ordine disposita æstuaria, nequaquam. Quis enim hæc observavit
quisnam illuc penetravit unquam ex hominibus? Hoc itaq; Schemate solummodo ostendere voluimus, Telluris viscera plena esse æstuariis et pyrophylaciis, sive ea jam hoc modo, si
alio, disposita sint. ex centro igitur Jgnem per omnes Subterrestris mundi semitas usq ad ipsos exterioris superficiei montes Vulcanios deduximus; Jgnis Centralis sign
A litera. Reliqua sunt æstuaria Naturæ, signata B. Canales pyragogi C. minimi vero rivi sunt fissuræ Terræ, per quas Jgnei spiritus pervadunt.

珂雪在西元 1665 年的地圖
上，描繪地下世界火山系統的
「火河」（Fire Canals）。

詭圖：地圖歷史上最偉大的神話、謊言和謬誤

有些島嶼狂熱自然地與尋找亞特蘭提斯有關係，尤其以約翰‧莫特（John L. Mott）帶領丹麥亞特蘭提斯狂熱信徒，在西元 1917 年創造「亞特蘭提斯公國」最為著名。為了逃離受戰火肆虐的歐洲，這群人宣稱他們在佛羅里達半島西南部 200 英哩（370 公里）、厄瓜多以北 8° 的島群定居。這個島群距離巴拿馬與哥斯大黎加海岸只有 3 英哩（5.5 公里），並宣布成立「祕密王國：亞特蘭提斯雷慕里亞港公國」（Principality of Atlantis Kaj Lemuria）。在三〇到五〇年代之間，美國國務院與多人通信回應亞特蘭提斯公國的議題，如今美國政府在這二十年間的資料已經公開，其中包含文件抬頭為「亞特蘭提斯與雷慕里亞政府」的信件，公國總督葛楚德‧諾里斯‧米克（Gertrude Norris Meeker）警告美國國務院，「任何偷渡至島群或本島帝國的行為都屬犯罪」。另一封西元 1957 年的信件中，則警告美國政府尊重公國的主權。「相信我，」新亞特蘭提斯的法律顧問萊斯里‧哥登‧貝爾（Leslie Gordon Bell）表示，「（我們的主權）並非想像出來的虛構存在。」

曙光群島 AURORA ISLANDS

西經 47°49'，南緯 52°37'

——老練水手與資深海船聲稱中的謎之島

西元 1762 年，由荷西‧拉納（José de la Llana）擔任船長的曙光號（Aurora）完成任務，從利馬（Lima）返回卡迪斯（Cádiz）。船員在福克蘭群島（Falkland Island）與南喬治亞島（South Georgia）之間發現了一對島嶼。由於這一帶接近歐洲商船環繞合恩角（Cape Horn）的路線，曙光群島的存在自然也由其他商船證實。輕槳帆船聖‧米蓋爾號（San Miguel）在西元 1769 年目擊這兩座島，曙光號也在西元 1774 年再次航經此島，西元 1779 年，珍珠號（Perla）航經此島，西元 1790 年，朵洛利絲號（Dolores）也有這兩座島的紀錄，這些船隻利用嫻熟的航位推算法，標記了兩座島的座標。

西元 1790 年，皇家菲律賓公司（Royal Philippine Company）的公主號（Princessa）從西班牙載貨出海後，也在前往利馬的航程中發現這兩座島。該船船長曼奴爾‧奧亞維多（Manuel de Oyarvido）提出了精確座標，並且發現了第三座島，命名為「努維亞島」（Isla Nueva，即西班牙文中的『新島』）。西班牙探險家荷西‧巴斯曼提‧蓋拉（José Bustamente Guerra）接著將「曙光群島」（islas Aurora）標記在海圖上，然後又在 1794 年於南緯 52°37' 發現一座島。這座島東側覆雪，西側則有許多落雪的深谷。巴斯曼提的無畏號（Atrevida）沿島緣 1 英哩（1.8 公里）外前進，然後才繼續航行，接著又過了四天，他在「中等距離」外發現了第二座島，這座島東南邊覆雪。巴斯曼提對於自己找到島嶼的精確位置感到非常滿意，最後才前往蒙特維多（Montevideo）。他將海圖交給馬德里（Madrid）的水文地理學會，學會成員將之研究歸檔，這份海圖接著經歷一段無人聞問的時光。

二十年後，也就是西元 1820 年，身兼海豹獵人與水手的英國人詹姆士‧懷伊德（James Weddell）在巴斯曼提調查的海域搜索得精疲力竭。他抵達座標所在地後，只發現開放的水域。但他不相信以前有這麼多水手犯下如此錯誤，因此在海域巡航了四天，才認定「發現者一定是被幻象誤導」，然後再持續繞行福克蘭群島。

懷伊德的判斷是對的——這一帶不僅沒有島嶼，

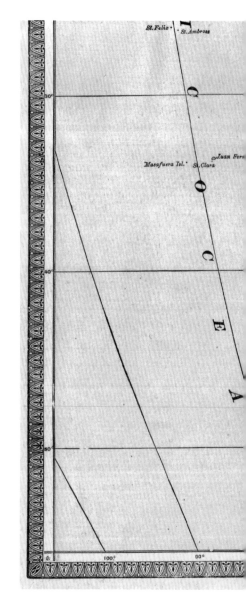

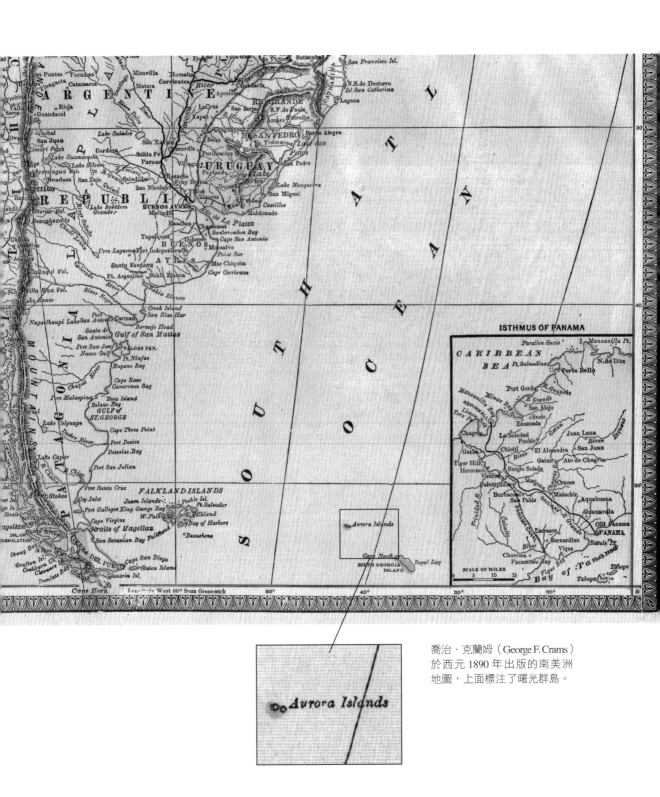

喬治·克蘭姆（George F. Crams）
於西元 1890 年出版的南美洲
地圖，上面標注了曙光群島。

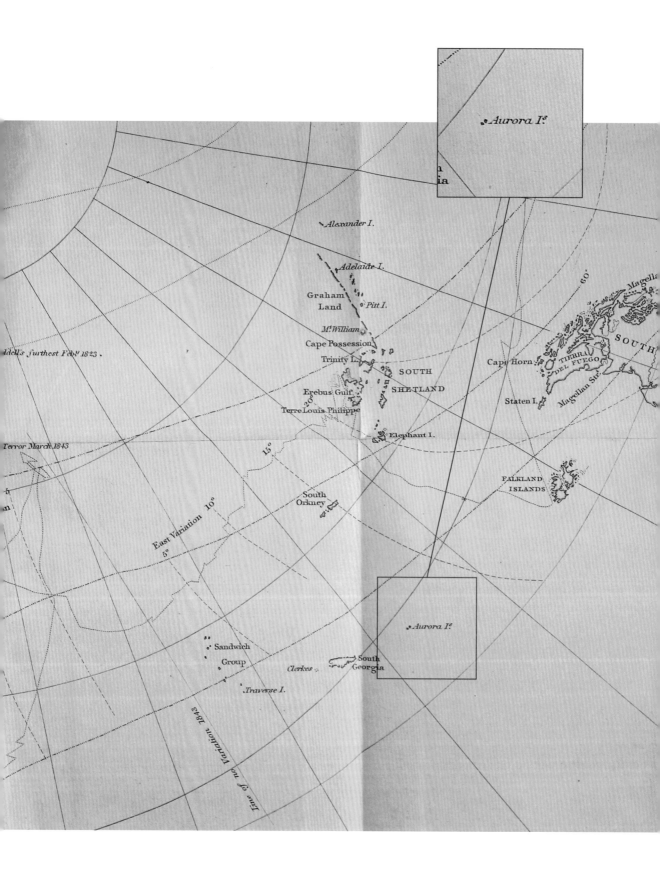

也沒有合理的解釋來說明人們為何認定曙光群島位在此處。這也許有許多可能：一個是南極圈的天氣能見度較低，或者船員因為長期航行而極欲在海平線發現陸地，抑或島嶼也可能因為火山活動而毀滅了。又或許，這幾座島只是漂浮海上的巨大冰山，以及如懷伊德的結論所言，是幾座「夾雜泥土的冰成島嶼」？這幾座島可能是海豹獵人誤將位於西經 42°02' 南緯 53°33' 的福克蘭群島 620 英哩（1150 公里）外，在西班牙文中也被命名為曙光群島的沙格岩群（Shag Rocks），認定為一樣的島嶼？也有人稱是曙光群島與福克蘭群島被混淆，但是先前「發現」群島的老練水手們，如果都會犯下這個大錯的說法，實在也說不通。曙光群島在十九世紀的地圖上出現，莫羅在西元 1823 年搜查時無功而返，約翰・畢斯可（John Biscoe）在西元 1830 年也同樣一無所獲。曙光群島另出現在約翰・羅斯（John Ross）西元 1847 年的著作《南部海域與南極圈的發現與研究之旅》（*A Voyage of Discovery and Research to Southern and Antarctic Regions*）。到了西元 1856 年，官方地圖便將曙光群島移除，至今，沒有人能為眾人聲稱曾見過的曙光群島，解開它的謎團。

對頁地圖：約翰・羅斯《南部海域與南極圈的發現與研究之旅》中的地圖，於西元 1847 年出版。

澳大利亞內陸海域 AUSTRALIA'S INLAND SEA

東經 137°13'，南緯 24°54'

——大陸中心地帶生機盎然的純潔樂園

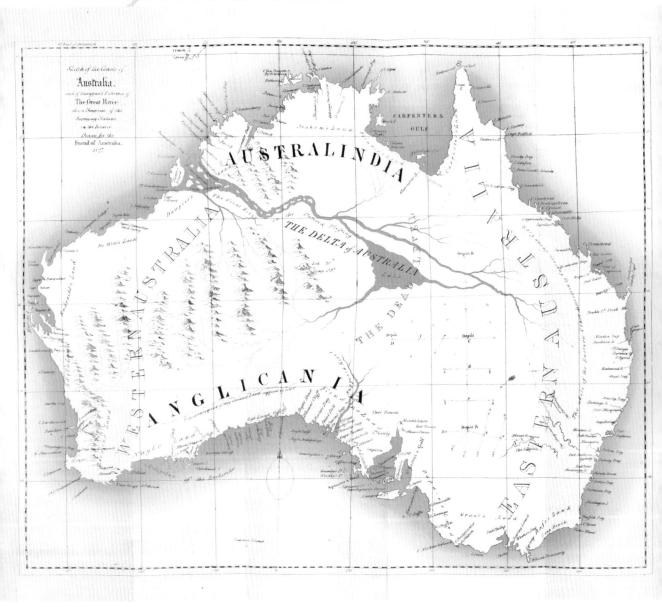

在西元 1830 年《澳大利亞之友》（*The Friend of Australia*）一書中，馬斯連（Maslen）的地圖記載著內陸海域與水文系統。

詭圖：地圖歷史上最偉大的神話、謊言和謬誤

彼時，英國第一殖民船隊（British First Fleet）抵達澳大利亞已是四十二年前的事。亞瑟・菲利普（Arthur Philip）船長帶著船隊登陸植物學灣（Botany Bay），建立起當地第一座歐洲殖民地：傑克森港（Port Jackson），也就是如今的雪梨（Sydney）。這片新天地原本做為懲處囚犯之用，但是英國人卻挺進了地圖未竟的澳洲內陸，想進一步尋找定居地。經驗告訴他們，溯溪而上可以找到山脈與水域，還經常可能有超乎想像的未開發沃土。他們認為這種測繪學上的思考模式，也可以套用在澳大利亞——這片土地的中心地帶，是不是就有一片生機盎然的純潔樂園呢？

在馬斯連筆下，殖民者用馬載來澡盆，充作船隻來渡過河水充沛的沙漠流域。

Drawn for the Friend of Australia.   Printed by C Hullmandel

THE EXPEDITION CROSSING A RIVER IN AUSTRALIA.

「這是個實際的計畫，」英國作家湯瑪斯・馬斯連（Thomas J. Maslen）在他的《澳大利亞之友》書中寫著，「而不是無法實行的徒勞理論；本書同時可以做為導覽書與參考書，適合大小探險家團體閱讀。」馬斯連是東印度公司的退休軍官，他以此著作推廣殖民地的擴張。此書詳細提供了如何進行調查與內陸探索（在內陸探索這一部分，他建議以駱駝為主要載具）的指導。對歐洲人來說，澳大利亞這樣的大陸，一定也擁有與其他大陸相同的豐富水文系統。馬斯連因此在書中描繪出他的精明推測——水文豐饒的內陸。至今，《澳大利亞之友》仍被視為假想地理的標竿之作。

本書第 34 頁是該書的附圖，這部已在現代被視為珍品的稀世之作，僅印刷兩百五十個複本，而這兩百五十本在當時甚至沒有賣完。書中指稱澳大利亞龐大的水文系統尚未為人所及，這理論流行了數年，但是馬斯連本人後來卻放棄了這種臆測。他在這本書中，描述了自己創造「澳大利亞理想地圖」的思考結果，改稱當地應有從西海岸沿伸至內陸的山丘，因此可能圍起一片高地，「這片高地會讓河道往平地走，形成瀑布，以及大自然給

這是馬斯連設計的旗幟。他「帶著敬意，呈交給新南威爾斯殖民地的政府參考」。

想像圖：以駱駝為坐騎的澳大利亞探險隊。

澳大拉西亞（Australasia）的饋贈：湖泊群。」他描繪的河流網讓這美好的奇想變得繽紛，並在地圖上，將現今的辛普森沙漠（Simpon Desert）中央畫上了一座有海洋規模的大湖。

　　雖然這種水文地理學上的期望，似乎忽略了澳大利亞當時表現出來的乾旱程度，但是探險家們仍然受此啟發，進行了許多探索。查爾斯・史圖特（Charles Sturt）就是其中一位尋水人。史圖特在西元 1829 到 1830 年間領隊探勘，確信向西流去的水道會引領他發現巨大的內陸海域。他堅信這片內海就如馬斯連繪製的「澳大利亞三角洲」一樣，最後卻敗興而回。史圖特以他的發現解開了謎團，發現這條水道只是澳洲最長河流墨累河（Murray）的支流。十九世紀中期，內海神話終於就此乾涸。

此圖描繪如何運送探索內海的獨木舟。

Drawn for the Friend of Australia.　　　　　Printed by C Hullmandel

CARRYING LARGE CANOES with the EXPEDITION in AUSTRALIA.

貝梅哈島 BERMEJA

西經 91°22'，北緯 22°33'；又稱維梅哈（Vermeja）

──三不管地帶中，左右海洋原油歸屬權之地

海洋法中有個有趣的現象，也就是「三不管地帶」（Donut Holes）。由於 1982 年聯合國海洋法公約認定，各國沿岸 200 英哩（370 公里）以內的海域定為該國的專屬經濟區（Exclusive Economic Zone, EEZ），或是該國的管理海域，因此三不管地帶會出現在兩國獨立經濟區的邊界未能貼合的地方──也就是說，這些地區被視為國際海域的孤立地帶。

墨西哥灣有許多三不管地帶，西班牙文也有對應的字詞（Hoyas de Donas），而墨西哥灣的這些三不管地帶，則成為美國與墨西哥為石油資源爭論的地點。正是因為墨西哥灣的油田資源豐富，對兩個國家來說都是關鍵，美國能源資訊局（Energy Information Administration）的統計表顯示，墨西哥灣產出美國國內百分之十七的原油。在大家關切這個區域的權利歸屬時，墨西哥灣的古地圖扮演了關鍵性的角色，足以讓國際爭議中的贏家抱回大量的寶藏。十六世紀以來，墨西哥灣的海圖上便有座被命名為「貝梅哈」的島嶼──雖然存在，卻從未被證實。墨西哥人明白，若能找到這座島，將會大大地擴張他們的 EEZ，藉此宣告這個海域原油礦藏的所有權。

該島首次記錄在阿隆索‧聖塔‧克魯茲（Alonso de Santa Cruz）於西元 1539 年繪製的〈猶加敦與周邊島嶼地圖〉（El Yucat'ane Islas Adyacentes）上。墨西哥灣的地圖自此一直到十九世紀，都可以在猶加敦半島北方找到這座島。阿隆索‧夏維斯（Alonso de Chaves）首先在他的《航海鏡像》（Espejo de navegantes，西元 1540 年在塞維爾出版）中，記錄了這座島的確切位置，並表示從一段距離外來看，這是座「褐金色的島嶼」，雖然在這之後不再有目擊貝梅哈島的紀錄，但是它仍存在於十九世紀的海圖上，直到有幾張英國地圖的記載中，將貝梅哈視為因不明緣故沉沒的島嶼為止。貝梅哈島最後一次在地圖上出現，是西元 1921 年版的《墨西哥共和國地理圖》（Geographic Atlas of the Mexican Republic）。

對頁地圖：墨西哥合眾國於西元 1826 年出版的地圖，由亨利‧申克‧坦納（Henry Schenk Tanner）所繪。貝梅哈漂浮在圖中的墨西哥灣。

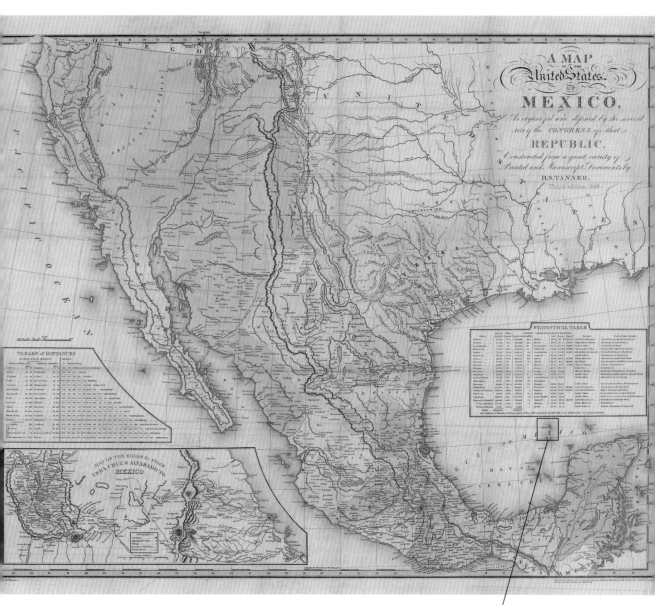

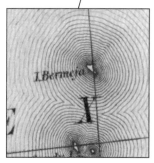

　　西元 1997 年，美墨兩國決定就三不管地帶進行
協議，墨西哥海軍派出船艦探查，但在巡航猶加敦
（Yucatán）半島一帶的海域後無功而返。墨西哥在西元
2000 年簽訂了條約，但是政府仍抱持著找到貝梅哈島的
期望，因此在西元 2009 年派出墨西哥國立自治大學的專
家，搭上胡士托‧西耶拉號搜索這座 31 平方英哩（80
平方公里）的島嶼。大學團隊抵達座標後徹底搜索海
域，他們甚至派員駕駛飛行器搜索，而搜索的結果，只
找到一片有沉積物的海床。

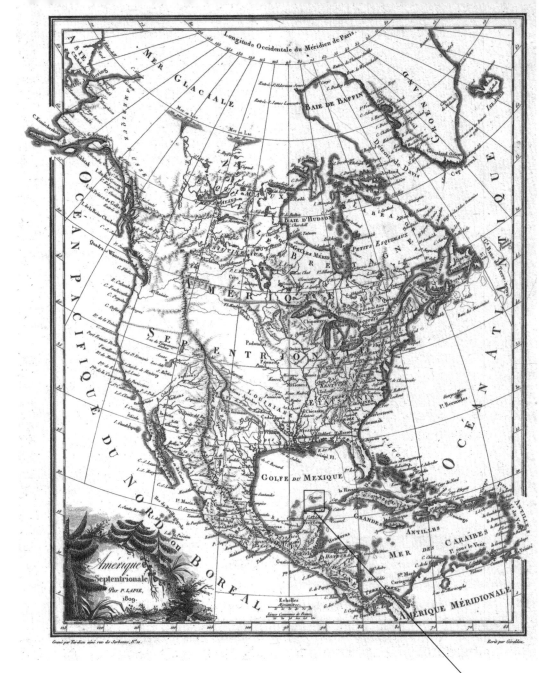

Amérique Septentrionale
Par P. LAPIE. 1809.

GOLFE DU MEXIQUE

Vermeja

　　有不少人提出貝梅哈島「消失」的理論。有些人將之歸咎於氣候變遷，認為其導致海平面上漲、淹沒了島嶼；有些人認為這是海底地震所致。不過在西元 2010 年，墨西哥參議員團發表聲明，指出「自然力量的變動不可能不被注意到，更何況這一帶還坐擁兩百二十億桶石油礦藏。」

另外有個傳言表示，美國中央情報局（CIA）為了確保美國油田霸主的地位，所以出手摧毀了整座島嶼。西元 2000 年 11 月，當時墨西哥執政黨「國家行動黨」（Partido Accion Nacional, PAN）六名議員在國會聲明，「嚴重懷疑」這座島遭人刻意抹除。這類陰謀論自西元 1998 年時，在野的國家行動黨的黨主席荷西・安西爾・康切洛（José Angel Conchello）被殺手拖到路邊殺害，也未能將嫌犯逮捕歸案之後，便層出不窮。而康切洛遇害前不久，才大力呼籲進一步調查貝梅哈的存在，他宣稱柴迪洛（Zedillo）政府將探勘的權利讓給了美國企業。

　　那麼結論是什麼呢？墨西哥國立自治大學的海梅・尤魯提亞（Jaime Urrutia）與墨西哥國家理工學院的索魯・米蘭（Saul Millan）認為，要消除貝梅哈這樣大小的島嶼，得用到一顆氫彈才有可能辦到。米蘭指出，與其說有人毀掉了島嶼，不如說有人將貝梅哈藏到海面下，將理論導向美國政府用計將貝梅哈鏟到海平面下。

　　墨西哥國立自治大學的地理學家伊拉西瑪・奧坎塔拉（Irasema Alcántara）積極為貝梅哈島的存在辯護。他對記者表示：「我們取得有關貝梅哈島存在的精確文件⋯⋯以此為基礎，認為貝梅哈島的確存在，但是是在不同的地方。」墨西哥地理學會主席胡立歐・薩摩拉（Julio Zamora）則不同意這種說法，他表示：「十六、十七世紀時各國製作地圖時，會刻意製造不精準的狀況，以免遭敵所用。」他的說法符合德國海洋學家漢斯－維爾納・申克（Hans-Werner Schenke）的看法，這位學者是德國布萊梅阿爾弗雷德・維格納研究所（Alfred Wegner Institute）的成員，他在墨西哥國立自治大學於西元 2009 年空手而歸後，接受了德國《明鏡週刊》（Der Spiegel）的訪問，澆熄了墨西哥人的最後希望：「只要看看地球上最新的海域地圖與資訊，就一清二楚知道，那裡不曾有過島嶼。」

對頁：塔迪烏（Tardieu）於西元 1809 年所繪的〈北美洲地圖〉（Amerique Septentrionale）。

布萊德里地 BRADLEY LAND

大約位於西經 102°00'，北緯 84°20' 與西經 102°00'，北緯 85°11'

—— 冒險家爭相插旗、冰寒北極點的極凍之地

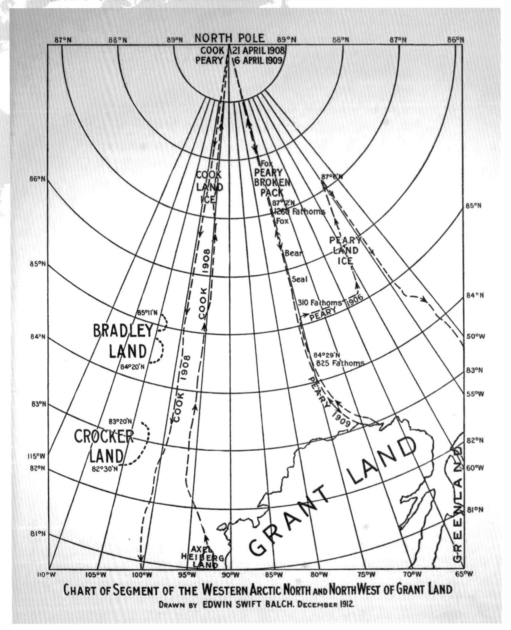

西元 1908 年春，美國醫生探險家腓德烈·艾伯特·庫克（Frederick Albert Cook）離開他在去年夏天蓋在格陵蘭的小屋，出發前往北極，成為了第一位抵達北極點的人物。他帶著十位伊努特人助手、十一架雪

艾德溫·巴爾克（Edwin Balch）繪製的〈北極與布萊德里地〉（The North Pole and Bradley Land）上的北極海西部與格蘭特地西北部（西元 1913 年）。

腓德烈‧庫克以北極為背景，在西元 1911 年拍攝了這張公關照。

橇與一百零五隻狗，通過史密斯海峽（Smith Sound），抵達加拿大北部的極地島嶼艾斯米爾島（Ellesmere Island）。隊伍抵達貝區半島（Bache penisnsula），然後沿著峽灣往西，在橫越結凍的峽灣後，終於抵達同緯度的加拿大極地列島之一：阿克塞爾海伯格島（Axel Heiberg Island）北端，也就是托瑪斯‧哈柏德角（Cape Thomas Hubbard，托瑪斯‧哈柏德在此見到想像中的庫羅克地（Crocker Land，詳見第 70 頁），比他的老友兼勁敵羅伯特‧皮里（Robert Edwin Peary）發現該地早上兩年。庫克帶著他的團隊穿過凜冽寒風，在冰凍的極地海面上長途跋涉，結果不過三天，就只剩下阿維勞（Ahwelaw）和艾圖奇舒庫（Etukishook）仍在他身邊。他們繼續往北極點而去……三人就此消失。

　　庫克一行人無聲無息了一年，令人認為他們的旅程遇上了災難。但是，庫克居然在西元 1909 年 4 月現身，回到格陵蘭的安諾里圖克（Anoritoq），並且分享他的冒險故事。他宣稱自己搭乘雪橇，穿越艾勒夫靈內斯島（Ellef Ringnes）與阿蒙德靈斯島（Amund Ringnes）之間的區域，抵達列島中的德文島（Devon Island，也是地球上最大的無人島）。庫克繼續前進，通過皮里所謂的庫羅克地（但庫克並不認為他的勁敵口中的地點真的存在）。接著他在驚喜中發現了大塊陸地，並且命名為布萊德里地。這個名字的由來，正是贊助庫克探險的巨獸獵人約翰‧布萊德里（John R. Bradley）。

　　庫克表示，布萊德里地結構巨大，有兩座大山，中間一道不確定是海峽還是灣澳的陷口。他在之後出版的冒險紀錄，也就是《抵達北極點：1907 到 1909 年間，首次抵達北地中心的探險》（*My Attainment of the Pole: Being the Record of the Expedition that First Reached the Boreal Center*, 1907-1909）當中，放入了兩張布萊德里地的照片，並且描述：「較低處的海岸類似海柏格島（Heiberg），有山脈也深谷；較高處則是估有一千英呎高的平地，上面覆著一層薄薄的冰蓋。」

羅伯特‧皮里，攝於 1909 年。

庫克發電報宣稱完成了自己的原始目標：在西元 1908 年 4 月 21 日抵達北極點。不過他當時沒有辦法回到格陵蘭，因此被迫在德文島避難。這則新聞震驚世界，讓他在抵達哥本哈根時受到熱烈歡迎，並且在丹麥王室成員與數以千計的觀眾前演說。

但是接著情勢扭轉。羅伯特‧皮里在五天後，憤而從拉布拉多（Labrador）發電報宣稱，真正抵達北極圈的第一人，其實不是庫克。皮里宣稱自己在西元 1909 年 4 月 6 號抵達北極點，他才是真正抵達該處的第一人。皮里公開指控庫克是騙子，並引述阿維勞與艾圖奇舒庫的證言，宣稱庫克從沒有離開格陵蘭。自此以後多年，眾人爭論兩人中何者才是抵達北極點的第一人，至今仍沒有一個圓滿的答案。

庫克的說法並沒有受到他描述的布萊德里地所影響，因為人們並未在他描述的地點發現類似該地的地貌。於是人們開始質疑庫克說法的真實性：他用以證明抵達北極點的照片，被人發現是數年前在阿拉斯加拍的（他在阿拉斯加拍攝照片的前一年，還有一張宣稱登上麥金利山 Mount Mckinley 的照片。這張登頂照片也被人發現是偽造，只不過是他在另一座高度更低的山峰所拍攝）。庫克也一直沒有辦法提供前往北極點的導航紀錄，丹麥的檢驗專家更發現他的日記是日後編寫的。美國大眾本來盛讚庫克，將他捧得比皮里還高，之後卻群起反對他。庫克為求認同，在世界各地尋找藏身處，他經常變裝出門，甚至在西元 1910 年變裝參加皮里在倫敦的演講。之後他成為石油探勘家，並成立了石油生產協會，但後來又被指控進行郵件詐騙，因而在萊溫芙絲（Leavensworth）的聯邦監獄服了五年徒刑。

至此，人們再不敢置信，也只能將瞞騙一詞視為庫克的註冊商標。他宣稱在布萊德里地為兩位伊努特人助手的拍攝照片，後來也被發現是在阿克塞爾海柏格島（Axel Heiberg Island）拍的。

庫克探險隊的兩名成員在圓頂小屋旁手持美國國旗的照片。這張照片應該是在西元 1908 年於北極點所攝。

穿著極地毛皮大衣的腓德烈·庫克，攝於西元 1909 年。

布斯島

西經 28°00'，北緯 58°00'

——土地肥沃、結果纍纍的海中奇島

十六世紀末，受封為爵士的英國水手馬丁·佛比雪（Martin Frobisher）出航三次尋找西北航道，執意找到這條通過北極海的水道。佛比雪首次探索的路上，他在紐芬蘭（Newfoundland）以北的拉布拉多海邊一處大型海灣登陸（也就是後世所稱的佛比雪灣，Frobisher Bay），認定這處水灣是道海峽，於是在此處發現了神祕的「黑土」，並認為富含礦藏。他帶了等同一片麵包大小的樣本回到英國，供四位專家鑑定——三人將之斥為廢土，但一人宣稱其中富含金礦。而這樣的宣告，便足以募集到未來遠航的資金，佛比雪於是又前往北極海兩次，每次都運來大量土壤——但最後都被證明不過是普通的泥土。雖然沒有黃金讓人很失望，但是佛比雪的船伊曼奴爾號（Emmanuel）在第三次遠航的回程，卻有了截然不同的發現。伊曼奴爾號是布斯型長船，又被稱為「布里芝瓦特的布斯長船」（The Busse of Bridgewater）。喬治·拜斯特（George Best，西元 1584 年歿）在 1578 年出版的《通往中國海航道一行之論述》（A True Discourse of the Late Voyages of Discoverie of a Passage to Cathaya）中寫著「布里芝瓦特的布斯長船自弗萊瑟蘭（Freseland，詳見第 240 頁）往東南方返鄉時，發現了一座位於北緯幾度不明的大島。人們第一次發現這座島，長船沿著海岸

約翰·塞勒在《英國領航員》一書中描繪的〈布斯島的水深圖〉，西元 1675 年。

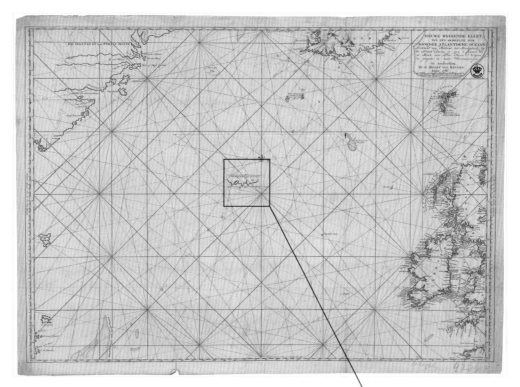

航行三天，這片土地看來十分豐饒，長滿結果的樹木，
也有極好的土地。」

　　「有著極好土地」的這個地方，後來被稱作布斯島，
但在人們初次發現該島後十四年間，沒有人再次提及該
島。後來理查·哈克盧伊特（Richard Hakluyt）在西元
1598 年的《英國主要航海發現》（*Principal Navigations*）
內，記載了一名名為湯瑪斯·懷爾斯（Thomas Wiars）
的船客的描述。懷爾斯的敘述與伊曼奴爾號不同，他形
容寒冰包圍著這座島，也沒有提及果樹或森林，又補充
說，距該島南端 7 里格（39 公里）與 4 里格（22 公里）
處各有一座海灣。

　　英國航海家詹姆斯·赫爾（James Hall）在西元
1605 年前往格陵蘭時，意圖在航行中找到布斯島，但以
失敗告終。他後來再次嘗試尋島，回報布斯島推定地點
往西處有一處冰封的淺灘。而他意圖在西元 1612 年第四
度出航時尋找該島，卻仍抓不到島嶼的蹤跡。亨利·哈
德遜（Henry Hudson）在西元 1609 年也試圖尋找這座謎
一般的島嶼，但是也沒有找到，不過他還是回報了海水
顏色的變化，顯示當地水深不深。哈德遜依然確信布斯
島的存在，而布斯島西南岸也出現在他西元 1612 年繪製
的北大西洋海圖中。

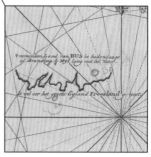

西元 1786 年，荷蘭海軍海圖
上標注的布斯島。

布斯島也曾以不小的面積出現在十七世紀的海圖上。地圖上的該島形狀完整，島嶼南北整整橫跨一個緯度（大約為 69 英哩／ 110 公里），東西兩端也有同樣的寬度。不過當時的數張重要地圖都忽略了這座島嶼，包括西元 1600 年的〈新地圖〉（New Map）、約翰·史畢（John Speed）的《世界奇景》（Prospect）中的地圖，還有亨利·赫克斯罕（Henry Hexham）於西元 1636 年出版的麥卡托《地圖集》，這些地圖都對布斯島的存在抱持懷疑。在當地探索的探險家也半信半疑，但是在西元 1668 年，據傳新英格蘭船長薩奇利亞·吉蘭姆（Zachariah Gillam）在冰島與格陵蘭之間目擊了該島，後來在西元 1671 年 8 月 22 號，曾是無雙號（Nonsuch）成員的金獅號（Golden Lion）船長湯瑪斯·薛帕（Thomas Shepard）也宣稱在往哈德遜灣的路上目擊布斯島，並回報：「該島有大量鯨魚擱淺，還有大量海馬、海豹與鱈魚」，描述該島的地景「南邊較低……西北方則有山陵」，引發了眾人更大的興趣，讓許多人計畫跟著薛帕出航探索布斯島，但是這位船長卻在行前因為「行前不檢」，中止了這件探索任務。

馬丁·佛比雪爵士，1535-1594 年。

皇家水文地理學家約翰·塞勒（John Seller）也相信布斯島的存在，因此在西元 1671 年出版的《英國領航員》（*The English Pilot*）一書中，將該島放入海圖，並且標示該島各地的地名，包括凡爾納角（Viner's Point）、魯伯特灣（Rupert's Harbour）、夏夫特伯里灣（Shaftbury's Harbour）、克雷芬角（Craven Point）、海耶斯角（Cape Hayes）、羅賓森灣（Robinson's Harbour）、艾伯瑪爾角（Albermarle's Point）。但有人發現，圖上有十二個以上的標記名字，出自獲得皇家特許狀的哈德遜灣公司董事。查理二世讓這家在西元 1675 年 5 月剛成立的公司，擁有永久的商貿特許權。他們在還未有人踏上該島時就開始準備，最後只能在想像中開花結果——因為心知肚明，對於等著登陸插旗布斯島潛在資源的人而言，已經不是浪費時間的時候了。哈德遜灣公司以六十五英鎊的代價取得「該島鄰近所有海域灣嶼河溪峽灣的貿易全權……還有在上述島嶼已見與未見的皇家金銀寶石貴金屬」，該公司派薛帕與兩船探勘隊前往布斯島，最後還是只能空手而回。

到了十八世紀，布斯島的存在已深受質疑，儘管還是有幾張北大西洋海圖記載著這座島，這一帶海域的船隻往來也增加許多，卻顯然沒有該島的蹤影。到了西元 1745 年，荷蘭製圖家凡・庫倫（Van Kenlen）認為該島已經消失到海面下，並且寫出：「布斯已經沒入水中，不過是座四分之一英哩長的淺灘與惡海。」並在海圖上將「布斯潛沒地」標為航行警戒區。西元 1971 年，哈德遜灣後來僱用查爾斯・鄧肯（Charles Duncan）船長確認布斯島一地的存在，但是在徹底搜索後，鄧肯也不得不結束他的工作。「我盡力在還能承受風力的情況下，持續觀察布斯島應當存在的地點，但我非常肯定該島就算曾經在水面上，現在也已經消失無蹤了。」

路克・佛斯克（Luke Foxe）在西元 1635 年著作《佛斯克西北行》（*North-West Foxe*），或稱《自西北航道歸來的佛斯克》（*Fox from the North-west Passage*）中的一張珍貴木地圖。該地圖將布斯島放在左側。

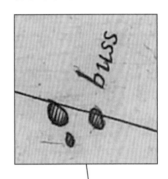

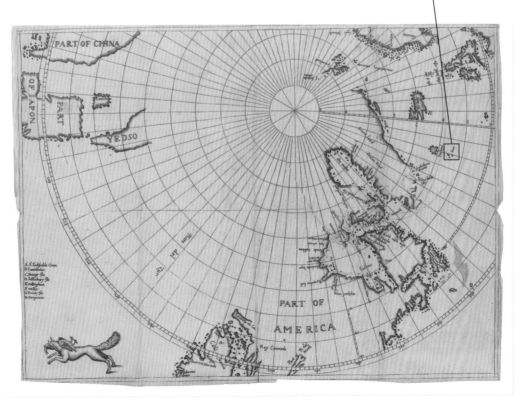

西撒之城 CITY OF CAESARS

西經 71°31'55"，南緯 46°27'；又作 Ciudad de los Césares，巴塔哥尼亞之城（City of Patagonia）、艾勒林（Elelín）、霖琳（Lin Lin）、崔帕蘭達（Trapalanda）、崔帕南達（Tranpananda）、飄浮之城（the Wandering City）

——傳說中的失落民族，烏托邦國度所在之地

西元 1764 年，有人匿名出版了一本《南美民族西撒人的定居、法律與政府與執政報告》（*An Account of the First Settlement, Laws, Form of Government, and Police, of the Cessares, A people of South America*）。這本奇書記載了巴塔哥尼亞的薩林姆的 J．范德．內克（J. Vander Neck of Salem）寄給阿姆斯特丹的范德．西先生（Vander See）的九封信，前後跨越西元 1618 年 9 月到 1620 年 6 月。書中形容了一個傳說中的民族，也就是「失落的西撒之城」一族。作者從前言就開始驅趕任何質疑，並且詳述如下：

范德．內克的信件怎麼到我手上的呢？其實這些信早已公諸於世，但很少有人知道。有些讀者可能在 T．摩爾爵士（Sir T. More）的《烏托邦》（*Utopia*）一書中見過有關西撒一族的描述，那彷彿描述一個善人心中的理想國家，而不是真實國度的紀錄。我不多說，將這些留給充滿智慧與決心的讀者推敲，只要查詢邱吉爾（Churchill）的《旅行集》（*Collection of Voyages*）第三冊中，奧瓦耶（Ovalle）所著的〈智利行〉、富利的《南美洲觀察錄》（*Observations on South America*），還有馬庭尼耶（Martinière）的《地理字典》（Dictionnaire Géographique），就能了解當地的確有支名為「西撒人」的民族，藏身在安地斯山脈科迪勒拉山系（Cordilleras de los Andes）的國度。這個南美洲國度就位在智利與巴塔哥尼亞之間，也就是南緯 43° 或 44° 的地點。

《西撒之城》作者，真實身分是身兼教育學家與寫作者的蘇格蘭人詹姆斯．博爾（James Burgh），但是他的作家身分直到死後七年才被發現。博爾捏造這些信件騙過許多人，而成功騙過他人的原因，大概是因為這部虛構作品的發想，是數百年來存在於大眾想像中的傳說。西撒之城是傳說中失落的城市，據信位於智利瓦爾迪維亞（Valdivia）南部的安地斯山湖泊小島上，此地也是巴塔哥尼亞半島的另一部分。這座城市據傳有珍奇異寶，

對頁地圖：賈克．尼可拉．貝林（Jacques Nicolas Bellin）的〈美洲南端詳圖〉（Carte reduite de la partie la plus Meridionale de l'Amerique），在「巴塔哥國」（Pays de Patagons）以北標示「凱撒之地」。

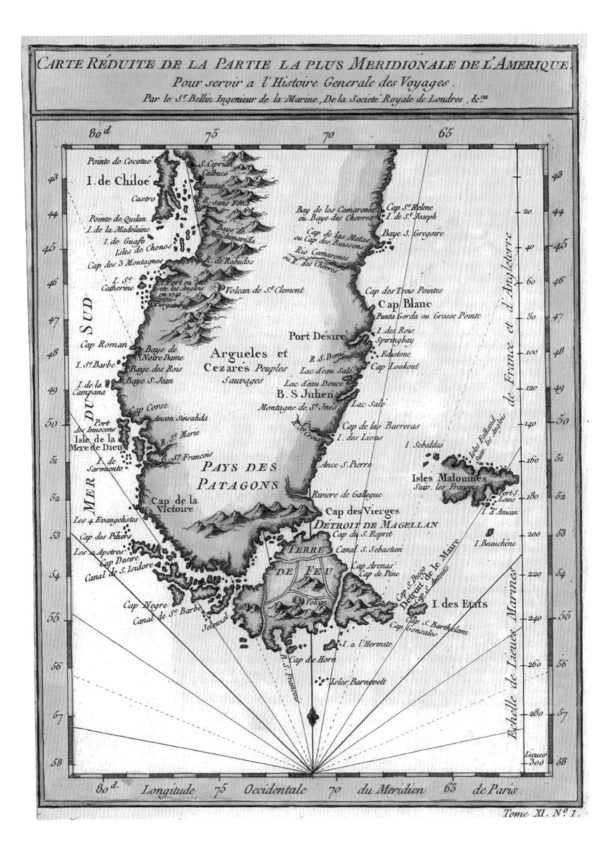

讓它成為尋寶者冀求的聖杯，同時也誘發了眾人尋找黃金城（El Dorado）的欲望。

這則傳說可以追溯到義大利探險家賽巴斯蒂安·凱伯特（Sebastian Cabot）的時期。這位探險家穿越南美洲南端的麥哲倫海峽（Strait of Magellan）航進太平洋，抵達印尼盛產香料的摩鹿加群島（Mollucas）。然而，他在西元 1528 年，聽信一則富豪文明的謠言，派出手下名為弗蘭西斯科·西撒（Francisco César）的船長，帶領探險隊進入沒有地圖的南美黑暗內陸。探險隊分成三個小隊擴大搜尋範圍，深入茂盛的叢林，其中兩個小隊可能因為闖入帶著敵意的當地土著部落，從此沒了音信。西撒的小隊則往西北方走了三個月，走過 930 英哩（1500 公里）。他此次迷航的官方紀錄已經消失，現今留存的紀錄是一位佩雷特河（River Plate）的歷史學家從一個西班牙人口中得知的。這個西班牙人宣稱在秘魯遇見了西撒，但這則故事聽起來就像是西班牙人以想像捏造的，因為故事中的西撒滿載黃金與異國布料回來，並且敘述這座

詭圖：最偉大的神話、謊言、謬誤

藏著珍寶的神祕城市的奇妙故事。倘若故事真的屬實，那麼最有可能的解釋是——這一行人闖進了印加帝國的邊境城市。

奇怪的是，凱伯特並沒有派出第二批探險隊，而是返回了西班牙。但西撒之城的故事也跟著傳了出來，且在凱伯特完成任務、「滿載金銀財寶」回到塞維爾時，激起大眾的興趣。不過他們仍然不能提供確切的位置。

十六世紀不時有深入此危險區域的探險隊，他們的失蹤讓西撒之城的傳說隨之共鳴。西蒙‧艾卡薩巴（Simon de Alcazaba）西元 1534 年的探險中，在巴塔哥尼亞南部發現大批被拋棄在此的葡萄牙探險隊成員；西元 1540 年，帕拉森西亞（Plasencia）主教的旗艦上有一百五十人困在海峽，從此不見蹤影。帕拉森西亞一行中有篇特別的報告指出，克里托巴‧赫南德茲（Cristobal Hernandez）向秘魯總督描述坐落於科多巴 70 里格（390 公里）外湖邊的幾座城市。雖然現今的人們認為這是偽造的報告，但是當時的紀錄記載有兩名倖存下來的西班牙人，受到當地部落的歡迎，直到西元 1567 年才離開，抵達了一處豐饒之地建城。報告宣稱這些人正是西撒之城的創建者。總督聽信這則傳說，寫信給西班牙國王，請求派遣傳教士到當地。在十七世紀與十八世紀，他們搜尋失落城市與西班牙人的探險一事無成，智利總督在西元 1791 年派出了最後一批探險隊。十九時紀中期，已經很少人相信這座城市的存在，不過就像其他偉大傳說一樣，黃金的吸引力足以讓故事流傳一陣子，之後才漸漸不為人所知。

大烏勞斯海圖諸怪
SEA MONSTERS OF THE *CARTA MARINA*

大烏勞斯（Olaus Magnus）的〈大烏勞斯海圖〉是幅充滿想像力、也深具影響力的斯堪地那維亞地圖。這幅在西元 1539 年製作的地圖，用了九面木板，面積有 49×67 英吋（等同 125×170 公分），至今只有兩件存世。〈大烏勞斯海圖〉上的圖樣美不勝收，地圖的海面上畫了美麗的怪物——有些化身成島嶼，有些扯裂船隻，有些則把水手拉下海裡。大烏勞斯為了打造他的怪物水族館，蒐集了各式各樣的水手報告、中世紀動物寓言集（例如西元 1485 年著成的《保健藥園集》*Hortus Sanitatis*）以及流行的鄉野故事。他在地圖上的這些小插畫上標注了名稱與詳盡的解說，甚至在自己於西元 1555 年出版的《北地人紀事》（*Historia de gentibus septentirionalibus*）一書中，用第二十一卷與第二十二卷來評論這些怪物。如果撇開異想天開的描述，大烏勞斯其實意圖以科學的眼光，提供海洋生物學一個精確圖庫——而他確實做到了。他繪製的部分生物，的確是受人錯誤敘述的真實動物，不過其他生物則仍是團謎。然而這些生物，卻是十六世紀水手的想像中深信不疑的存在，甚至是他們恐懼的根源。

刺脊鰩（The Rockas）

「這些帶來恩典的魚種被哥德人稱作刺脊鰩，義大利文則稱為『拉亞魚』（Raya）。這些魚會保護游泳的人，使他們不受海怪所噬。」

大烏勞斯（西元 1200 年人物）在他的《北地人紀事》中，把溫和的刺脊鰩（鰩魚的一種）跟同時身兼科學家與哲學家的德國學者大阿爾伯特（Albertus Magnus）所述的傳說相較。大阿爾伯特記述，有種海豚會將游泳者帶回海邊，但要是懷疑自己載運的人類曾經吃過海豚肉，就會反過來把人類吃掉。賽巴斯蒂安·慕斯特（Sebastian Münster）把鰩魚原封不動搬到自己的作品中，但是奧特里烏斯（Ortelius）則給了這個物種一個丹麥名字：斯考圖維勒（Skautuhvalur），並且無視原本對這種生物的溫和描述。他形容這種魚：「全身覆滿硬刺或硬骨，長得像鯊魚或鰩魚，但肯定更為龐大。牠現身時如島嶼般巨大，會用鰭打翻船艇。」

艾里克‧龐橋畢丹（Erich
Pontoppidan）在《挪威自然
科學》（The Natural History of
Norway）一書中繪製的大海
蛇，西元 1755 年。

海蟲（The Sea Worm）

　　「長達 30 到 40 呎的海蛇。」

　　〈大烏勞斯海圖〉上的挪威沿海，住著一隻藍灰色
的大蟲，長度超過 40 腕尺（約有 60 英呎／ 18 公尺長，
大於地圖上描述了 20 英呎／ 6 公尺長），但是身體的直
徑卻不及兒童的手腕。「牠像是在海裡前進的線條，很難
讓人捉摸行蹤；除非被人捕捉，否則不會傷人；人手只
要碰到牠柔嫩的表皮，觸上的手指就會腫脹。」這種動
物聽起來像是被人誇大描述的鰻魚，而牠有一種甲殼類
的天敵，會用強而有力的鉗子抓住牠，讓牠不能逃跑。
「我經常看見海蟲，」大烏勞斯寫著，「但是聽從水手的警

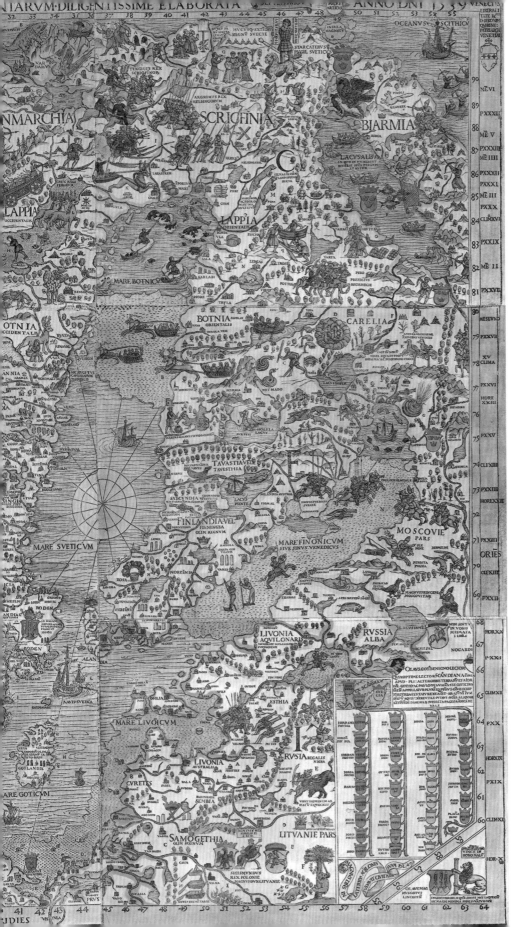

大烏勞斯的〈海圖與北地奇觀〉（*Carta Marina et description septemtrionalium terrarum ac mirabilium, Nautical Chart and Description of the Northern Lands and Wonders*），西元 1527 到 1539 年繪製。

告，從沒碰過牠。」

鴨子樹（The Dack Tree）

「這些樹的果實會孵出鴨子。」

這種神祕的植物會產生雛鳥的說法，似乎能解釋鴨子在往南飛行途中神祕的孵化行為。大烏勞斯寫著：「索倫戴鴨」（Sollendae ducks）經常在蘇格蘭的葛列貢（Glegorn）一帶出現，「有位用心探尋神祕事物的蘇格蘭歷史學家曾說，奧凱德斯島（Orcades，即現今的奧克尼群島 Orkney Isles）的鴨子會從果樹上落到海中，然後在短短時間內長出翅膀，接著就加入家鴨或野鴨群中。」這是「白頰黑雁樹」（barnacle goose tree）傳說的變種，十二世紀一位身為教會執事長的歷史學家，威爾斯的傑拉德（Gerald of Wales）寫著：

牠們用鳥喙掛在樹上，躲在可以自由活動的殼中，就像苔蘚攀附在樹身一樣；過了一段時間後，牠們長出了羽毛，然後不是潛進水裡，就是飛向天空……我本人親眼見過上千隻小鳥的卵掛在海邊的一道樹幹上，身藏在殼中的牠們已經成形……有些愛爾蘭主教與虔誠的教

長在樹上的白頰黑雁。出自中世紀手抄書。

徒，會在齋戒中將這種鳥當作非肉類，或是尚未成肉的
食物。

多足怪（The Polypus）

「多足怪有許多隻腳，背後有一條長管。」

這隻邪惡的大龍蝦會獵殺水手與泳客，「用牠全身
上下的腳抓住對方，然後用嘴鉗抓住因為血味而被吸引
過來的活物。牠會把食物堆積在牠的住處，並且將啃食
殆盡的食物的表皮布置在外面，然後捕捉游向表皮的魚
類。」多足怪可以隨著環境改變自己的顏色，以躲避自
己的天敵，也就是海水鰻（conger eel）。

弓頭鯨（Balena）與虎鯨（Orca）

「這是隻鯨魚，是一種巨大的魚類。虎鯨雖然較小，
卻是方頭鯨的天敵。」

鯨魚是巨大的魚類，有 100 到 300 英呎長，身形
巨大。虎鯨的體型雖然較小，卻能靈敏突擊，殘酷地進
攻，正是鯨魚的天敵。虎鯨就像是內側外翻的船殼，嘴
裡有像是船舷的尖牙，牠會撕裂鯨魚的內臟與肥碩的身
體，或是用牠的刺脊在弓頭鯨身邊戳刺，把牠趕到海
灣、海岸。

這兩隻鯨魚可以在海圖上的提里島（island of Tile）
這裡找到，這座島應是傳說中的圖勒島（Thule，詳見第
230 頁）。

海豬（The Sea Pig）

「形似豬隻的海怪。」

我現在想起，後來在紀元 1537 年見到的怪豬景象。
我同樣在四處都是怪物的日爾曼海目擊到牠。牠有豪豬
一般的頭，頭背還有像是月弦的一道圓圈；四隻像是龍
一般的腳，上腰兩側各有一顆眼睛，腹上還有一顆望向
肚臍的眼睛。牠的尾端像普通魚類一樣有尾鰭。

大烏勞斯的描述引自老普林尼，這位前人描述了
「豬形魚」被抓到時呼呼叫的狀況。這隻讓他們描述得天
花亂墜的動物，可能是海象。

獨角海獸（The Sea Unicorn）

獨角海獸的傳說源頭，顯然就是經常擱淺在海灘的獨角鯨。

「獨角海獸是海中的動物，額頭有隻大角，可以穿刺擋路的船隻並將之摧毀，讓許多人落水。但是聖明的神賜予水手祝佑，讓這隻凶猛的動物行動緩慢，讓懼怕牠的人可以速速逃離。」

普里斯特鯨（The Prister）

「漩渦鯨，又稱普里斯特鯨。牠引發的巨洪足以弄沉最堅固的船。」

雖然目前沒有辦法辨認這是哪種物種，但是大烏勞斯對牠的描述很類似弓頭鯨：

> 漩渦鯨，又稱普里斯特鯨，有 200 腕尺長，殘暴凶猛。牠有時會躍到桅桿的高度，用頭部掀來大水，繞著雲霧的身子接著衝進水中，再堅固的船也可能被牠擊沉，水手也可能陷入極大的危機。這隻野獸也有一張又長又圓的大嘴，這張嘴就像七鰓鰻（Lamprey）一樣，讓牠可以吸吮肉塊與水。牠施加在前額或背脊的重量，可以弄沉一艘船。

大烏勞斯形容這隻鯨魚受不了尖銳的聲音，要用「戰號」驅趕。他說，要是這個方法沒有效，也可以試著用加農砲達成同樣的效果。

劍吻鯨（The Ziphius）

「可怕的劍吻鯨吃下海豹的畫面。」

雖然劍吻鯨的名字來自 *xiphias*，也就是希臘文「劍」的意思，但這種生物和劍魚完全不同。這隻有著猛禽臉孔的生物，背鰭是長在背上的尖刃：

由於北方水域經常見到這種野獸，理應與其他怪物同列。這種劍魚與鯨魚相近，牠有像貓頭鷹一般的醜惡臉孔，大嘴像是深穴一般，讓探頭一窺的人落荒而逃。牠有雙恐怖的雙眼，背脊有稜有角，或是像劍一般突起，鼻部尖銳。這種生物經常出現在北地海岸，是種會傷人的海怪，會危害遭遇到牠的船隻。牠們會在船上剝開洞來，然後弄沉這些船⋯⋯

海牛（The Sea-Cow）

海鼠、海兔與海馬的描述都指向海牛，海圖上的畫像有著陸上動物的特徵：「海牛是種巨大的怪物，強壯、易怒，而且容易受傷；牠將幼獸視如己出，通常只會照顧一隻，小心地領著幼獸在海裡悠游，或是登上陸地⋯⋯最後一點，我們砍掉這種生物的尾巴，發現這種生物可以再活上一百三十年。」

海犀牛（The Sea Rhinoceros）

大鳥勞斯只有在海圖的注記中提到這種動物，他描述：「這種看起來像犀牛的怪獸，吞下了 12 英呎長的龍蝦。」這一點點資訊，可能是這位製圖家的「留白恐慌」，然後用自己的幻想創作填滿了空間。

島鯨（The Tsland Whale）

「將這隻怪物誤認為島嶼，而在牠身上下錨的水手，便暴露在致命的危險中。」

大烏勞斯筆下的鯨魚，披著如沿海砂礫的表皮，因此在背部露出水面時，經常會讓水手將其背部視為島嶼。水手會在鯨魚的背上登陸，並且爬上「海岸」打樁，將船靠上「岸邊」，然後生火煮肉。鯨魚一感受到火焰，就會潛入水底，在牠背上的人除非接到船上拋下來的繩索，否則都會溺水而亡。

早期文學經常有巨大的鯨魚被誤認為島嶼和山丘的描述。不管是《一千零一夜》（*Arabian Nights*）裡辛巴達的首次航行，或是西元四世紀的《博物全書》（*Physiologus*），都有類似的故事，而後者記述了水手在巨獸「阿斯比多塞隆」（Aspidoceleon）身上下錨的故事，也可能是大烏勞斯的靈感來源。不過在《博物全書》的記載中，這隻怪物主要是做為信仰中的一種印記——因為這隻怪物就是惡魔。作者警告讀者：「如果你們將自身的冀望託付到惡魔身上，它會拖著你們墮入地獄永火。」（詳見第 202 頁，聖布倫丹島）。

大烏勞斯筆下的生物顯著影響後世製圖家，其中包括這張奧特里烏斯在西元 1590 年所繪的冰島地圖。

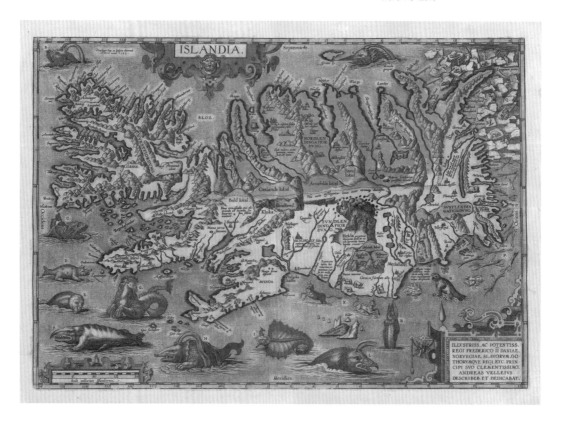

海龍（The Sea Serpent）

「一隻長達 200 英呎（60 公尺）的長蛇。牠會環繞在大船船身，並且摧毀船隻。」

有種海龍十分巨大，足足有 200 英呎長，而且身子有 20 英呎粗，通常住在卑爾根（Berge）海邊的石穴中……牠的頸上長著一腕尺長的尖銳黑鬃，雙眼如火一般紅亮。這隻海龍令船員不得安寧，抬起頭來有如石柱，並且會抓走水手，然後吞下他們；如果發生這樣的事情，就是王國的預兆，代表親王將死，或被放逐，也可能會發生戰亂。

這是首次描述海蛇（sea orm）或挪威海龍的故事，可能受到北歐神話的世界蛇耶夢加德（Jörmungandr，Midgard Serpent，巨大的怪獸之意）的影響。據說這隻巨蛇在深海中環繞了整個世界。

卡律布狄斯漩渦（Caribdis）

「海中數個可怕漩渦的集合。」

〈大烏勞斯海圖〉上為這個怪物標示著「可怕的卡律布狄斯漩渦」一句話。這個漩渦在《奧德賽》（*Odyssey*）、《伊阿宋與阿爾貢號》（*Jason and the Argonauts*）以及亞里士多德的《天象論》（*Meteorologica*）中都可以找到。大烏勞斯在此畫了一艘被捲入大漩渦的船隻，並且寫著：

駛離日爾曼海岸的船隻，就算僱用經驗老道的水手與領航員，只要不偏離航道直直行進……就不會駛進這座海灣……也不會進入中空洞穴裡的這片海域。這個洞穴在漲潮時會湧出海水，帶來可怕的漩流。據說航進這個海域，就有極大的危險。因為在不幸的時刻航進此地，就會受困在漩渦之中。

加利福尼亞島 ISLAND OF CALIFORNIA

西經 115°10'，北緯 35°00'

—— 漂浮在印度以東的世外天堂和人間樂園島嶼

　　歐洲探險家早在踏上加利福尼亞之前，甚至還沒確認它在地圖上的位置時，就已深深嚮往這片世外天堂。

　　這樣的幻想可以追溯到一本西班牙小說，也就是蒙塔爾沃的賈西亞·歐多涅茲（García Ordóñez de Montalvo）在西元 1510 年所著的《伊斯普蘭迪安的冒險》（ *Las Sergas de Esplandián* ），這本小說寫著：

　　我們知道在印度以東有座名為加利福尼亞的島嶼，十分接近人間樂園；當地住著黑皮膚的女人，沒有任何男性，就像亞馬遜人一般生活。這些美麗的女人精力充沛，強壯勇猛。她們的島嶼有令人生畏的景象、陡峭的懸崖與堅硬的石岸。她們用黃金打造武器，以及打獵用的馬具，全因為這座島除了金子以外，沒有其他金屬。

尼可拉斯·弗赫（Nicholas de Fer）於西元 1720 年繪製的〈加利福尼亞與新卡赫勒內〉（新卡赫勒內為現今美國卡羅萊納州），是有史以來描繪加利福尼亞島的地圖中，畫得最大也畫得最好的一張。

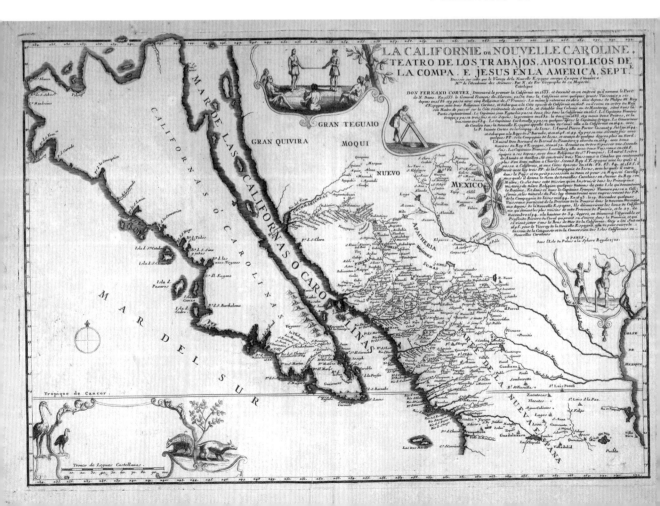

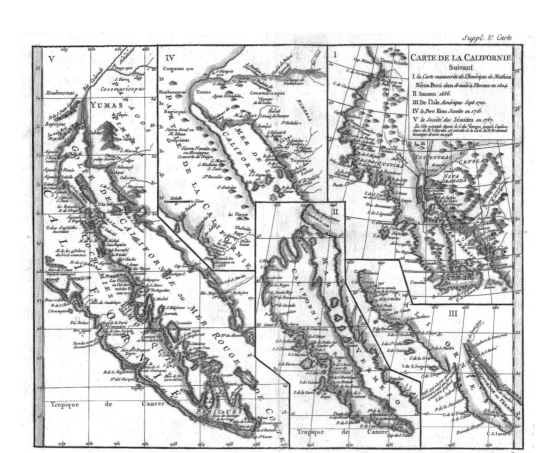

CARTE DE LA CALIFORNIE
Suivant

164.

曾經毀掉阿茲提克（Aztec）帝國的西班牙征服者埃爾南·科爾特斯（Hernán Cortés），也深受到這則傳說的吸引，於是在西元 1533 年派出探險隊：他的表親迪亞哥·巴塞拉（Diego de Becerra）與弗頓·夏門內茲（Fortun Ximenez），一行人抵達了下加利福尼亞半島（Baja California peninsula），並認定此地四周皆海。他們呈報給科爾特斯，這位征服者便派人進一步探索，於是弗朗西斯科·烏羅亞（Francisco de Ulloa）沿著海岸北行，直到科羅拉多河，才發現這座本以為是島嶼的地域其實是座半島。這個發現後來也由航海家埃爾南多·阿拉孔（Hernando de Alarcón）證實。

　　不久，加利福尼亞就出現在地圖上，首先在多明哥·卡斯提洛（Domingo del Castillo）於西元 1541 年繪製的地圖上，確實將加利福尼亞劃為大陸的一部分，然後到了西元 1562 年，則出現在迪亞哥·古提列茲（Diego Gutiérrez）的新世界地圖上。梅爾卡托（Mercator）與奧特里烏斯（Ortelius）也在地圖上將加利

荷伯·弗根第（Robert de Vaugondy）在西元 1770 年為《戴尼·蒂德羅百科》（Denis Diderot Encyclopedia）繪製的此圖，展示了加利福尼亞島地圖令人費解的不同版本。

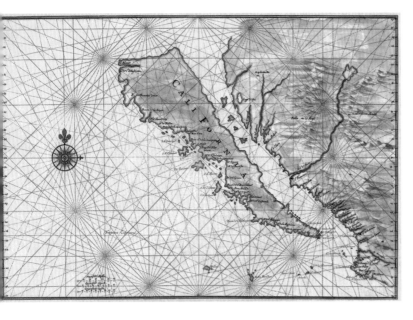

尤漢・芬布（Jahannes Vingboon）的加利福尼亞島地圖。約西元1650年。

福尼亞畫了進去。接著六十年，此地都維持著原本精確的位置。

　　然後奇怪的事情發生了──地圖學家又把加利福尼亞畫成島嶼。第一個這樣製圖的是阿姆斯特丹的米海爾・柯林（Michiel Colijn），他在西元1622年的〈西印度地圖〉（Descriptio Indiae Occidentalis）中，把加利福尼亞從大陸上分割。視之為島嶼的誤導概念在接下來數十年來都被當作理所當然的事，這些製圖家包括：西元1624年的亞伯拉罕・古斯（Abraham Goos）、西元1625年的亨利・布里格（Henry Briggs）、西元1627年的繼翰・史畢（John Speed），以及西元1650年元的理查・席爾（Richard Seale）。歷史學家葛蘭・麥勞林（Glen McLughlin）與南西・瑪尤（Nancy H. Mayo）在西元1995年，確認共有兩百四十九張地圖將加利福尼亞畫成島嶼。從整個十七世紀，到十八世紀大多時期，製圖家把加利福尼亞從美洲大陸剝除，任其在太平洋上無根漂浮。

　　這個詭異的再詮釋據信要追溯到賽巴斯蒂安・維斯凱諾（Sebastian Vizcaino）在西元1602年沿加利福尼亞海岸的航行，二十年後，曾在維斯凱諾（Vizcaino）船上的加爾默羅會（Carmelite）修士安東尼歐・亞塞西恩（Antonio de la Ascensión）寫下了紀錄，亞塞西恩在航海紀錄形容「加利福尼亞的地中海」將加利福尼亞與美洲大陸分開。他的描述被畫上地圖，並呈交給西班牙，但是運送航海日誌的船隻被荷蘭人打劫，印刷商因此誤信

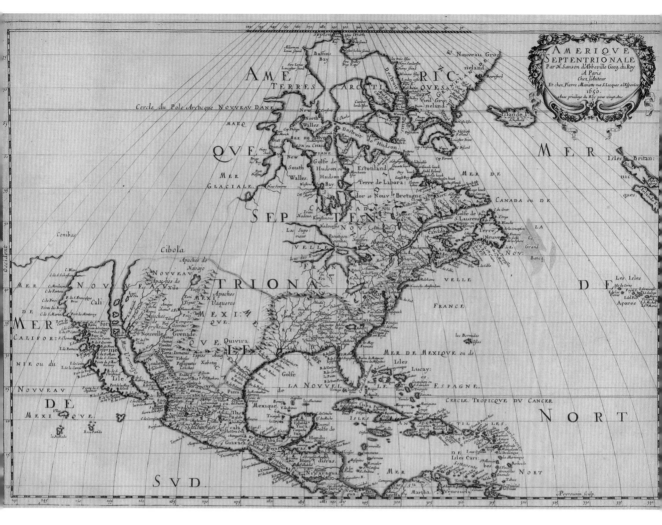

並採用了這種說法。

　　著名製圖家維倫・布勞（Willem Blaeu）與赫曼・墨爾（Herman Moll）也在這裡發生疏失，他們的可信度也讓加利福尼亞島隨著他們的地圖的再製而增加。一直到西元 1706 年，終於開始有人懷疑這種說法。本來相信島嶼論的耶穌會修士悠塞比歐・奇諾（Eusebio Kino），從索諾拉（Sonora）往科羅拉多河三角洲進行一連串的旅行。他發現加利福尼亞與美洲大陸連結，並將之反映在他個人紀錄裡的地圖上。後人進一步證實後，西班牙的斐迪南六世（Ferdinand VI）在西元 1747 年頒布公告：「加利福尼亞並非島嶼」。胡安・包提斯塔・安薩（Juan Bautista de Anza）在西元 1774 年也在索諾拉與加利福尼亞西岸之間旅行，將加利福尼亞重新接回本土。有趣的是，過了一陣子以後，佐渡秀三（音譯，Shuzo Sato）在西元 1865 年繪製的日本地圖，又把加利福尼亞島畫了上去。

尼可拉斯・杉森（Nicolas Sanson）
地圖上的加利福尼亞島。

卡西特瑞德群島 CASSTERIDES

西經 8°13'，北緯 50°19'，又稱錫之群島（Tin Islands）、卡西特里達（Cassterida）

——古希臘腓尼基人處心積慮保護的「錫之群島」

對古希臘人來說，被稱作「錫之群島」的卡西特瑞德就是他們錫礦的神祕產地，而群島的位置就在謎一般的西歐某處，只有當時壟斷金屬貿易的腓尼基人才疑心重重地保有這個祕密。

希臘歷史學家希羅多德（Herodotus）提過這些島嶼，但也承認對它們一無所知；迪奧多羅斯（Diodorus）描述這些島嶼「橫列在伊比利亞（Iberia）外海」，史特拉波（Strabo，西元前 64 或 63 年生，西元 24 年左右歿）稍微在他的書中透露了細節。他在《地理學》（Geographica）一書第三卷第五章第十一節寫著：這系列群島共有十座島嶼，西班牙西北部的加里西亞（Galicia）有個名叫艾塔布里（Artabri）的部落，從那裡再往北就可以發現這些島。其中一座島是一片荒漠，但其他島嶼的居民則會裹著繫在胸前的及足黑袍，柱著拐杖模仿悲劇中的憤怒女神。島民以放牧為生，過著四處游盪的生活。「他們有錫礦與鉛礦；用礦石跟毛皮與商人交換陶器、鹽與黃銅器。」

然而史特拉波也描述羅馬人如何侵占腓尼基人的貿易版圖，提起羅馬人偷偷跟蹤船隻，好找到船長貨物的來源。船長注意到追蹤的船隻，因此故意航向淺灘，讓羅馬人也跟著陷入困境。而這位船長使用船的殘骸離開淺灘，雖然損失貨物，但也從城邦獲得與貨物價值相符的補償。

卡西特瑞德的真實身分為何，眾說紛紜。這些說法包括以下地點：大不列顛的康瓦爾地區（Cornwall）、不列顛西南海岸的夕利群島（Scilly Isles），還有整個不列顛群島，當然也包括西班牙跟周圍的島嶼。法國製圖家尼可拉斯·杉森（Nicolas Sanson）則清楚地下了結論，認為蘊含豐富錫礦的不列顛島，顯然比西班牙更可能是傳說中的島嶼。這位製圖家在地圖上繪製羅馬帝國時期的不列顛群島時，稀奇地將卡西特瑞德群島畫在接近夕利群島的位置上。杉森根據古典記載所做出的詮釋顯然頗為流傳，但是在羅傑·迪昂（Roger Dion）於西元 1952 年提出的「卡西特瑞斯謎團」（Le problème des Cassitérides）計畫中的描述，顯然最具說服力。他寫著：在法國西海岸，尚未到比斯凱灣（Bay of Biscay）的區域上曾有處分布不少島嶼的海灣，但是海灣後來淤積了，成了潘博厄（Paimboeuf）與聖納澤爾（St. Nazaire）兩地中間被稱作布利耶（Brière）的沼澤地。這也符合史特拉波對卡西特瑞德群島的描述，不論是島嶼的數目（十座），或是地理上位於西班牙西北部艾塔布里部落所在地再往北處的敘述。

對頁地圖：尼可拉斯·杉森於西元 1694 年繪製的大不列顛地圖，卡西特瑞德群島在地圖上位於西南海岸外。

庫洛克地 CROCKER LAND

西經 100°00'，北緯 83°00'

—— 極地中的海市蜃樓，悲劇性的霧中幻影

美國探險家羅伯特・艾德溫・皮里（Robert Edwin Peary）中校在西元 1906 年的時候提案探索北極點。他以犬隻拖拉雪橇，在刺骨寒風中不屈不撓地穿越結凍且難行的北極海。當他抵達托瑪斯・海柏德角的頂端時，暫時停下來清除積在眼睛上的冰霜，同時瞥見遠處一大塊陸地。在西元 1907 年出版的《極點行記》（*Nearest the Pole*）中，他寫著：「我熱切地看著這片土地，心已經躍過了幾英哩的冰。我幻想自己在這片土地的海岸跋涉，登上它的頂點。」皮里將之命名為庫洛克地，名字來自以五萬美金贊助他遠征的舊金山銀行家喬治・庫洛克（George Crocker）。他在目擊點堆起石堆，並在裡面留下留言。皮里估計這片土地大約離托瑪斯・哈柏德角約 130 英哩遠（210 公里），大約位於西經 100° 北緯 83° 的

《紐約論壇報》（*New York Tribune*）在西元 1913 年 5 月 11 日刊登的庫洛克地地圖。

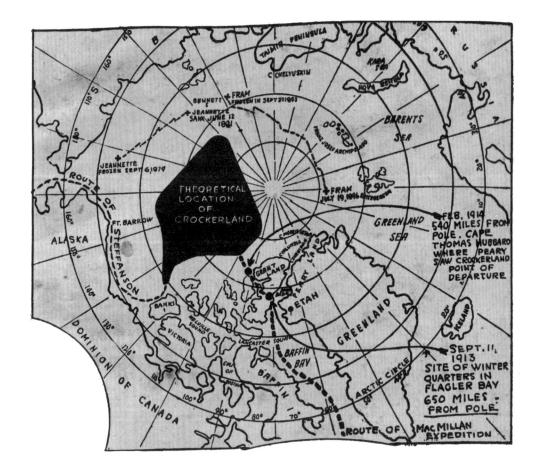

座標位置。然而，當地並沒有任何島嶼，那一帶也沒有任何陸地的紀錄，皮里可能誤將巨大的海市蜃樓認定為陸地，要命的是，皮里的原始日記裡並沒有提及目擊庫洛克地的記載——事實上，他在 1906 年 6 月 24 日的紀錄上還寫著「未目擊陸地」。如此推斷一想，他似乎是在後來的日誌中插入這個發現，好用來諂媚庫洛克，以確保自己仍有下一次前往北極點的資金。

皮里後來在西元 1908 年再次往北極點遠征。然後就如在布萊德里地一節裡所提及的一樣（詳見第 42 頁），皮里與庫克為了誰確實發現北極點展開了激辯。結果，庫洛克地成為皮里的致命傷，庫克宣稱自己經過皮里給的座標時，並沒有發現他所說的陸地。支持皮里首抵北極點的人，因此決心找到那片陸地，以證明庫克才是徹頭徹尾的騙子。

《舊金山志業報》（*San Francisco Call*）在西元 1913 年 7 月 27 日為讀者繪製此圖。

穿著毛皮大衣的皮里，攝於
1907 年。

　　皮里有位曾任海軍上尉的探險家朋友，唐諾‧麥克
米連（Donald MacMillan），為此組織了一支遠征隊。麥
克米連本來是高中教師，以船藝學與航海學夏令營開始
他的探險生涯。有次他在營隊時從沉船裡救了九個人，
這則事蹟傳到皮里耳裡，皮里就邀請他加入 1905 年那
場探索北極點的遠征，兩人因此建立了友誼。麥克米連
為了守護皮里的聲譽，從美國自然科學博物館取得了資
金（由實業家贊助的這筆錢，在現代價值約一百萬美
金），還有美國地理學會及伊利諾大學的資助，贊助者中
有不少是皮里北極俱樂部紐約分部的成員。他也邀請了
一個學術專家小組陪同，嚮導與翻譯是米尼克‧華勒斯
（Minik Wallace），這位伊努特人是皮里自 1897 年北極之
旅帶回國內的六人之一＊。麥克米連形容庫洛克地問題是
「世界上最後一個地理問題」，他在西元 1913 年的記者會
宣布這趟任務：

唐諾，麥克米連，攝於西元
1910 年。

　　西元 1906 年 6 月，皮里中校在托瑪斯·哈柏德角尖
端西北方約 130 英哩（240 公里）的北極海外，發現大
約位於西經 100° 北緯 83° 的陸地。皮里沒有抵達該地，
但是它以皮里北極俱樂部的喬治·庫洛克為該地命名。
這正是庫洛克地的由來，庫洛克地的邊界與幅員仍只能
任人猜測，但我確信可以在該地找到珍禽異獸，也希望
在當地找到新的人種。

---

*皮里除了帶回數位伊努特人返國，也從這些原住民手中帶走了兩
　大塊石鐵隕石（別稱為『女人』與『犬』）。伊努特人本來用這些
　隕石製作工具。這兩顆石頭現在為美國自然科學博物館的館藏。

西元 1913 年 7 月 2 日，一行人從布魯克林海軍基地搭上前往格陵蘭的蒸氣船。遠征隊才出發不到兩週，就遭遇了不幸——喝醉的船長不慎讓船撞上冰山，全船報銷，探險家們不得不搭上另一艘名為艾里克（Erik）的船，才能繼續前進，直到 8 月才抵達格陵蘭北部。

麥克米連的團隊在做好萬全準備後，於西元 1914 年 3 月 11 日再度整裝出發，隨行的有年輕的二十五歲海軍少尉蜚滋賀·格林（Fitzhugh Green）、生物學家瓦特·艾克布勞（Wlater Ekblaw）、七名收取來福槍與餅乾做為酬勞的伊努特人，還有一百二十五隻雪橇犬。他們在風暴與低於華氏零下 22 度（攝氏零下 30 度）的氣溫中，跨越了 1200 英哩（1930 公里）的極地凍海，只為尋找庫洛克地。一

米尼克·華勒斯的相片，西元 1897 年於紐約所攝。皮里帶著他與他父親和其他伊努特人回到美國。美國自然科學博物館為研究而拘留了他們。米尼克的父親死後，博物館員工讓米尼克以為博物館已經安葬了父親——事實上，他們將遺骨公開展示。

行人最後抵達拜特史塔特冰河（Beitstadt Glacier），花了三天測量了它的長度，得到 4700 英呎（1433 公尺）的答案。後來溫度降得更低，艾克布勞嚴重凍傷，因此由幾名伊努特嚮導帶回基地。麥克米連雖然頑強前進，但團隊的其他人已經放棄任務，到了 4 月 11 日，遠征隊只剩下他、格林以及皮尤加圖克（Piugaattoq）、伊圖庫蘇克（Ittukusuk）兩位伊努特人。他們駕著雪橇橫跨北極海；4 月 21 日，麥克米連喊著說看見了庫洛克地。他後來在回憶錄中寫著：「無庸質疑！那是天堂！真是一片淨土！有山、有谷，還有覆著雪的山峰，至少要從海平線朝上仰視 120 度才能看到山頂。」

皮尤加圖克是經驗老道的嚮導，他冷靜地向這位美國人解說，這是名為「蒲猶刻」（poo-jok）的海市蜃樓，這個詞的意思即為霧氣。麥克米連不理會在地人的解釋（畢竟他找到了朋友宣稱的地域！），並命令大家繼

續往危險的碎冰地前進。一行人在接著五天都追著這個帶狀的幻象前進（如今被認為是複雜蜃景——摩迦娜的妖精 Fata Morgana），最後麥克米連才不得不承認他們追蹤的是幻象。他後來寫著：

今天天氣很好，沒有一絲雲或一點霧。如果有陸地的話，我們早就該看見了。是的，我看見了！就算不用望遠鏡也看得到從西南方延伸到東北方的景象。然而我們功能良好的望遠鏡⋯⋯則顯現了一片漆黑中，有反差的白色，像是山丘、谷地與高聳的覆雪山峰，如同我們還沒前進 150 英哩時一樣的景色，而我們卻為了這景象的真實性冒了性命危險。接著我們認定，那只是海冰的幻影，正如我們現在所認為的一般。

一行人決定轉向回到真正的陸地，麥克米連考慮到多變的天氣可能讓他們到不了營地，因此命令格林帶著皮尤加圖克往西尋找替代路線。兩人出發以後，天氣就變差了，讓他們不得不到雪洞中避難。年輕且涉世未深的格林，認為這種情況非常可怕，風暴來襲時，他們的犬隻隊伍讓探險者們的精神緊繃，兩人為此吵了一架，覺得受辱的格林宣稱皮尤加圖克沒有遵守命令，因此槍殺了這位伊努特人。

格林本來宣稱皮尤加圖克是在風暴中喪生，但在 5 月 4 日回到隊伍後，他承認了自己殺害伊努特人的犯行。雖然格林有嚴重犯意的嫌疑，卻沒有人為此起訴格林，反而傳出了格林與這位伊努特人的妻子有染（這名女性也與皮里生了兩個小孩）。

遠征隊因為情況不佳，繼續困在格陵蘭長達三年，最後才帶著大量的人類學研究、毛皮、照片、樣本與格林手下亡魂的血回到了美國。但是不管哪一項，都不能支持皮里口中庫洛克地的存在。艾克布勞形容這趟遠征是：「北極探險紀錄中最黑暗、糟糕的悲劇。」

古羅可山脈 CROKER'S MOUNTAINS

西經 94°02'，北緯 74°22'，

—— 中斷發現夢想航道的虛幻海岸山脈

十九世紀早期，人們在格陵蘭東海岸目擊的山脈幻象引發尖酸的輿論。眾人因此嘲笑一位德高望重的英國海軍軍官，以及受到嚴重延誤的西北航道探索之行。

西元 1818 年，拿破崙戰爭結束已久，英國海軍在港口閒置了三年，這讓船隻得以為非軍事目標航行。捕鯨船上報說，格陵蘭東部的冰山以空前的速度碎裂，因此海軍副大臣約翰・巴洛（John Barrow）爵士推動重新尋找在北極與亞洲間久覓的貿易路線。接下第一次遠征隊任務的便是四十一歲的約翰・羅斯（John Ross）。

西元 1818 年 4 月，羅斯與他的船員和伊莎貝拉號（Isabella），在泰晤士河的群眾歡送下，出發尋找航道。隨行艦亞歷山大號（Alexander）是一行人的二號艦，由威廉・艾德華・帕里（William Edward Parry）上尉指揮。雖然羅斯比帕里資深十三年，但是帕里先前數年護

羅斯遠征隊的海圖。選自羅斯於西元 1818 年所著的《發現之旅》（*A Voyage of Discovery*）。古羅可山脈位於海圖的極西處，成了蘭開斯特海峽的一道高牆。他是一位九歲就以學徒身分加入英國海軍的蘇格蘭人，三十二年來，他在海軍發展傑出，甚至在瑞典海軍擔任船長。

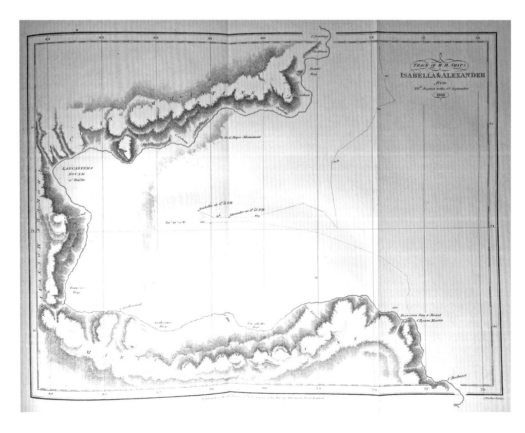

衛史匹茲卑爾根島（Spitsbergen，這個挪威國內的島群又稱斯瓦巴群島 Svalbard）的捕鯨活動，因此成為極地氣候的專家。

　　遠征隊在昔德蘭群島（Shetland Islands）稍作停留，便揚帆航向格陵蘭。這趟旅程初行不久，便有了新的里程碑：他們再次確認了前人的發現，也對潮汐進行科學測量，還取得了冰與磁石的樣本。諷刺的是，若與羅斯遠征隊接下來的遭遇相較，一行人還駁斥過布斯島的存在，直接從傳聞中的沉沒處航駛而過（詳見第 46 頁，布斯島）。

　　伊莎貝拉號與亞歷山大號接著抵達了格陵蘭西南岸的巴芬灣（Battin Bay）。船隻逆時針航行以取得理論上支持威廉・巴芬（William Baffin）在兩百年前的觀察，同時與西北岸的伊努特部落（羅斯稱伊努特人為『北極高地人』Arctic Highlanders）。到了 8 月 30 日，一行人抵達並進入了當時由巴芬命名的蘭開斯特海峽（Lancaster Sound）。他們在德文島與巴芬島間航行，因為認為發現了西北航道的大門，情緒漸漸激昂起來（事實上，他們的確辦到了）。但是他們愉悅的心很快就被擊沉，順風而行數英哩後，羅斯便發現前頭有一道將蘭開斯特海峽封成海灣的山地。羅斯將這道山脈以海軍大臣約翰・威爾森・古羅可（John Wilson Croker）的姓氏命名，然而它卻阻礙了進一步的探索。羅斯手下的軍官反對他的說法，堅稱前方沒有山脈，羅斯看見的乃是海市蜃樓，因

羅斯的遠征隊於西元 1818 年通過一段冰谷，他將景象描繪了下來。

此要繼續航行！雖然眾軍官都出聲表示反對，但是固執的羅斯忽視了下屬的抗議與繼續尋找航道的沉重責任，做出了極端的決策，下令掉頭放棄任務。亞歷山大號的會計官憤憤不平地寫著：「若要形容我們所受的屈辱與失望，我會說眾人初生的希望在瞬間被殲滅，而且沒有任何道理。」

在古羅可山脈的位置上，的確沒有山地的蹤跡。羅斯在返航以後，草草發表名為《發現之旅》（西元 1818年）的遠征紀錄，好為身處猛烈輿論砲火下的自己辯護。羅斯表示當時的景象：

> 我確實看見灣底的陸地，那裡有橫跨南北的山脈。這塊陸地有 8 里格高；我命令導航員路易斯（Lewis）先生與詹姆士·海格中士（James Haig）記下座標，寫進航海日誌裡；當時水溫是 34 度。此時我也看到 7 英哩外有連綿不絕的冰橫跨在海灣南北，我將最北角以喬治·瓦勒德爵士（Sir George Warreneder）之名命名，最南角以卡瑟列子爵（Viscount Castlereagh）之名命名。在南北海角之間的山脈，則以海軍大臣古羅可之名命名。至於西南角，則是寬廣的海灣，其上完全被冰覆蓋。我將這個海灣命名為巴洛灣（Barrow's Bay）……

羅斯甚至用素描為自己辯護。

一行人返回英國的路上，羅斯的下屬仍然為他所見的山景展開激辯，其中最激動的就屬相信蘭開斯特海峽是夢想通道的帕里（他後來在西元 1819 年成為英國船火山號 Hecla 的船長，帶領一場更成功的遠征探險）。

羅斯筆下的古羅可山脈。

為此，羅斯受到巴洛爵士的嚴厲斥責，這位海軍大臣後來在自己於西元 1846 年的著作，也就是《自 1818 年至今的發現之旅與極地研究》(*Voyages of Discovery and Research within the Arctic Regions, from the Year 1818 to the Present Time*) 中酸了羅斯的首次探索一頓：

雖然羅斯中校遵循規蹈矩，仍不能逃避他自己在航行中的言行與命令，以及以伊莎貝拉號船長身分進行的非必要出版行為。他此行返航的成就很容易達成，只要在大衛海峽（Davis's Strait）與巴芬灣之間愉快地繞行數個月即可，而早在數百年前，就有人做過同樣的事，還是以三十到五十噸左右的小船達成。就連遊艇俱樂部的兩艘小船，都可以在五個月內，完成這趟航行。

羅斯因為顯而易見的愚行（或是更悲慘的狀況）而受盡嘲弄。為了拯救自己的貢獻，他在西元 1829 年發起了第二次極地遠征。這次遠征不得不尋求私人贊助，最後由倫敦的琴酒大亨菲利克・布斯（Felix Booth）擔保，提供了一萬七千英鎊給自籌三千英鎊的羅斯，而羅斯與下屬在北加拿大極地圈內發現了一座新的半島。這座位於西經 94°24' 北緯 70°26' 的半島，被命名為「布西亞・菲利克半島」（Boothia Felix）。只不過相較於他初次極地探險之順利，第二次遠征則頻出問題。羅斯與他的部下不得不丟下仍在實驗的鍋爐引擎，單靠船帆航行，最後他們也在當地受困於寒冬達四年之久，全因為他們的船長不願停止搜索，而他完全仍無法從覆冰的地景中找到航道，來為自己辯護。

戴維斯地 DAVIS LAND

西經 91°22'；南緯 27°12'

——太平洋上難以追尋的小小沙島

　　「私掠者」（buccaneer）在現代已被普遍當成海盜
的同義詞，但在十七世紀，這個字特指在加勒比海與南
美的太平洋沿岸，攻掠西班牙船運與基地的群體*。由
於他們是英國政府進一步打擊西班牙人活動的非官方行
動，因此私掠者取得了「特許狀」。有了特許狀，他們就
可以捕掠敵船，連船運貨帶回家鄉販售，也不會受到懲
罰。

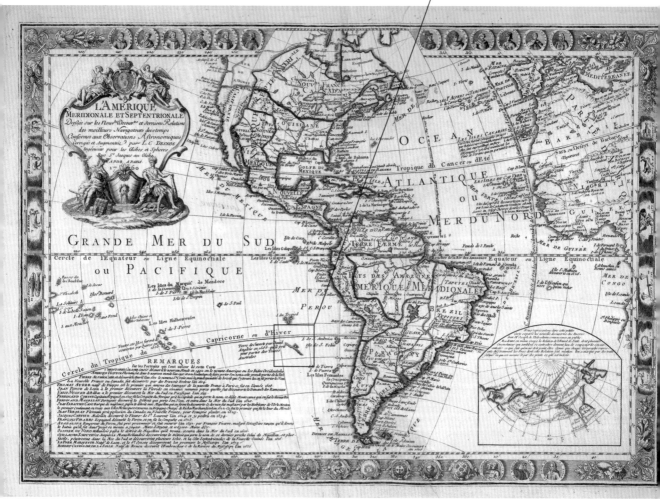

西元 1654 年，宏都拉斯（Honduras）的新塞哥維亞（New Segovia）記錄了第一場洗劫返回西班牙本土船隻的策略突襲。惡名昭彰的私掠者亨利‧摩根（Henry Morgan）等人發動這場野蠻的掠奪之戰，其中摩根這個威爾斯人更是在此役留下殘酷的名聲。西元 1655 年，牙買加總督托瑪斯‧默迪佛德爵士（Sir Thomas Modyford）聘請摩根支援轄下的牙買加島的安全，然而這位私掠者卻將之視為縱容破壞的指令。摩根與他的手下攻擊了一系列沿海城鎮、佔領了哥倫比亞西北的普羅維登西亞島（Providencia）與聖卡塔莉娜島（Santa Catalina），並且傾巢而出突襲巴拿馬。他們沉醉於勝利，讓摩根難以控制手下侵攻秘魯的行徑。

這些不受約束的暴力行為刺激了其他人的淘金欲。短暫的和平後，巴拿馬在西元 1680 年再次受到彼得‧哈里斯（Peter Harris）等私掠者的攻擊。然而他們卻被擊退，同時在新的領袖手下徵用了艦隊進行另一個任務。這位新的領袖是海盜船長巴特洛摩‧夏普（Bartholomew Sharpe），他派船在太平洋沿岸進行一年半的掠奪活動。後來夏普決定返回英國本國時，因為風暴偏離了航向，不經意地成為第一個從東方環繞合恩角航行的英國人。

在這群殺人犯與海上盜賊中，有兩個人特別值得一提：萊諾‧韋佛（Lionel Wafer）與威廉‧丹皮爾（William Dampier）。兩人因為都受過教育而與眾不同，他們在卡塔赫納（Cartagena）相遇，西元 1680 年成為夏普的船員，但之後的發展卻截然相反。韋佛在一次口角後，與另外四人被放逐到達里安地峽（Isthmus of Darien），他在當地研究了古納人（Cuna）的文化與語言一年；丹皮爾則留在船上。瓦佛後來回歸到私掠者的團隊（本來還因為穿著當地服裝而沒被好友認出來），最後登上了艾德華‧戴維斯（Edward Davis）的愉快學徒號（Bachelor's Delight），兩人後來出版了他們在船上的紀錄。丹皮爾在西元 1697 年出版了《環遊世界的新旅程》（*A New Voyage Round the World*），瓦佛則在西元 1699 年出版了《美洲地峽新旅紀錄》（*A New Voyage and Description*

這是同時具有私掠船船員與探險家身分的威廉‧丹皮爾。他手上是他的暢銷書《環遊世界的新旅程》。

對頁地圖：丹皮爾口中「長形的高地」，出現在 J. B. 諾林於西元 1760 年所繪〈美洲地圖〉，上面的法文注解翻譯過來，就是「英國人大衛在西元 1685 年發現此處，並認為是南方大陸的一部分。」

*「私掠者」一字的源頭是歐洲人對加勒比海當地名阿拉瓦克人（Arawak）料理方式的稱呼。法文動詞中「烹調、治療」的字眼 boucanier 也是從這個阿拉瓦克語的字（buccan）發展出來。這個字的由來是「燻肉的木架——通常燻的是海牛肉」。

of the Isthmus of America）。他們分別出版的書中都有個謎團——智利海外 1500 英哩（2780 公里）的戴維斯地。

　　他們從南美洲海岸往南航行數百里格，到了南緯 12° 的地方（與利馬同緯度），然後經歷了海上地震後，愉快學徒號的船員看見了他們宣稱是戴維斯地的地方。韋佛寫著：

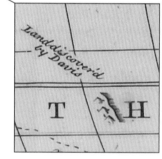

亨利・艾里斯（Henry Ellis）於西元 1750 年繪製的地圖：〈針對探索西北航道的莫大益處之考察〉（Consideration on the Great Advantages which would arise from the Discovery of the North West Passage）。

　　我們剛平復心中的恐懼，繼續往南航行，轉向南方偏東處，直到抵達南緯 27°20' 的地方。在天明兩小時前，船身撞上了一座低矮的小小沙島，並且從船的正前方聽見大大的噪音，彷彿是海浪拍擊海岸的聲音。水手們擔心在天明前撞上海岸，因此希望船長停船，等到白天再繼續航行，船長也同意了。我們因此下錨直到天明，接著再次看到陸地。我們證明那裡有座平坦的小島，沒有任何岩石障礙，此處距離海岸不到四分之一英哩，因此可以清楚看見小島。這是個晴朗的早晨，沒有雲霧。往西看去的話，大約在 12 里格遠的地方，有一片高地，我們眺望時，發現島嶼分成不同區塊，因此認為是一組群島。這些陸地大概有 14 或 16 里格長，然後有一群鳥兒飛過。我與許多同行的船員想要上岸，但是船長不允許。這座小島在科巴亞波（Copayapo）以西 500

里格，距離加拉巴哥（Gallapago）群島 600 里格。

當時一度沒有跟韋佛一起在船上的丹皮爾，也提到發現這座太平洋小島的事情。這段話是他從戴維斯口中聽到的軼事：

戴維斯船長後來告訴我，在他們把我們留在勒雷荷（Realejo）的巢穴時（如書中第八章所述），他橫貫海洋往加拉巴哥群島前進。他往南航行，讓風帶他過了火地島（Terria del Fuego），然後在南緯 27°、智利海岸科巴亞波一地 500 里格的地方，看見一座鄰近的小小沙島。他們往西方看，則看到一片高地往西北方綿延而去。這可能正是南方未知大陸（Terra Australis Incognita）的海岸。

丹皮爾的《環遊世界的新旅程》標題頁有赫曼・墨爾（Herman Moll）所繪的世界地圖，而在丹皮爾的書付梓一年後，戴維斯地也出現在不少法國地圖上。J. B. 諾在西元 1740 年繪製的〈美洲地圖〉（L'Amérique）中畫上了丹皮爾口中的「大片高地」，並且用標注著「英國人大衛發現的陸地」（這個法國人堅持以『大衛』一名引用）。

有不少人因為韋佛與丹皮爾的紀錄而冒險探索（詳見第 186 頁）。荷蘭西印度公司也在西元 1721 年派出雅各・耶赫文（Jacob Roggeween）指揮三艘船前去探索。耶赫文雖然找不到那座小島，卻找到了另一座確實存在的島嶼：復活節島（Easter Island）。人們認為戴維斯與他的船員所發現的，其實就是這個島嶼，但因為錯誤的計算而記錄了錯誤的位置。即便如此，直到十八世紀末，英法兩國的船隻，仍日夜不休地搜尋戴維斯地的所在。

惡魔列嶼 ISLE OF DEMONS

西經 49°19'，北緯 55°11'；又稱惡魔嶼（Île des Démons）、惡魔雙嶼（I. dos Demonios）

—— 會發出奇怪聲響、攻擊闖入者的惡靈與怪獸之地

　　加拿大紐芬蘭地區的奎朋島（Qiurpon Island）據信就是曾經發出奇怪聲響的惡魔列嶼。法國的牧師探險家安德烈・忒維（André Thevet）在他的旅行紀事《惡魔嶼》（*Isola des Demonias*）中記載：「聽見男人胡亂不清的大聲喧嘩。」據說這裡的惡靈與怪獸會攻擊那些愚蠢到闖進島嶼水域或陸地的人。忒維則宣稱用約翰福音保護自己，而得以存活。

　　惡魔列嶼早期曾出現在尤漢・羅什在西元 1508 年出版的地圖上，在拉布拉多與格陵蘭間的金倫加航道（Ginnungagap passage）之間用拉丁文標記「惡魔列嶼」（Insulae Demonium）。北歐人很害怕這條航道，原因可能出自這裡的大漩渦。中世紀早期的傳說經常有北大西洋的撒旦群島（Satanic Islands）的蹤跡（部分也是因為極地氣旋帶來的風暴），據信惡魔列嶼正是早年的撒旦奈斯島（Satanazes）經人重新定位的結果，把這座舊時的島嶼搬到地圖上另一座虛構陸地安提利亞以北，而不是畫在找不到島嶼的原本座標上（有些傳說牽連起來，就會被一同抹消。詳見第 210 頁以及第 18 頁）。賽巴斯蒂安・凱伯特在西元 1544 年的地圖中將之視為一座島嶼（Y. De Demones），並且移動到拉布拉多（Labrador）以東的邊境。傑拉杜・梅爾卡托把列嶼放在紐芬蘭北端，奧特里烏斯則在西元 1570 年版本的地圖上，與凱伯特版本的同一位置將之畫成一座島嶼。

　　這座島亦出現在一則懷孕貴婦的傳說中。這位貴婦名為瑪格莉特・胡克（Marguerite de la Roque）。有人揭發她與水手私通有孕，於是她的叔叔，也就是歐貝荷的尚－法蘭斯瓦・胡克（Jean-François de la Roque de Roberval）將瑪格莉特與她的愛人，以及她的侍女戴彌安（Damienne）放逐到惡魔列嶼上，任他們在野獸環伺的島上自生自滅。瑪格莉特生下孩子，但是她的小孩以及水手愛人和侍女都死了，只剩瑪格莉特仍活著。她用火槍抵禦動物，並以智慧求生，才被巴斯克（Basque）的漁夫救了上來。她後來回到法國，並因這個故事成名，然後在儂通（Nontron）安頓下來，成為一名女教師。忒維這位十六世紀的地理學家，則在他 1575 年出

版的《寰宇搜奇》（*La Cosmographie Universelle*）中記載了這個故事，宣稱自己親自在佩里哥（Périgord）的農通見到故事的女主角。但他其實只是重述了瑪格莉特‧娜瓦賀（Marguerite de Navarre）在《赫普塔梅洪》（*Heptaméron*，西元 1558 年）裡記載的故事，而娜瓦賀又表示這則故事是從「歐貝荷船長」的口中聽來的。故事的另一個來源則是 法蘭斯瓦‧貝勒弗赫斯（François de Belleforest）於西元 1570 年所著的《悲劇故事》（*Histoires tragiques*）。這則故事也是十九世紀加拿大詩人喬治‧馬丁（George Martin）的作品主題，詩名是〈瑪格莉特，又稱惡魔列嶼〉（*Marguerite, or the Isle of Demons*）。

　　惡魔列嶼曾在十六世紀後期的地圖上出現，包括梅爾卡托、羅什與奧特里烏斯等人的版本皆有，但到了十七世紀中期，列嶼就從官方地圖上消失了。

史旺‧德雷吉（Swaine Drage）的《西北航道存在的可能性》（*The Great Probability of a North West Passage*）一書中的地圖。由托瑪斯‧傑佛利（Thomas Jefterys）繪製，西元 1768 年。

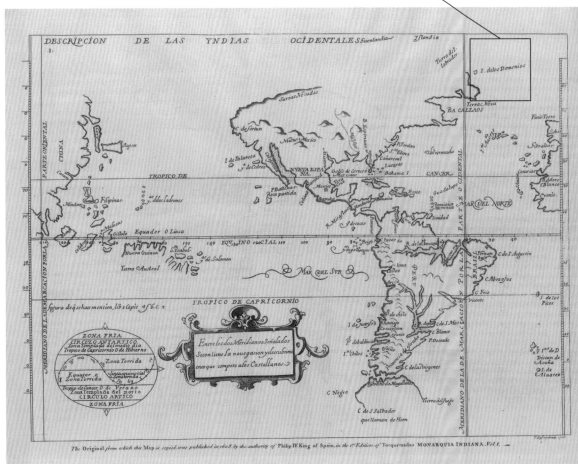

HAVANA Portus. — **St DOMINGO.** — **CARTAGENA** — **MEXICO** — **CUSCO.**

Groenlandi.

Virginiani.

Rex et Regina Floridæ.

Novæ Albionis Rex.

Mexicani.

Septentrionalissimas Americe partes, Groenlandiam puta, Islandiâ et adjacentes, quod Americe tabulæ commodé comprehendi non potuerint, peculiari hac tabella Spectatoribus exhibendas duximus.

AMERICA SEPTENTRIONALIS

FRANCIA

MAR DEL ZUR

Tropicus Cancri

CIRCULUS ÆQUINOCTIALIS

OCEANUS

Tropicus Capricorni

PERUVIANUS

MARE PACIFICUM

AMERICÆ
nova Tabula.
Auct F. Guilielmo Blaeuw.

Cum privilegio
decem annorum.

TERRA AUSTRALIS INCOGNITA.

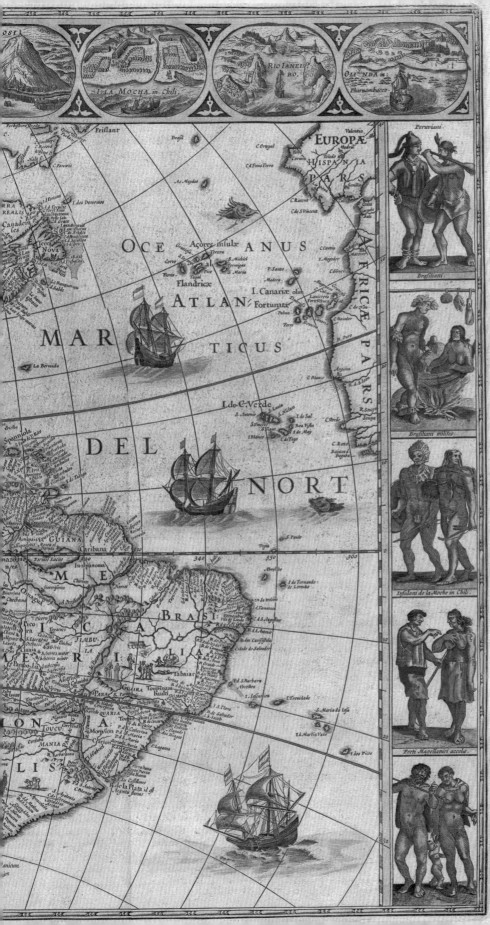

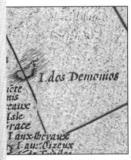

維倫‧布勞（Willem Blaeu）所繪的〈新美洲地圖〉（Americae nova Tabula）將惡魔雙嶼放在另一座虛構島嶼「梅達斯」（As Maydas）與「巴西」以西。在南美洲的北端則可以看見神祕的帕里姆湖（Lake Parime），據說這座城就是傳說中的「黃金城」。地圖的南端則有一對巴塔哥尼亞巨人男女。

道提島 DOUGHERTY ISLAND

西經 120°20'，南緯 59°20'

──太平洋最南端、偉大白色南境的神祕前哨

西元 1931 年 5 月，探險船發現號（Discovery）的船長麥肯錫（Mackenzie）得意地向記者群表示，他和船員消滅了一座島：

> 發現號今天通過海圖上標記道提島的位置，這座島是偉大白色南境（Great White South）的神祕前哨，人們形容這是海上最荒涼且孤立的一點，長久以來都躲過遠征船、捕鯨船與其他船隻的搜索。早上我們進行了良好的觀察，到了中午我們便改變航向，直接通過這座島在地圖上的位置，而在下午兩點，聲納顯示此處有 2470 噚深。這裡見不到陸地，這一帶也沒有這座島存在的跡象。尤其在天氣這麼晴朗的情況下，一定看得見 12 英哩內的島嶼。

道提島第一次出現在官方紀錄，是在西元 1841 年時，英國詹姆士・史都華號（James Stewart）的道提船長，記錄船隻如何遭遇太平洋最南端的島嶼。這座島有 5 到 6 英哩長（8 到 9.5 公里），東北方有座高崖，擋住後方覆雪的低地。這個報告與鄰近一帶在西元 1800 年「史旺島」（Swain's Island）的紀錄產生了連結。道提島的傳說至今與許多虛幻島嶼無異，這可能是幻象的產物，也可能是船長把特大號的冰山搞錯。但是它的詭異之處在於，有不少航海家一而再、再而三地見到這座島，也提供了可辨別的座標與描述。舉例來說，路易斯號（Louis）的齊特船長（Captain Keates）就曾在西元 1860 年見到這座島，甚至描述有座冰山卡上這座島的海岸，並把這座島定位在西經 119°07' 南緯 59°21'。他在回程時，校準了自己的天文鐘，發現先前定位的位置誤差不到四分之一英哩（0.4 公里）。

西元 1891 年，英國三桅帆船特索號（Thurso）的船長史坦納（Stannard）也目擊了道提島。這艘英國帆船設籍在紐西蘭利特爾頓（Lyttlton）。史坦納在他自紐西蘭往英國的航行中遇到這座島，將之定位在西經 119°07' 南緯 59°21'。他抵達這一帶時，檢查了海圖，發現這一塊在海圖上空無一物，但是當時他礙於天氣，不得不在夜

對頁地圖：這是一張西元 1906 年的南極地圖，尤德國出版商 尤斯杜・佩特斯（Justus Perthes）出版。地圖上也標示了瑪麗亞・特里薩礁與杉尼可夫地（詳見第 156 頁與第 208 頁。）

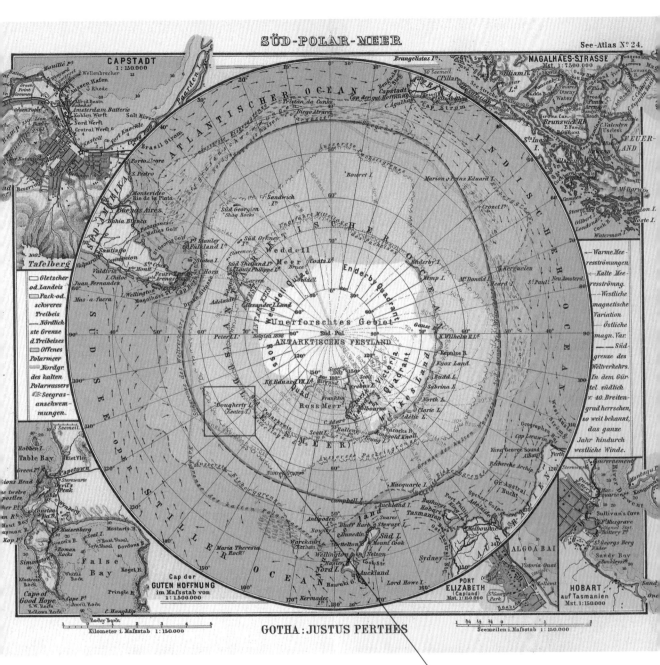

裡滯留於這片海域，因此伴著敏銳的心神守夜，並確認
自己目擊了一座島，而且距之不到三天的航程。他在紀
錄中描述的內容，和道提船長寫得非常相近：6 英哩長
（約 10 公里），東北方有座高 300 呎（90 公尺）高的懸
崖，從雪中裸露出來。他提到自己在看見島嶼之前，曾
經經過幾座冰山，證明自己足以分辨陸地與冰山的差異。

從此以後，道提島就出現在海圖上的這個區域內，許多遠征隊試圖登島上岸，但都以失敗告終。西元 1894 年至 1910 年間，英國蒸氣船盧鄂佩胡號（Ruapehua）的葛林史垂船長（Captain Greenstreet）五度尋找該島；南極探險家羅柏特・法肯・史考特（Robert Falcon Scott）在西元 1904 年也探尋未果。西元 1909 年，約翰・金・戴維斯（John King Davis）同樣無功而返。恩尼斯・薛克頓（Ernest Shackleton）手下的尼姆羅德號（Nimrod）出航尋找數座失落島嶼，道提島也是其一。戴維斯的航海日誌出現在薛克頓西元 1911 年第二次遠征紀錄《南極之心》（*The Heart of the Antarctic*）的第二冊附錄：

尼姆羅德號（Nimrod）在西元 1909 年由約翰・金・戴維斯船長指揮，尋找南太平洋的失落島嶼。本地圖取自皇家地理學會於西元 1910 年發表的文章。

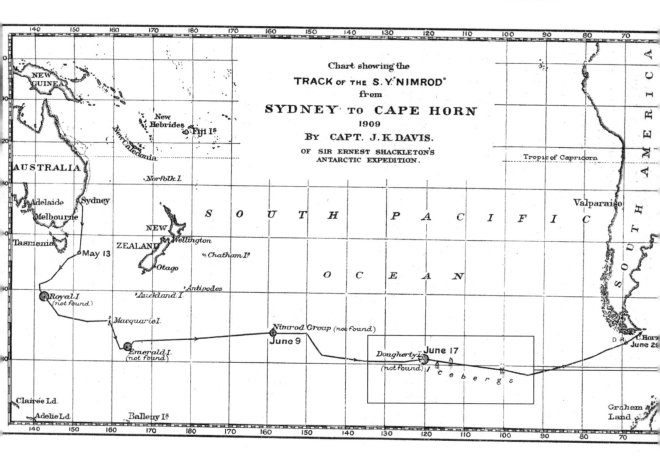

6 月 17 號的中午，我們用航位推測法找到道提島曾被提及的位置，但是天候不佳，無法確定自己的方位。齊特船長把這座島放在同一緯度以東 34 英哩的地方。因此我們持續沿著緯線東行，藉航位推測法到了此地。現在天色已暗，天候尚可，我們再往西回航，希望能夠見到晝光，也的確如願。中午我們成功地觀察星象，根據道提船長提供的位置，這座島應該在我們西邊 4 英哩處現身。但在這晴朗的天氣下，我們從桅頂也看不見任何陸地。再往東返航，到了下午四點，正要失去光線時，這座島在齊特船長的版本裡，應該在我們東邊 4 英哩，然而什麼都沒看見。下午四點半，我們已經航經齊特船長標記的位置，並且沿著南緯 59°21' 航行，仍然沒有陸地的跡象。此時我們的航線上有冰塊阻礙，因此我認為道提島早已融化。

　　這段描述看來像是明確的否定，但是許多人對此島的見證也成了駁斥。其中一位持反對論點的是海洋學家亨利・史東默（Henry Stommel），他在西元 1984 年的著作中提及，海軍水文地理局的道提島文件裡有一封憤怒的信件。這封信的作者是紐西蘭奧克蘭的聖克萊・維特（St Clair Whyte），他抗議該部門將道提島從地圖上移除，宣稱自己前一陣子曾花了數小時在海圖上的這一帶獵海豹，並打賭中國的茶都產自那裡。

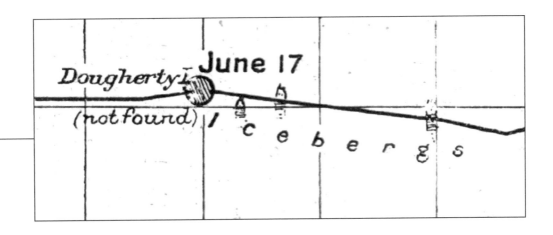

地上樂園 EARTHLY PARADISE

—— 神話中最古老、迷人的一章：「伊甸園」

威爾斯語中有個美麗的字。這個字叫作「昔來思」（Hiraeth）。它不能直譯，但這個用語大致上可以形容對逝人故土的想望而產生的悲痛，是種精神上被強化的思鄉病，而懷念的又是個從未到過的地方。我整理起數百年來，歐洲人試著在地圖上標記「伊甸園」這個超自然概念的位置時，便想到了「昔來思」這個。伊甸園是許多神話中最古老且迷人的一章，是人類最早且最完美的家園，如今卻消失在某處，等著人們再次發現它。這個樂園是天堂的縮影，位處沙漠的某座綠洲，或是遙遠東方的偏遠小島上。

約西元 1265 年繪製的〈詩篇世界地圖〉（Psalter Mappa Mundi）。地圖上方將亞當與夏娃畫在耶穌身下。

地上樂園的概念可以在世界各地的各種信仰中被找到。希臘神話中，人類曾有「黃金時代」，這個神話中的初生時代在泰坦巨人克羅諾斯（Cronus）的看顧下，有著令人愉悅的和諧。當時地球提供人類所需，人類也活得長壽，死後則成為守護的靈體，中國、巴比倫、埃及與蘇美等古文明都有同樣的概念。對於基督徒來說，來自古希伯來傳說的伊甸園，是上帝「將人趕出去了；又在伊甸園的東邊安設基路伯（Cherubim）和四面轉動散發火焰的劍，要把守生命樹的道路。」（創世紀第三章第二十四節）。人們將伊甸園描述成四條大河的源頭，這些河包括比遜河（Pishon）、基訓河（Gihon，即尼羅河）、希底結河（Hiddekel，即底格里斯河），以及幼發拉底河（Euphrates）。耆那教（印度古教之一）、印度教與佛教傳說中的須彌山（Mount Meru）也有類似的記述。據說須彌山是人類的古老家

園，是天神之座，同時也是流向寰宇海洋的四道河川的源頭。

四河樂園在極東處的想像本質，是大家在早期地圖上看見的圖像之果。在中世紀的〈世界地圖〉（mappe mundi）通常將東方畫在現今我們認為的北方，在這個極東處的頂端有著耶穌，主掌著地圖上充滿矛盾的傳說與地理。我們在這裡舉的例子是〈詩篇世界地圖〉（Psalter World Map），這張地圖因為出現在一本詩篇中而得名。雖然這張地圖相對比較小，卻是一張偉大、美麗的中世紀地圖。只不過這張地圖應該不是原作，而像是亨利三世在西敏宮（Westminster Palace）的皇家臥室中，曾在西元 1230 年中期懸掛的那張地圖的複製品。它就像〈赫里福德地圖〉一樣，告訴我們那個年代對古歷史、經典與地理的視野。〈詩篇世界地圖〉上所畫的其中一塊插圖，就是伊甸園的傳說，也就是坐在耶穌之下的亞當與夏娃，在他們底下則又流出四道河流。

西元 1406 年，有一本拜占庭手抄版本的托勒密（Ptolemy）《地理學指南》（*Geography*）出土，這部於二世紀寫成、原本被人以為流落在西歐的書本，在雅各波・安傑洛（Jacopo Angelo）翻譯成拉丁文後，讓人從君士坦丁堡送到威尼斯，從此深深影響歐洲的製圖學。當時海圖已經發展成以實用為主（也有科學根據），而不再如中世紀世界地圖以一般僅描述歷史。十五世紀時，中世紀世界地圖東方為主的繪圖方式已經投向托勒密模型的懷抱，介紹了使用全球座標的數學系統，並且將北方畫在地圖正上方，這也成為了繪製現代地圖的基礎。

〈地上的愉悅樂園〉（The Garden of Earthly Delights），出自耶羅尼米斯（Hieronymus Bosch）的三幅連畫中。約在西元 1500 年繪製。

但這造成了文藝復興的製圖者一個問題：像是地上樂園這種描繪信仰的內容，從此無法在看重精確度的地圖上做為裝飾。所以人們將樂園從地圖上移除，放棄樂園這一點也成了現代思路在十六世紀初的一個象徵。因此，有人試著將神話合理化——瓦地亞納斯（Vadianus）與葛羅匹尤斯・畢坎奴斯（Goropius Becanus）宣稱這座樂園不只是確實存在的地域，也是亞當與夏娃在犯罪以前純潔的極樂之地。馬丁路德（Martin Luther）認為不需要爭論樂園的確切位置，因為那裡可能早因人類的罪

托勒密系統的作品。西元 1482 年，尼可勞斯・日耳曼奴斯（Nicholaus Germanus）在《寰宇論》（Cosmographia）中的世界地圖。

老盧卡斯・克拉納赫（Lucas Cranach the Elder）繪製上帝向亞當與夏娃介紹伊甸園的畫作。約在西元 1530 年繪製。

惡而被大洪水摧毀了。

　　法國神學家喀爾文（John Caluin）認同樂園已經在洪水中消失的說法，但是一方面又提出安慰人心的理論，表示上帝還喜愛人類，因此讓這個世界還留有樂園的遺跡。喀爾文在西元 1553 年所著的《創世紀注釋》（*Commentary on Genesis*）一書中，放了一張繪有當地河流的美索不達米亞地圖，宣稱樂園曾經存在於該地。他將「四河」一說解釋為河流的四道「源頭」，意思是有兩條水道將水帶進樂園，又有兩條水道將水帶離樂園，並且顯示這為何符合美索不達米亞的水文系統。喀爾文的理論後來被十六世紀的聖經出版商沿用、發展，其中還有人簡化了這個思想，將人類墮落的失樂園畫在地圖上。托瑪斯‧加里奴斯的《聖書》便是一例，他在著作中描繪的地圖就在本書第 95 頁。

托瑪斯‧加里奴斯（Thomas Guarinus）於西元 1578 年所著的《聖書》（*Biblia Sacra*）中所繪的「美索不達米亞樂園」的地圖。

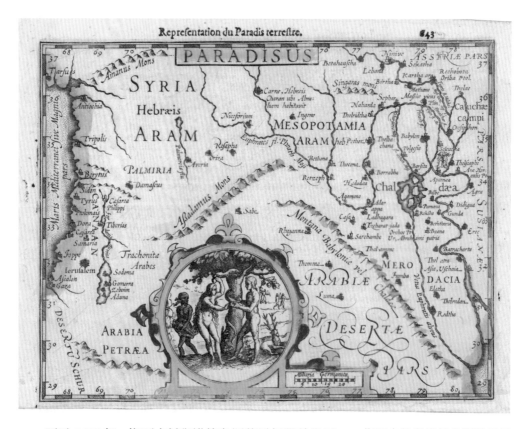

西元 1607 年，梅爾卡托與洪第烏斯將這個設計發展成〈樂園地圖〉（Paradisus）的地理細節，將亞當與夏娃畫在蘋果樹下。

但樂園的四河理論後來很快被拋棄了，最後一個使用這象徵的是沃爾特‧雷利（Walter Raleigh）爵士，他在洪第烏斯的地圖出版之後幾年，將地上樂園畫在他的阿拉伯地圖上，同時將細膩的聖經形象放上地圖。

人們持續認為樂園已因洪水而被抹消，也因此產生了樂園原始地點的理論。人們將注意力放到美索不達米亞到亞美尼亞之間，囊括上幼發拉底河（Upper Euphrates）與爾米亞湖（Lake Urmia），直到黑海與敘利亞沙漠一帶。輿論可能一度認為，聖經中的比遜河是現今的里奧尼河（River Phasis），而基訓河則是現今的阿拉斯河（River Araxes）。在這之後，聖地也被視為樂園的代替品，但只是為了方便教義，沒有地理上的意涵。到了十八世紀，地上樂園成為了復古的裝飾，在人們的想像與宗教神話中長年翠綠。

梅爾卡托與洪第烏斯於西元 1607 年出版的地圖，在鄰近巴比倫（Babylon）處標示「樂園」。

上圖：
羅敏・胡根（Romain de Hooge）在西元 1700 年左右所繪的地圖。他將伊甸園放在地圖中央。

下圖：
皮耶・摩赫提（Pierre Mortier）西元 1700 年根據阿夫朗什（Avranches）主教皮耶・丹尼爾・胡耶（Pierre Daniel Huet）作品所製作的地圖。
標題寫著：「胡耶蒙席所著，適合人們理解神聖歷史，繪有真實樂園的位置與各王朝所在的國家的地圖。」

黃金城 EL DORADO

西經 58°09'，北緯 3°09'；又稱曼諾阿（Manoa）

——遍地藏金、引誘無數尋寶者的閃亮財富之城

　　人們追求黃金向來是合情合理的常事。藏金土地和城市的神話與傳言引誘盲目的人跨海而行，進入無人能越的沙漠，以及那些被稱作「綠色地獄」的叢林。歐洲人長久以來對東方財富的執著，就和他們的想像力一樣，例如後面有一節討論祭司王約翰（Prester John）金光閃閃的王國，也會對這些異國想像做個摘要。這些金黃色的鬼魂歷史悠久，托勒密就曾經描述：「恆河後方的印度」就有個「黃金地」（Aurea Regio）。旅人戴奧尼索斯（Dionysius Periegetes）在一世紀中的《厄立特利亞海航行記》（The Periplus of the Erythraean Sea）中也有相關記載，這本以希臘文記錄港口與沿海地標的名冊，指稱「庫露湛」（Chryse）是片黃金地，並形容它「是人類世界極東方的海中島嶼，位於升起的旭日之下，名為庫露湛……在這個國家裡……有一座叫作欣娜（Thina）的內陸城。」（這個西元 120 年的作者，也寫『庫露湛島 Chryse 位於黎明升起處』）。西元四世紀的羅馬作家阿維阿努斯（Avienus）指稱人們可以在「斯基泰海（Scythian Sea）的日出處」找到黃金島（Insula Aurea）。

　　哥倫布在西元 1492 年初抵拉丁美洲時，人們認為他並沒有找到探尋已久的亞洲香料群島。但是到了西元十六世紀中期，美洲這片新世界提供了人們更大的財富想像，像是阿茲提克與印加的寶藏，還有當地豐富的礦藏。哥倫布出發尋找印度群島時，歐洲的黃金總量只能勉強組成 8 立方碼（6 立方公尺）的方塊。但是到了哥倫布完成第四次航行的 1503 年至 1560 年間，西班牙已經從新世界運回超過一百零一噸的黃金。歷史學家費爾南・布勞岱爾（Fernand Braudel）曾經計算，發現西班牙在十六世紀中期取得的黃金與白銀，竟有現代兩兆美金的價值。哥倫布在西元 1503 年 7 月 7 日寫給費迪南王的信中表示：「黃金是最好的金屬。我們有了黃金，便可為所欲為，甚至可以拯救煉獄裡的靈魂，直升天國。」

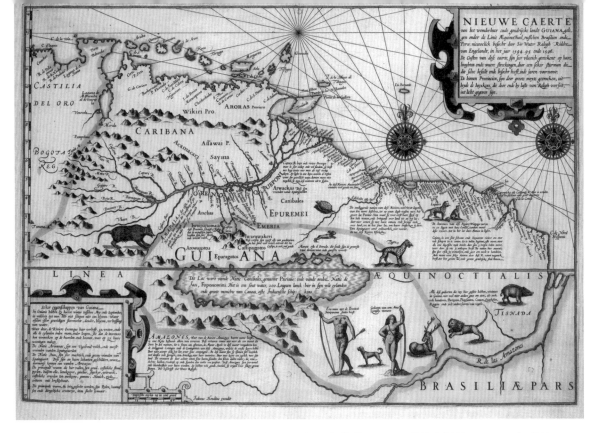

當然，人類總是貪得無厭，向廣大叢林內陸推進，總是可以帶來更多的發現。人們在竊竊私語中傳說著，安地斯山間有許多失落的黃金城（傳說肯定不逕而走，但是當地人已經發現，要擺脫西班牙人的方法之一，就是指稱其他地方藏有黃金）。有座名叫派蒂提（Paititi）的印加城市，由慕蘇斯皇帝統治，據說就在現今玻利維亞、巴西與秘魯等國邊境的叢林中，至今仍有人持續嘗試尋獲這個地方。

　　其中最誘騙眾人的傳說，便是金光閃爍的黃金城。這座城的名字來自治城國王的每日儀式。貢薩洛‧費爾南德斯‧德‧奧維耶多‧伊‧巴爾德斯（Gonzalo Fernández de Oviedo y Valdés）在他於西元 1535 年所著的《印度通史》（*La Historia General de las Indias*）中：

　　我問，為什麼這位親王或是酋王的這個人，名為黃金之人（Dorado）？那些曾到過基多（Quito），現在來到聖多明哥的西班牙人（超過十人）回答，他們從印第安人口中得知，這位偉大親王身上灑著金粉，認為黃金直接覆身比起打造黃金更加美麗與高貴……（他）每天早上撲上新粉，再在晚間洗去……印第安人又指這位酋王，或稱之為國王，是位非常富有的偉大親王，每天早

洪第烏斯於西元 1598 年所繪的〈美妙且廣大的豐饒之地圭亞那的新地圖〉（Neiuwe caerte van het Wonderbaer end Goudrjcke Landt Guiana），使用於沃特‧雷利爵士對現今法屬圭亞那地區的紀錄。地圖上也有神祕的帕里姆湖（Lake Parime），並且標注了黃金城（曼諾阿）。在黃金城以南，則繪有無頭人（Blemmye）以及新奇的南美動物。

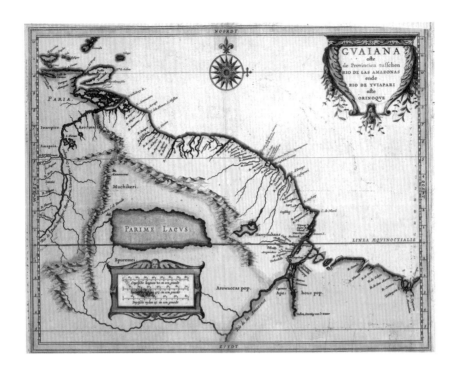

上為自己敷上黏滑的香液，然後撲上金粉，全身閃閃發光，這樣他自己就如同美妙的黃金雕像一樣。

赫瑟·賀里茲（Hessel Gerrtz）於西元 1625 年所繪的〈幾內亞地圖〉，上面記有帕里姆湖，並宣稱可以在湖畔找到黃金城。

這則故事的源頭顯然是穆伊斯卡人（Muisca）的傳統，這些人住在新格拉納達（New Granada）的高山上。這位黃金王富庶到為何可以天天浪費黃金呢？尼加拉瓜的征服者塞巴斯蒂安·貝拉卡薩（Sebastián de Belalcázar）在西元 1535 年後半試著找出該部落，等他終於到了穆伊斯卡（Muisca），發現貢薩洛·錫門尼茲·奎薩達（Gonzalo Jiménez de Quesada）已經佔領該地，而奎薩達只找到非常稀少的黃金。德國探險家尼可拉斯·費德曼（Nicholas Federmann）此時也在這一帶掃蕩山岳，他也醉心在同樣的故事裡。黃金王洗淨身上黃金的湖泊則是解開傳說的關鍵，西班牙人認為這座湖就是瓜塔維塔湖（Lake Guatavita），自西元 1540 年開始，便由赫南·皮列茲（Hernán Pérez）帶人引流，但是始終沒有發現黃金之流。

最後一個尋找黃金城的西班牙人團隊，是由路普·阿基爾（Lope de Aguirre）帶領的嗜血戰團。這位西班牙征服者藉由謀害他人取得指揮權，他曾瘋狂地帶著素行不良的同伙襲擊委內瑞拉。雖然西班牙人開始認定這座城市並不存在，德國人也興致缺缺，接下來追逐這隻金鳥的人，卻是英國人。沃爾特·雷利爵士從西班牙港口的囚犯口中得知黃金王的故事。他在西元 1595 年出版的《圭亞那探行》（*The Discovery of Guiana*），便是傳播奇幻地理與神話的著名作品。書中將黃金城與另一座失落城市（曼諾阿）的神話混為一談：

> 有人向我保證，西班牙人曾到過曼諾阿城。這座圭亞那（Guiana）的帝都在西班牙人口中被稱作黃金城，指說那座偉大、富庶、有位完美君王的城市，超越世上任何地方，或者說至少比起西班牙轄內的任何地方還要來得更加美好。這座城市在一座像是裏海、有 200 里格長的鹽水湖旁。

他寫的地方位在傳說中的帕里姆湖旁，就在委內瑞拉的奧利諾科河（Orinoco River）。這座湖的位置在他另一段饒富趣味的不精確文字裡，其中包括胸部長著面孔的無頭人聚落：伊維帕諾瑪（Ewaipanomas）。（這個故事傳說已久，詳見第 179 頁）。

這時，黃金城的眩目光輝成了十六世紀的一個光源，直到雷利爵士說服詹姆斯一世（James I）支持他在西元 1617 年尋找曼諾阿的最後一次探險，才終於熄滅。這次的探索是場災難；他的船隻因風暴沉沒，不少無法看見指揮官眼中幻象的部下，也把他們的上司拋棄。得了熱帶疫病而變得虛弱的雷利爵士，也在奧利諾科河上攻擊西班牙人的幾內亞聖托美哨站（Santo Tomé de Guayana）中，導致他的兒子身亡。心碎的他空手回到英國，西班牙人便要求懲處這個破壞自己承諾的和平條約的人物。他被判處叛國罪，雖然事後獲得赦免，但他還是心火不息，又涉入西元 1603 年的大陰謀（試圖奪走詹姆士一世王位的叛亂）。他對黃金城的執意追求，讓他在西元 1618 年 10 月 29 日時，於西敏宮的舊宮庭院被處斬首死刑。

羅伯·范安（Robert Vaughan）在西元 1650 年所繪的沃爾特·雷利爵士。

平面世界 FLAT EARTH

——地球並非圓形，它既是平面，也是方正的？

　　這張地圖是由美國南達科他州溫泉鎮的奧蘭多·弗古森教授（Professor Orlando Ferguson）在西元 1893 年所繪，描繪的是他對於地球並非球體的虔誠信念，就像是過往科學社群曾經認定世界既是平面，也是方正的。弗古森與一起反對現代科學的追隨者，根據來自對《聖經》經句詮釋的另類大地測量學。舉例來說，他們引用了《啟示錄》（Revelation）第七章第一節——「此後，我看見四位天使站在地的四角，執掌地上四方的風，叫風不吹在地上、海上和樹上。」這句話也是寫作此書時，

奧蘭多·弗古森教授於西元 1893 年所繪的〈方正不動的大地地圖〉（Map of the Square and Stationary Earth）。

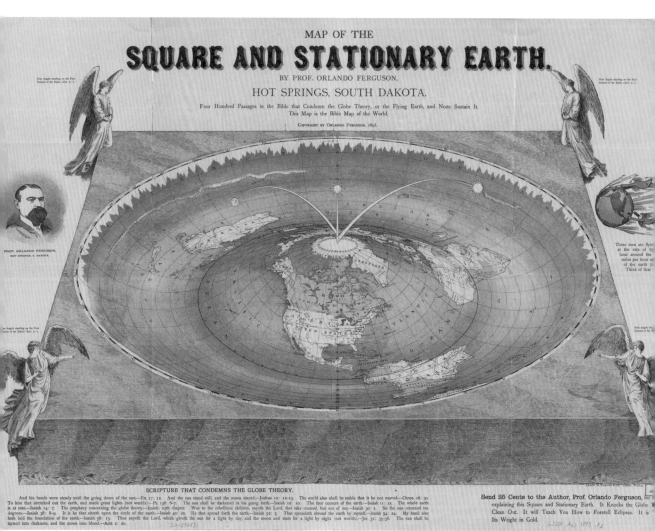

國際方形大地協會網站的裝飾文字。

　　這個說法取自地表「四角」的四面意義，來證明世界是平的，接著是《以賽亞書》（Isaiah）第十一章第十二節的描述：「從地的四方」，也被解釋成四個對稱的部位，將世界模樣的範圍縮小到方形、矩形之類。他們也堅持以自己特有的邏輯引用《啟示錄》：天使站在方形大地的四角，每位天使各自掌握其中一個方向的風，也就是來自羅盤上東南西北的風。所以，這些天使維持著大地的方正對稱，站在彼此等距的位置上，唯一符合這條件的形狀，就是菱形或是方形。上帝並不會失敗，所以只有方形才是答案。

　　為了佐證地球不會移動，也不會環繞太陽，這位優秀的教授在地圖右方畫了兩個抓著飛馳球體的人，並且寫下：「這些人以時速 65000 英哩的速率繞著地球中心旋轉。真是神奇的速度！如果想要知道更多平面世界的消息，就請寄給弗古森二十五分錢，來換取描述細節的作品。書上標示『可以把球體理論一掃而空。也會教你如何預知日月蝕。有黃金般的價值』。」

卡密爾‧弗拉馬希恩（Camille Flammarion）西元 1888 年的著作《大氣層：簡單易懂的天氣學》（L'atmosphère: météorologie populaire）的印版畫。標題寫著：「中世紀傳教士説他發現天堂與大地的交界……」

The UNIVERSE after COSMAS 550.

西元 1860 年左右重製的帳型宇宙。原作是名為「航向印度的科斯馬斯」（Cosmas Indicopleustes）於西元 550 年左右所著的《基督徒測繪學》（*Christian Topography*）。

當然，弗古森教授不是第一位把世界視為平面的人。人們對世界形狀的看法，在這數千年來各有其說。荷馬（Homer）認為這是一個在天堂穹頂下被海洋環繞的碟形世界；希臘哲學家安納西曼德（Anaximander，生於西元前 610 年左右，歿於西元前 546 年左右）認為是一支圓柱；詩人巴門尼德（Parmenides，約西元前 500 年人物）猜中地球是球體；而米利都（Miletus）學派的阿那克西美尼（Anaximenes，約西元前 585 年人物）的理論，則是把大地想成浮在一片氣墊上的碟子，這個氣墊偶爾會放出氣體，這些氣體則會燃燒起來，成為星辰。亞里士多德（西元前 384 年至 322 年）在他的《論天》（*On the Heavens*）第二卷第十三章第三節中寫著：

人們也對大地形狀有些爭論。有些人認為它是球體，有些人認為它像是一張平平的鼓面。然而證據已經指出事實，太陽又升又落，大地邊緣隱沒的邊界是直線，而不是曲線……又有人說大地浮在水上，這個的確是存留已久的理論，由米利都學派的泰勒斯（Thales of Miletus）所提出。理論上，地球應該浮在木頭或其他類似的載體上，才能維持穩定，相較於承載在空中，在水面上的說法顯得更能成立。

他接著在第二卷的第十四章指出：「觀星的結果讓理論更理所當然……地球是圓狀的，但也是顆不大的球體，否則各地的小小變化不會這樣快顯現。」

接著是基督教的觀念——在《出埃及紀》（Exodus）中，上帝花了四十天向摩西解釋地球的帳幕，以及從神聖天堂空降的地上住所。理論上基督教寫作者的文字是種象徵手法，運用難以理解的和諧字眼組成做為宇宙結構的譬喻。西元四世紀的基督教作家拉克坦提烏斯（Lactantius）據理力爭，並且將相異的理論視為異端。拜占庭地理學家「航向印度的科斯馬斯」（Cosmas Indicopleustes）在六世紀也真的畫了一張如前頁所附的帳型宇宙。希臘文中的「已知世界」（ecumene）則有一座被海圍繞的大山，裡面有曲體的居所，居所的大牆被「天紗」（stereoma）所掩蓋。

雖然亞里士多德多年前已用理性觀察出這個世界是球形，平面世界的概念仍一直持續到中世紀。反對者則成為被人起訴的目標：西元八世紀的薩爾斯堡（Salzburg）主教維爾基魯斯（Vergilius），便為了自己的言論而被教宗匝加利亞（Zachary）視為違背教會之徒——教宗譴責球形世界的理論「既墮落又邪惡」。平面世界的理論最後被迫撤退到偽科學的幽暗角落，偶爾會因為人們的好奇心而重現，像是思想堅定的弗古森教授，便是一例。

馮賽卡島 FONSECA

西經 54°48'，北緯 12°27'；又稱枯泉島（Fonte Seca）、馮內斯卡（Fonesca）、馮澤卡（Fonzeca）、
馮賽夸（Fonsequa）、聖伯納多島（San Bernaldo, S. Bernaldo）

——著名的海盜藏身地，旅人的危險之境

西元 1630 年，由清教徒組成的普羅維登斯公司派
出約翰‧皮姆（John Pym）執行在遠離英國海岸的地方
建立殖民地的計畫。他們對自己新家的首選便是馮賽卡
島。據西班牙人表示，這座島在巴貝多（Barbados）以
東，以豐饒享有盛名。但他們很快就領悟到，自己沒有
辦法找到這座島。然而這些清教徒在西元 1631 年，於尼
加拉瓜以東 120 英哩（190 公里）找到了普羅維登斯島
*。

這個錯誤其實尚能讓人理解。馮賽卡島自西元 1544
年開始出現在地圖上：賽巴斯蒂安‧凱伯特在他的世界
地圖中將這座島命名為聖伯納多島（S. Bernaldo），並且
標記在委內瑞拉的奧利諾科三角洲（Orinoco delta）西
北方。後來到了西元 1589 年，洪第烏斯在同一處標記
了「枯泉島」（Ysla Fonte Seca）。同年，哈克盧伊特在他
的《航行記》（Voyages）中描述：「馮澤卡島（Fonzeca）
位於緯度十一又四分之一度」。西元 1628 年，查理一世
（Charles I）貿然將該島賜給蒙哥馬利伯爵菲利普（Philip,
Earl of Montgomery）。探索者一直難以捉摸這座島，但它
一直存在在謠言中，一封在西元 1630 年從西印度群島寄
到西班牙的信件中，表示這座島是著名的海盜藏身地，
對旅人來說相當危險。

後來，在西元 1632 年 11 月 26 日，聯合島（現今
的托爾蒂島 Tortuga）總督安東尼‧希爾頓船長（Captain
Anthony Hilton）向人尋求支援，發起由他領軍、探尋失
落島嶼「馮澤卡」的探索行動。這趟航行有名為伊莉莎
白號（Elizabeth）的四十噸風帆戰船助陣，還選了二十
名居民做為船員，但是到了西元 1633 年 3 月 26 日，眾
人放棄了這個任務，改為搜尋普羅維登斯島。

馮賽卡島繼續帶著引人入勝的神祕感存在，甚至啟

對頁圖：分別為百慕達以南傳
說中的「土城」，以及洪第烏
斯在西元 1595 年繪製的世界
地圖上，標示出來的「枯泉
島」。

---

*雖然他們的原始動機是建立清教徒殖民地的模範，但是人們認為
　這座島的位置很適合攻擊西班牙船隻，因此成為私掠船的邪惡港
　口。西班牙人在十年以後，也就是西元 1641 年時進攻並摧毀了這
　座島。

發了兩本發現該島、全然純屬虛構的流行作品。

第一本著作是西元 1682 年的《發現馮賽卡》（*Discovery of Fonseca*），作者署名「J. S.」。這本小冊將該島放在小安第列斯（Lesser Antilles）群島之中，並描述該島住著來自威爾斯的戰鬥女性民族。它從「被颶風驅逐的人口中」，描述了當地女性人口的習性、民俗與信仰。書裡說當地女人：

> 長得十分美麗，沒有人們想像中炎熱氣候會有的濃厚黑髮……她們的房子在低處開了大窗，讓涼風持續吹拂……她們的服裝鬆鬆垮垮的……頭髮盤成一圈又一圈，遮蓋著她們渾圓美麗的乳房。她們有朝月亮朝拜的信仰……

第二部著作則是於西元 1708 年出版的《新島馮賽卡之行》（*A Voyage to the New Island Fonseca*），宣稱記錄了兩位土耳其船長親眼見到的景象。其中一名船長名為阿加‧沙班（Aga Sha'ban），他說自己在西元 1707 年登陸馮賽卡島，描述了截然不同的聚落形象。他的報告中指稱英國人已經在那裡佔了優勢，擁有一萬六千名居民，同時還有七萬名非洲奴隸。島上的城鎮彷彿是傷風敗俗的地獄入口，那裡鼓勵酗酒、賭博與亂交，當地的神職人員完全難以抗衡。

在那之後，馮賽卡島開始從海圖與眾人的記憶中褪去。到了十八世紀初期，地圖上已經見不到馮賽卡島的身影。直到西元 1866 年，亞歷山大‧基斯‧強斯頓（Alexander Keith Johnston）的《皇家地圖集》（*The Royal Atlas*）又突然出現它的蹤影，無視美國政府海豚號在西元 1852 年在島嶼位置進行的海深探測——當時的探測顯示，那裡有 2570 噚深（4700 公尺）。

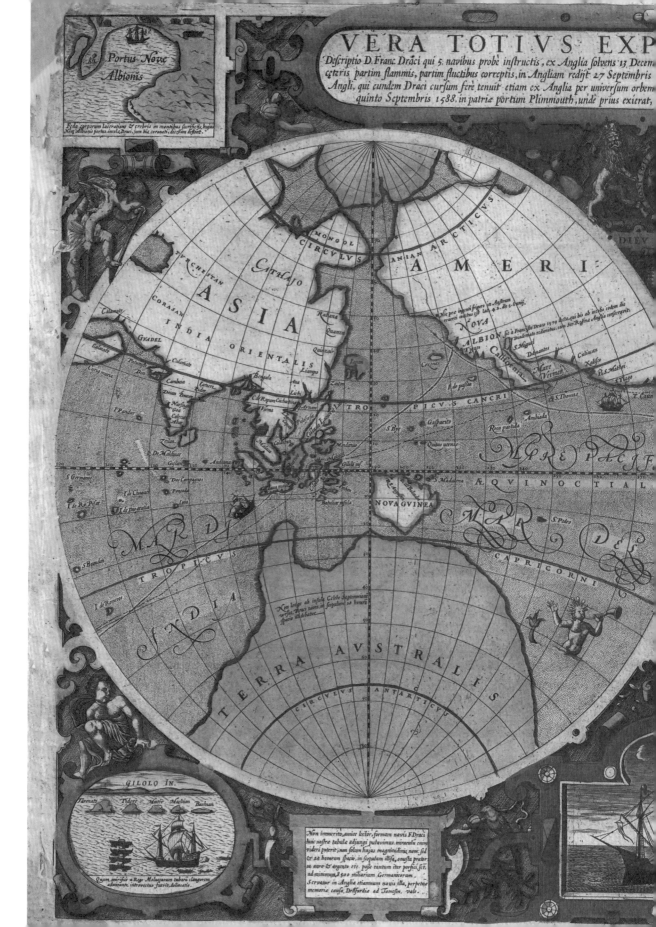

Portus Nove
Albionis

Descriptio D. Franc. Dráci qui 5. navibus probè instructis, ex Anglia solvens 13 Decem
ceteris partim flammis, partim fluctibus correptis, in Angliam redijt 27 Septembris
Angli, qui eundem Draci cursum ferè tenuit etiam ex Anglia per universum orbem
quinto Septembris 1588. in patriæ portum Plimmouth, undè prius exierat,

Fida corporum lacratione & crebris in montibus sacrificijs huius
Nevæ albionis portus incola, Draci, iam bis coronati, discessum deflent.

MONGOL
CIRCVLVS
ANIAN ARCTICVS

ASIA
CATHAIO
TVRCHESTAN
CORASAN
INDIA
ORIENTALIS
GVADEL
Calamate
Calbate
Curza murza
Patane
Cambaia
Deuin
Nassar
Goa
Calicut
Aba
Zeilan
Gasson
Dr. Malchnat
Andimana
insula
Das Campagnes
Penapada
Inua
S Germanes
I. de Chauza
VI de Dus attila
S Brandan
I de Renures
Bengala
Aua
Lichi
Zaiton
Pequ
Canton
Rapan
Cochochina
Varma
Celebs Insula
Gilolo insula
Batulam insula
Aracan
Camere
Pedir
Calamate
Quanza
Quinzai
Llampo
Rabana

DIEV

AMERI

NOVA
ALBION sic a Francisco Draco 1579 dicta, qui bis ab incolis eodem die
Diademate redimitus, tuto Ser. Reginæ Angliæ conseceavit.
S Miguel
Danantes
Culiacan
Xalisco
B.S. Mathei
S Iago
Mare
Vermeio
California
Hic præ ingenti frigore in Austrum
reuerti coactus est. Lat. 42. Ns 5. Iunij.

TROPICVS CANCRI
A.S. Thomas
S Bry
Gasparits
Quidos uerna
Roca partida
Ambada
S Madalena
NOVA GVINEA
MARE PACIF
ÆQVINOCTIAL
MAR
S Pedro
DES
CAPRICORNI

MARIS
TROPICVS
INDIA
I de pasaia

Non longe ab insula Celebe Septentrionem
uersus, Draci nauis in scopulum 10 horarum
spacio illidebatur.

TERRA AVSTRALIS
CIRCVLVS ANTARTICVS

GILOLO In.
Tarnata   Tidore   Mutir   Machian   Bachian

Quam inspicies a Rege Moluccarum tubarū clangorem
admonenti, introvectus fuerit, delineatis.

Non immerito, amice lector, formam navis F. Draci
huic nostræ tabulæ adjungi putauimus. miraculo enim
videri poterit: non solum huius magnitudinis navi: sed
& 2d horarum spacio, in scopulum illisa, onusta preter-
ea auro & argento etc. posse tantum iter perfici sit.
ad minimum, 8 500 miliarium Germanicorum.
Servatur in Anglia etiamnum navis illa, perpetuæ
memoriæ causa, Drssfordiæ ad Tamesin. vale.

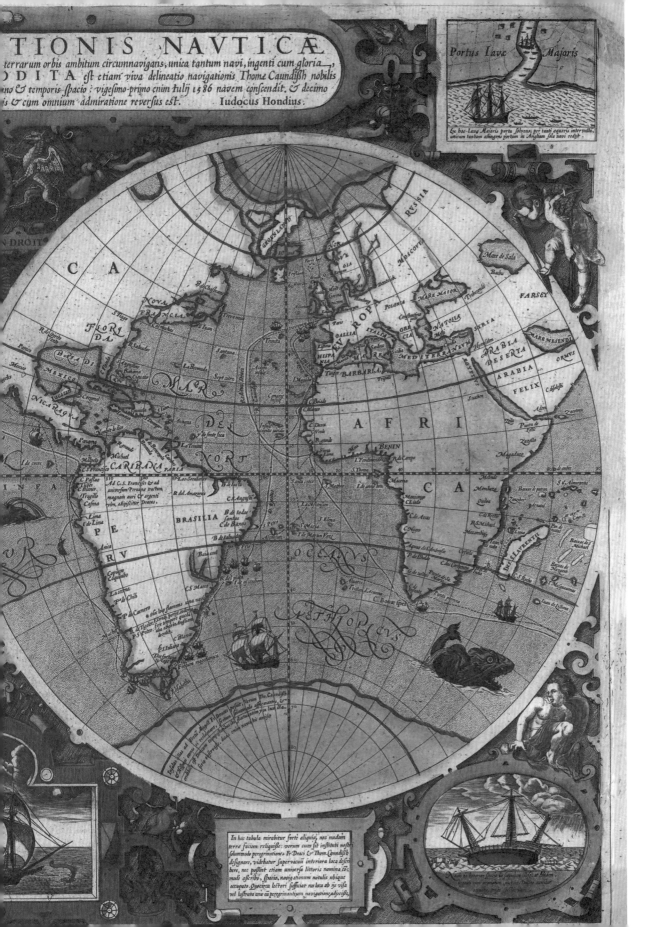

...terrarum orbis ambitum circumnavigans, unica tantum navi, ingenti cum gloria,
...ODITA est etiam viva delineatio navigationis Thomæ Caundissh nobilis
...no & temporis spacio: vigesimo-primo enim Iulij 1586 navem conscendit, & decimo
...is & cum omnium admiratione reversus est.   Iudocus Hondius.

Portus Iauæ Maioris

Ex hac Iauæ Maioris portu soluens, post tanti æquoris interuallis,
unicum tantum attingens portum in Angliam sola navi rediit.

CA

GROENLAND

RVSSIA

NOR
VE
GIA

Moscouia

Mare de Sala

FARSEY

NOVA
FRANCIA

FLORI
DA

EV
RO
PA

GALLIA
ITALIA

POLONIA

MARE MAIOR

Constantin.

NATOLIA

SYRIA

MARE MESENDI

HISPA
NIA

MEDITERRANEVM

BARBARIA

ARABIA
DESERTA

ORMVS

Tripoli

ARABIA
FELIX

MEXICO

NICARAGVA

MAR

DEL

NORT

AFRI

BENIN

CA

Zanzibar

Magadazo

CARIBANA

BRASILIA

Melinde

Mombaza

Quiloa

Bonæ de patres

S. Laurentii

PE
RV

OCEANVS

Mozambiq.

I de S. Laurentii

AETHIOPICVS

C. Bonæ spei

In hac tabula mirabitur forte aliquis, nos nudam
terræ faciem reliquisse: verum cum sit instituti nostri
solummodo peregrinationes Fr. Draci & Thom. Caundissh
designare, videbatur superuacuum interiora loca describere,
nec possint etiam universa littoris nomina com-
mode ascribi, spacio, navigationum notulis ubique
occupato. Quæcirca lectori sufficiat nas loca ab ijs visa
vel lustrata una cu peregrinantium navigatione adiecisse.

撒瑪納札筆下的福爾摩沙
FORMOSA OF GEORGE PSALMANAZAR

東經 121°00'，北緯 23°30'；又稱台窩灣（Tyowan）、北港多（Pak-Ando）、嘉德阿威亞（Gad-Avia）

——十八世紀風靡歐洲的「福爾摩沙（台灣）人」的故事

雖然福爾摩沙是現今地理上被認定為台灣的亞洲島嶼，但這裡啟人疑竇的福爾摩沙，完全是虛構的國度。這個福爾摩沙是名為喬治・撒瑪納札（George Psalmanazar）的法國人描述的奇妙世界，這位十八世紀的人物玩弄了歐洲社會，讓歐洲人以為他是第一位踏上歐洲大陸的福爾摩沙人。

撒瑪納札說，他被一位耶穌會神父綁架，將他偷渡到歐洲，試著讓身為異教徒的他改信天主教。撒瑪納札逃離神父的掌握，後來在荷蘭流浪的時候，遇見一位名為亞歷山大・因奈斯（Alexander Innes）的新教牧師，接著這位牧師帶他到了倫敦，觀見倫敦主教。他馬上成為城市裡的風雲人物，並且以鮮為歐洲人所知的家鄉故事吸引觀眾的目光。

事實上，撒瑪納札這個騙子，是從舊約聖經裡找個名字給自己取名的（從未有人知道他的真名）。有著金髮碧眼以及蒼白皮膚的撒瑪納札，是西元 1679 到 1684 年間出生在法國南部的法國人。他假造的人生與履歷讓他很快成為英國的名人，並在西元 1704 年出版《福爾摩沙歷史與地理描述》（*An Historical and Geographical Description of Formosa*），描述了淫穢的活人獻祭、食人行為、一夫多妻制、殺嬰行為等腥羶色內容，在強烈反對天主教與耶穌會的社會裡一出版，隨即造成轟動（他則稱英國國教為『真正的使徒教會』，因此被認定為忠誠的信徒）。這本書純屬虛構，並挪用許多當代遊記的內容，特別是前往新世界的阿茲提克與印加地域的遊記，也從班哈杜・瓦倫紐斯（Bernhardus Verenius）於西元 1649 年出版的《日本與暹國的描述》（*Descriptio regni Japoniae et Siam*）取用了內容。

撒瑪納札形容福爾摩沙是個富饒之國，首都名為澤特尼特撒（Xternetsa），居民白日會裸身出門，用金銀製的盤子蓋住生殖器；人們騎乘馬匹與駱駝，一夫多妻也是正常行為；妻子如有不貞行為，丈夫可以吃掉外遇的妻子，當作平常吃蛇肉以外的肉食來源。

喬治，撒瑪納札於西元 1764 年出版的《回憶錄》中的畫像。

對頁地圖：撒瑪納札在西元 1704 年出版的《福爾摩沙歷史與地理描述》描述的福爾摩沙。

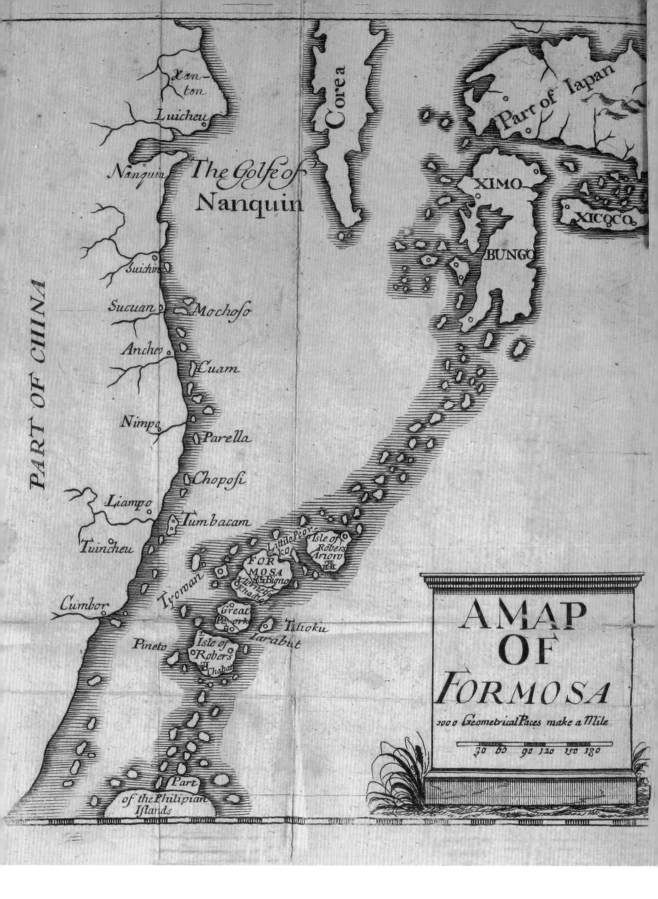

The Funeral, or Way of Burning the Dead Bodies

fig: 4.

殺人犯會被倒掛，以萬箭穿心做為刑罰，而每年的獻祭會用掉一萬八千名男童的心臟，遺體則由福爾摩沙人的祭司吃掉。食心的描述旁也繪有可怕的插圖，昭示「獻祭眾童心臟的金屬器皿」。他描述兒童獻祭的駭人內容，讓強納森‧斯威夫特（Jonathan Swift）在他的《一個小小的建議》（*A Modest Proposal*）一書中提到了食人的比喻和撒瑪納札的名字：

名人撒瑪納札，福爾摩沙的土著……告訴我的朋友說，他的國家裡要是有年輕人被處死刑，劊子手會將屍體賣給講究的上等人士。他說，曾有一個十五歲的豐滿女孩想要毒殺皇帝，後來這女孩被釘在十字架上，屍體被賣給……處刑台的觀眾。

撒瑪納札巡迴演講福爾摩沙的故事，取悅那些用福爾摩沙習俗的血腥生肉當作晚餐的賓客。然而他也時時受到質疑，卻因為眾人對福爾摩沙習俗的無知與他的辯才無礙而免禍。為什麼他有蒼白的皮膚呢？這是因為福爾摩沙人住在地下。艾德蒙‧赫利（Edmund Halley）在皇家學會盤問他的時候，問他陽光是否會直直射入福爾摩沙的煙囪？撒瑪納札回答說不會。赫利得意洋洋地問那裡不是在熱帶嗎？這位偽福爾摩沙人表示沒錯，但是

上圖：福爾摩沙人的喪禮。

下圖：撒瑪納札發明的福爾摩沙字母。

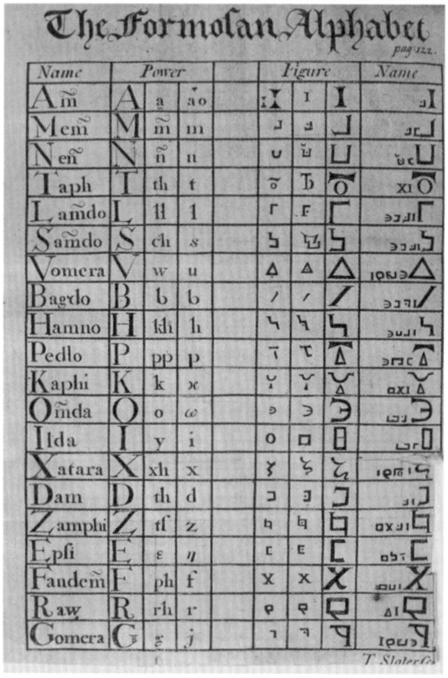

The Formosan Alphabet
pag. 122.

Name	Power			Figure			Name
A m	A	a	ǎo	I	I	I	I
Mem	M	m̃	m	⅃	⅃	⅃	ᴖᴖ
Nen	N	ñ	n	υ	ǚ	ᴗ	ᴗᴖ
Taph	T	th	t	�	ƀ	O	OIX
Lamdo	L	ll	l	Γ	F	⌐	IℲℲ⊏
Samdo	S	ch	s	ᵴ	님	⅃	I⊏⊏
Vomera	V	w	u	Δ	Δ	Δ	ᴗᵕᴖ
Bagdo	B	b	b	ィ	/	I	ᴖᴖ⊏
Hamno	H	kh	h	ㄐ	ㄐ	⌐	⅃ᴖ⊏
Pedlo	P	pp	p	T	Т	Δ	ᴖᴖ⊏
Kaphi	K	k	x	Y	Y	Y	OXI⌐
Onda	O	o	ω	Ɛ	C	Ɔ	IᴗI⌐
Ilda	I	y	i	O	ロ	0	ᴗ⅃I
Xatara	X	xh	x	ﬀ	ﬄ	﬉	IOᴖᴖI⌐
Dam	D	th	d	Ʒ	Ǝ	Ⴀ	II⌐
Zamphi	Z	tf	z	ㅂ	ㅌ	⌐	IIXᴗ
Epfi	E	ph	f	ℂ	Ɛ	Ƈ	II⌐
Fandem	F	ph	f	X	X	X	Iᴗ⌐
Raw	R	rh	r	Ҩ	Ҩ	Ʇ	ᴗIᵕᴖ
Gomera	G	g	j	ㄱ	ㄱ	Ꝑ	IOᴗ⅃

T. Slaber Co.

福爾摩沙的煙囪是螺旋狀的，因此太陽不會直射到底。

人們送他到牛津的基督堂學院（Christ Church）接受教育。他待了三個月，為他的書增編了更加誇張的第二版，同時列出辯護的答案，回應人們對初版提出的質疑，並且多寫了幾段駭人聽聞的內容。理查・葛尼特（Richard Gwinnet）在西元 1731 年寄給伊莉莎白・托瑪斯（Elizabeth Thomas）的信件中，似乎表示撒瑪納札自己也吃過人肉。

撒瑪納札最後全盤供出，宣稱他的宗教經驗讓他決定從邪惡的騙局中懺悔。接著他成為淑女扇的繪手，然後研究神學，餘生成了葛拉勃街的寒士，與英國著名文學家塞謬爾・詹森（Samuel Johnson）等人成為朋友。後來到了西元 1764 年，他出版名為《眾人以喬治・撒瑪納札稱呼其名的某人回憶錄》（*Memoirs of ****, Commonly Known by the Name of George Psalmanazar*），大家才揭穿他的面具。有人曾問詹森，是否與他尊之甚重的朋友對質過這場騙局？詹森回答：「等我想否定一位主教的言論時，就會這樣做。」

福爾摩沙人的惡魔偶像。

扶桑 FUSANG

西經 121°59'，北緯 40°33'；又拼作 Fousang、Fou-sang

——中國早於哥倫布一千年便發現世界之說

過去數百年來，歷史學家以九十歲的沙門慧深（Hui Shen，又作 Huishen 或 Hwui Shan）於西元 499 年講述的故事為核心，激辯了好一陣子。這則故事記載在《梁書》上，是西元 635 年記載梁朝的正史，裡面寫說，荊州的武帝在宮裡聆聽這位佛教旅人講述「扶桑」這個遙遠國家的故事。人們對此是否為中國早在哥倫布前一千年發現新世界的驚人證據，開始了沒有答案的爭執。

慧深與僧群聽說「東海」另一端還有土地，因此取得一艘船前往日本東北的大漢國（Ta-han，即西伯利亞堪察加半島 Kamchatka peninsula）。他們往東南方航行了 2 萬里（約 6600 英哩或 16000 公里），與許多當地人互動，包括馴鹿主（西伯利亞人）以及紋身者這些可以猜想成伊努特人的民族。最後，僧侶抵達了「扶桑美地」。根據後世計算得知，這些僧侶應已身處於墨西哥中部。

這片異土有豐富的金銀銅礦，不過缺乏鐵礦。扶桑居民以當地常見植物的外皮製紙、織衣與織綿，同時用這種植物的枝幹築屋。居民的衣著以十年為一週期，每兩年換一種顏色，分別是藍、紅、黃、白與黑。植物是他們主要的食物來源，他們也養鹿取其肉與奶為食。扶桑人騎馬，普遍遵守「乙祁」（Yigi，扶桑國王）與其下官員的管理。他們沒有軍隊或武力，然而他們有南北兩座監獄，重罪者入北獄，且終身不得赦免。這些重犯可以結婚，如果生下孩子，男則為奴，女則為婢。

扶桑國民要結婚非常簡單：如果男孩子想要向女孩求婚，就在女方門外築屋，在那邊住上一年。如果女方願意，就可以結婚，否則男方就會被趕走。他們在當地沒有觀察到扶桑國的信仰，葬禮則是在哀悼一段時間後採取火葬：親喪，七日不食；祖父母喪，五日不食；兄弟伯叔姑姊妹，三日不食。

慧深也描述了另一個地域，這個地方是在扶桑國以東 1000 里（270 英哩或 500 公里）的「女國」（Nuguo）。這裡有容貌端正的美女，身體有毛，髮長曳地。至二、三月，競入水則人娠，六七月產子。她們沒有乳房，所以不用乳房哺乳，而是由頸後根白毛髮的汁液哺育嬰兒。小孩子出生一百日就可以走路，過了四年則成人矣。慧深也指出，女國的女人見人驚避，食鹹草如禽獸。

很多人都在討論慧深描述的是什麼地方，或是認為這則故事純屬神話，然而我們簡簡單單就能駁斥這則故事——《梁書》的作者姚思廉是以其父的二手資訊寫作，此書以外也沒有有關慧深的紀錄。有些人確信慧深到了北美洲某地（可能是洛磯山脈），而扶桑指的便是墨西哥。也有人說他接觸了馬雅王國，或是西伯利亞，也可能是日本北方的諸多島嶼。無論如何，扶桑國的傳言在十八世紀流傳歐洲，製圖家也將該地置入地圖裡，放在其他亦未讓人見識到的奇景之下，例如放在亞尼俺海峽附近，或是西海的旁邊（詳見第 12 頁與第 216 頁）。

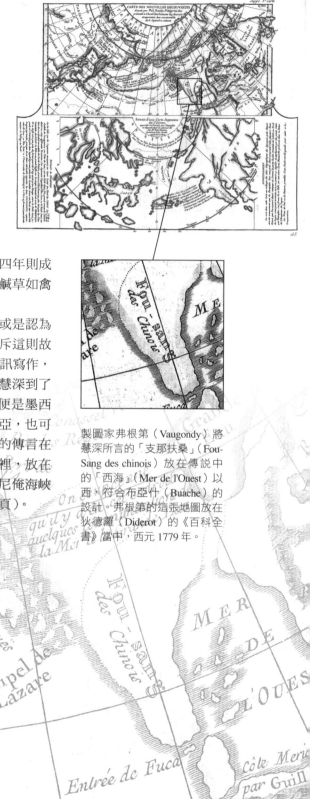

製圖家弗根第（Vaugondy）將慧深所言的「支那扶桑」（Fou-Sang des chinois）放在傳說中的「西海」（Mer de l'Ouest）以西，符合布亞什（Buache）的設計。弗根第的這張地圖放在狄德羅（Diderot）的《百科全書》當中，西元 1779 年。

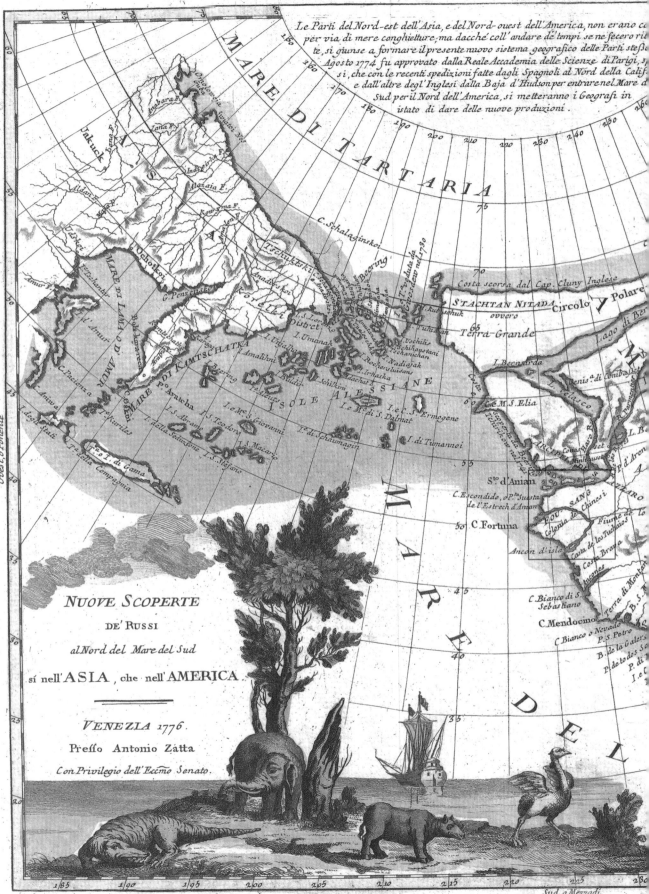

安東尼歐‧札塔（Antonio
Zatta）於西元 1776 年製作的
美麗地圖。這張西北美與西北
亞的地圖將「支那屬地扶桑」
（Fousang colonia de Chinesi）
放在美洲西海岸，就在同樣不
存在的亞尼俺海峽南方（詳見
第 12 頁，亞尼俺海峽）。

加馬蘭島與康龐尼島
GAMALAND AND COMPAGNIES LAND

東經 160°05'，北緯 42°12'；又稱加馬地（Gama Land）、德加馬地（De Gama's Land）

—— 走私船長與探險家們口中的海上群島

　　十六世紀初，馬來西亞人建立了麻六甲這個港城強權，控制了掌握中國與印度之間船運的麻六甲海峽。西元 1511 年，葡萄牙的征服者將軍阿不奎（Alfonse de Albuquerque）奉國王曼奴一世（Manul I）之令，從果亞（Goa）領兵一千兩百名入侵。他們大量殺害當地的穆斯林（但是饒過華人、印度人與緬甸人），然後為掌控貿易運輸而建立起葡萄牙人的行政機關，讓威尼斯人不得不從他們手上購買香料。由於舊政權垮台，貿易商因此四分五裂，麻六甲海峽很快成為無視法治的地區。這股腐敗的力量也擴張到葡萄牙統治者身上，像其中有位名為舒奧・加馬（João da Gama）的船長，便策畫與西班牙人非法交易東方絲綢與南美黃金，來大賺一筆。

尤漢・楊森紐斯（Johannes Janssonius）於西元 1658 年的〈新版日本精確地圖〉（Nova et Accurata Iaponiae）。其中「磯地」（Landt van Eso）為現今的北海道。康龐尼島則位在圖中極右處。

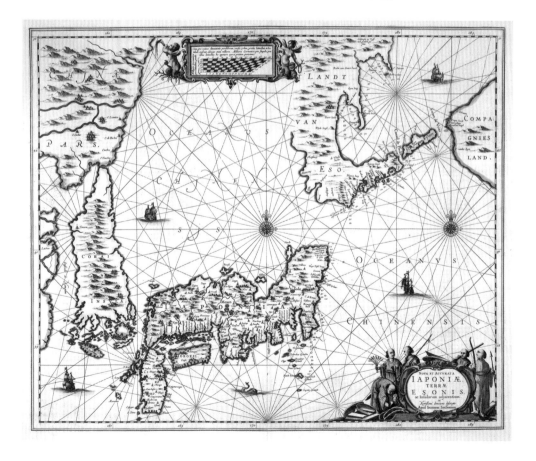

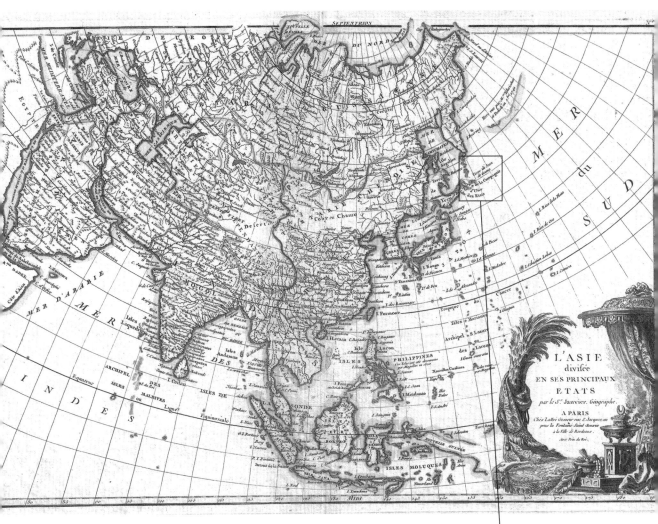

西元 1589 年，加馬的祕密計畫被揭發，為了避免刑罰，他橫跨北太平洋到了阿科普科（Acapulco）。他宣稱在這段航行中經過日本北部時，目擊了陸地。儘管人們察覺發現者的人格有缺失，但是加馬蘭島很快就成為葡萄牙地圖上的一群小島，然後巧妙地化為理論上的大片陸地。

勒‧西爾荷‧尚維耶（Le Sieur Janvier）於西元 1771 年所繪的亞洲地圖。他將「尚‧加馬之地」與「康龐尼之地」放在耶可（Yeco，即北海道）以東。

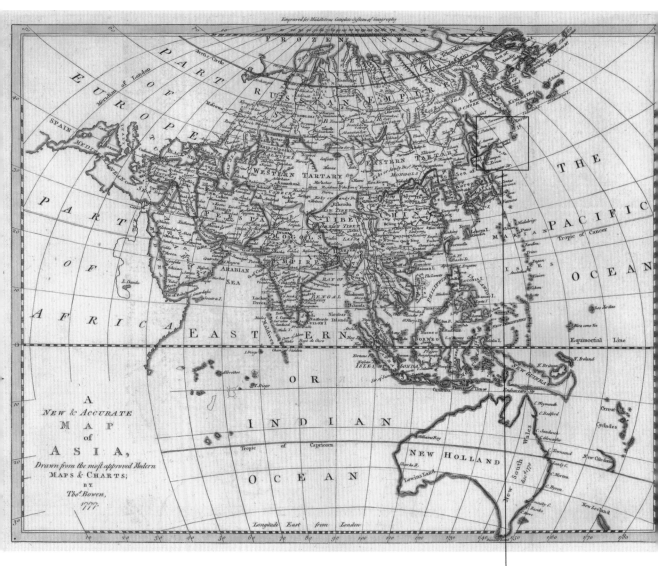

荷蘭探險家馬泰什・亨德里素・夸斯特（Matthijs
Hendrickszoon Quast）在西元 1639 年便大範圍搜索加馬
蘭島。這位探險家也負上尋找日本東方另兩塊虛幻之地
的使命，也就是金、銀兩座寶島（Rica de Oro and Rica
de Plata）。他有位同胞名叫馬爾頓・賀里素・菲里斯
（Maarten Gerritszoon Vries），也因為聽聞了金銀寶島的傳
聞，在西元 1643 年搜索了加馬口中之島。但兩人再努力
也找不到這片土地的蹤跡。到了十八世紀，俄羅斯麾下
的丹麥探險家維他斯・白令（Vitus Bering）半信半疑地
花了三天搜尋這座島，但只證實了他的懷疑。西元 1779
年 4 月 16 日，詹姆士・庫克（James Cook）船長則在他
的《太平洋之旅》（Voyage to the Pacitic Ocean）中給了加

托瑪斯・波文（Thomas Bowen）
在西元 1777 年繪製了一張〈全
新亞洲精確地圖〉（A New &
Accurate Map of Asia），上面標
記了康龐尼島。

馬蘭島一道致命的注記：

　　16 日的中午，我們抵達經度 160°05' 緯度 42°12'，位在加馬蘭島稱有一片大地的位置。我們很高興有這個機會貢獻己力，將這個謎團解開，讓這個假造的發現不留一點痕跡……穆勒（Muller）先生提到，第一個記錄此地的紀錄是（葡萄牙製圖學家）德榭拉（Texeira）於西元 1649 年出版的海圖。德榭拉將加馬蘭放在緯度 44° 與 45° 之間，並稱之為「約翰・加馬（Tohn De Gama）從中國航至新西班牙途中所見之地」。我們也無法理解為何法國地理學家將之往東移動五度；我們認為這是為了荷蘭人另一個新發現，也就是康龐尼島，挪出位置。

　　這是另一座鄰近的虛構島嶼——康龐尼島最後一次出現在紀錄上（據說應在東經 150°02'，北緯 45°56'）。這座島嶼是菲里斯在西元 1643 年夏季，尋找加馬蘭無功而返後創造的島。他的康斯提昆號（Castricum）經過兩座新發現的島嶼，將南邊的島嶼命名為國會島（Staten Landt），北面則為光耀荷蘭新印度公司，而命名為公司島（Companijs Landt）。然而在此之前，這兩座島都已經有了名字，因為它們就是鄂霍次克海（Sea of Okhotsk）上的千島群島中，名為伊土魯普島（Iturup）與烏魯普島（Urup）的島嶼。等到這段敘述傳到歐洲製圖學家耳裡，「公司島」便因為加馬蘭的真身被證實，而被合併在一起。加馬蘭的大小也因此被過度誇大，成為了歐洲人地圖上存在一百多年的鬼影。

大愛爾蘭 GREAT IRELAND

西經 34°19'，北緯 58°15'；冰島語：Îrland hið mikla；大西伯尼亞（Hibernia Major）、阿巴尼亞（Albania），又稱白人地（White Men's Land、Hvítramannal、Hvítramannaland）

——北歐史詩中無人居住的廣闊新天地

十世紀晚期的冰島探險家亞里・馬森（Ari Marsson）沒有留下多少史料，但是他在記錄了北歐人九、十世紀殖民歷史的《定居地之書》（*Landnámabók*）中，寫下他在西元 982 或 983 年時進行的偉大遠航時，發現的新天地：

> （他）因風暴轉向白人地，又稱大愛爾蘭（或大西伯尼亞）。這片土地在文蘭良地（Vínlandi hinu góða）以西，從愛爾蘭向西航行要六天才能到達。亞里無法離開，然後在那裡受洗。這則故事最初是由曾經長住愛爾蘭利墨利克的烏鴉修士（Hrafn Limerick-Farer）道出。索克・傑里森（Thorkel Gellisson）引述一些冰島人的話，這些冰島人曾經聽說奧克尼伯爵索芬（Earl Thorfinn of Orkney）表示，亞里到了白人地而無法脫身，但人身平安。

另一篇北歐史詩也提到了大愛爾蘭：

> 在可居住的格陵蘭以南，有座無人居住的大片野地，還有巨大的冰山。史卡林人（Skraeling）的國度還在這片土地之後；馬克蘭（Markland）也在這片土地之後，最後是文蘭良地（Vinland the Good）。在文蘭良地以後，就是阿巴尼亞，也就是白人地，這裡有來自愛爾蘭的船隻。這片土地上的愛爾蘭人與冰島人認出來自雷克雅維克（Reykjanes）的馬爾（Mar）與柯圖璐（Kotlu）之子亞里。由於很久沒有他的消息，他應該成為了當地居民的領袖。

在紅髮艾力克（Eric the Red）的史詩中，他們抓到一個史卡林人（史卡林人是北歐人對格陵蘭人本土居民的稱呼）。史詩中描述大愛爾蘭的居民「身著白衣、大聲喊叫、鑽洞立柱、掛上毛皮」，後來其他文獻也偶爾出現大愛爾蘭的蹤影。十二世紀的阿拉伯地理學家穆罕默德・伊德里西（Muhammad Al-Idrisi）的《羅傑之

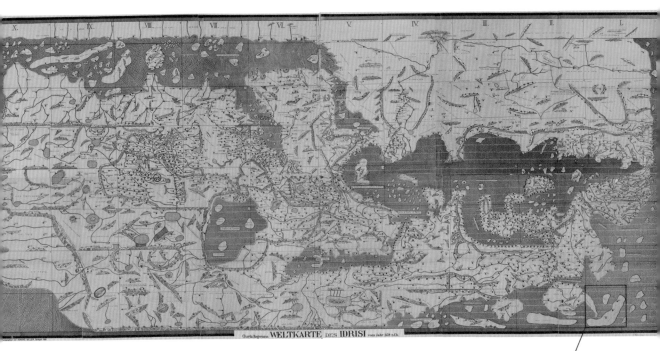

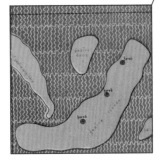

書》（*Tabula Rogeriana*）也用阿拉伯文標示了大愛爾蘭
（Irlandah-al-Kabirah），並指稱從「冰島的另一端航行一
天即抵大愛爾蘭」。除此以外，中世紀手抄典《海以格之
書》（*Hauksbók*）也描述這座島住著白髮白膚的「阿巴尼
亞人」（albani）。

　　大愛爾蘭一直沒有可靠的存在證據，之所以取這
個名字，是因為當地人的腔調聽起來像愛爾蘭人，這則
故事的源頭也是殖民時跟著移動的愛爾蘭僧侶，與聖布
倫丹島及其他愛爾蘭海上傳說有關（見第202頁，聖布
倫丹島）。西元1888年，挪威歷史學家古斯塔夫・史托
倫姆（Gustav Storm）將大愛爾蘭的記載定論為純粹的
傳說，此時也有人用各種理論猜測馬森的登陸點。馬
里昂・穆赫（Marion Mulhall）在西元1909年果斷認定
馬森這位冰島人抵達的是佛羅里達海岸，古斯塔弗・涅
林（Gustavo Nelin）在他於西元1989年出版的《弗坦史
詩：維京人與墨西哥人於西元十世紀的接觸》（*La Saga
de Votan: contactos vikingos en México en el siglo X*）更有
異想天開的理論，認為馬森到了墨西哥，讓他因為奇異
外表與喜好而成為了中美洲人羽蛇神魁札爾科亞特爾
（Quetzalcoatl）。

這是伊德里西的《遙遠大地的
愉悅旅記》（*Nuzhat al-m ushtāq
fi'khtirāq al-āfāq*，以非正式名
稱《羅傑之書》為人所知）在
西元1154年完成的地圖的抄
本。右下方可以發現大愛爾蘭
以 Gezire Irlanda 一名標注。

西方長河 GREAT RIVER OF THE WEST

西經 113°11'，北緯 49°09'，又稱好運河（Buenaventura River 或 Río Buenaventura）、
長河（Long River 或 Rivière longue）、美麗河道（La belle rivière）、西溪（fleuve de L'Ouest）

——源自高山，沿著偉大西北航道、橫跨大陸的巨河

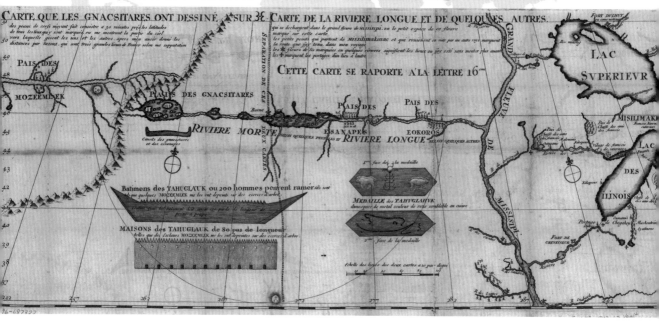

《萊恩頓男爵的北美新旅程》（*Nouveaux Voyages de M. le Baron de Lahontan dans l'Amerique Septentrionale*）中的長河地圖，西元 1703 年。

　　萊恩頓男爵在他於西元 1703 年出版的《新旅程》一書的第十六封信中寫著：「感謝天主，我已從流入密西西比河的長河之旅回歸。若沒有那些障礙，我本願意溯及它的源頭。」萊恩頓地方隆姆達斯的路易·阿赫曼（Louis-Armand de Lom d'Arce de Lahontan, Baron de Lahontan，即萊恩頓男爵）想像出來的這條河，已經是塵封在櫃中深處的歷史謎團。但是在該書出版時，這本充滿吹牛的旅記廣受歡迎，在十四年內出了十四版，也對當代北美洲地理有了巨大的影響。

　　萊恩頓男爵西元 1666 年於法國出生，這位十七歲的貴族當時在海軍軍團擔任這支法國軍隊在加拿大分支的中尉，他接獲任務往南到米齊里麥基諾堡（Fort Michilimmackinac，北密西根州的城堡），接著到了底特律附近的聖約瑟堡（Fort St Joseph）。這位年輕士兵在這段時間寄信給資助他的家鄉長者，信中記錄了他的經歷與從新世界收集的資料，其中包括他自己的調查，與當地居民的引導。這些文件成了《新旅程》一書的基礎，而他在第十六封信中，說他在西元 1688 年到 1689 年間探索了大西北地方，並且大膽宣稱，他橫跨洛磯山脈一

帶往東流經北美中部的「長河」，這條長河在上密西西
比（Upper Mississippi）絕跡。這則報告正符合當時人們
的想望，他們想要有一條流經溫和氣候地區，卻又跨越
大陸的西北航道（不過在西元 1794 年時，喬治·溫哥華
George Vancouver 船長，帶領兩艘皇家海軍船隻在西北
海岸仔細調查，便戳破了這個美夢）。

貝林於西元 1743 年出版的北
美地圖，上面用法文標示著
「西溪」（River de l'ouest）。

他沿著自己口中的「長河」航行，記錄了當地的動物，並駁斥中世紀人認為水獺被追獵時，會咬下自己睪丸、丟向追獵者來分散注意力的說法。他接著徹底描述一段可疑的當地互動，提到他與「伊珊納普人」（Essanapes）接觸，這一族的國王有六名奴隸抬轎，所到之處都鋪上碎葉。萊恩頓繼續往上游去，遇到了納希塔人（Gnacsitares），這一族人告訴他長河源自西方的高山，而在源頭的西方則有另一條河流進方圓 300 里格（1670 公里）的鹹水湖，湖邊有個名為「土烏格羅」（Tuhuglauk）的民族，這支蓄鬚的民族戴著及膝的尖頭軟帽，當地有六座石城以及上百座小鎮（可惜萊恩頓無法說服任何土烏格羅人陪他回加拿大證明其族人的存在，因為這一族人『不在乎功名』）。萊恩頓接著繼續往密西西比去，他最後的紀錄是說服他人提供充足資金，供他進行當地領域的探索工作：「我很樂意接受吾王陛下的榮耀與滿意我的企業僱用。」

萊恩頓男爵在探險途中向當地人收集資訊。這張圖中的他為當地人展示一張畫了日月星辰的畫作（出自西元 1703 年版本的《新旅程》一書）。

十八世紀有許多地圖學家接受這個第一手資訊，並且忠實呈現了它。這當中包括赫曼·墨爾（Herman Moll）、亨利·波普（Henry Popple）、吉羅姆·里索（Guillaume de l'Isle）與約翰·塞奈斯（John Senex）。里索在他的〈加拿大海圖〉中，詳細描繪了萊恩頓口中的土烏格羅鹹水湖（詳見第216頁）與「長河」。墨爾則將這條河畫在他西元1712年的地圖上，這份地圖也用在許多作品中。直至西元1765年，山謬·恩格爾（Samuel Engel）還製作了一張帶有萊恩頓錯誤資訊的地圖。

　　萊恩頓是否曾遇到一條實際存在的河流，卻錯認其存在呢？就算是這樣，我們也很難想像他錯認哪一條河流——他口中的「長河」在沒有偏離航向的情況下，依其寬度與長度已經長過明尼蘇達，密蘇里河與密西西比河則在更南方合流。西元1816年的評論家採納兩河合流的說法，卻不管萊恩頓特別在他處提及密蘇里一帶的探索。最後大家的共識認為，他的誤判是嚴重盲信當地人的說法，加上他傾向將事實加油添醋的結果，口中的謊言卻無傷大雅。法蘭西斯·帕克曼（Francis Parkman）在西元1877年評論：萊恩頓是「超越他所屬時代的人物……只要他沒有動機說謊，他說的絕大多數是真相，正適合那個充滿異常謊言的時代。」

　　萊恩頓沿著神祕河流航程的四十年過後，法國探險家皮耶·古提耶·法亨·維宏德（Pierre Gaultier de la Varennes de la Verendrye）與他幾個兒子在加拿大的曼尼托巴省（Manitoba）溯著阿西尼博因河（Assiniboine River）的源頭，讓一位名為奧克加克（Auchagach）的克里人原住民畫了一張地圖，顯示蘇必略湖（Lake Superior）與西方海洋間的河湖鏈。維宏德沒有找到航道，但是將海畫進了地圖，並標記為「未知大海」（Mer Inconnue）。這趟探索沒有紀錄，但是在西元1913年，南達科他州出土了一塊鉛板，經查是維宏德的兒子所設，宣告當地是路易十五世的領土。

格羅克蘭島 GROCLANT

西經 74°23'，北緯 81°07'

——被眾家製圖者硬生生一分為二的格陵蘭分身

　　沒有人能肯定被厚厚一層極地冰層蓋住的格陵蘭，為何會有綠色之地的名號，但是有一種流行的說法：這是早期宣傳錯誤的結果。大約西元 982 年時，艾力克‧索伐森（Erik Thorvaldsson，通稱『紅髮艾力克』）帶著十四艘船的冰島居民，離鄉背井往西北去。他們找到格陵蘭這座大島以後，便在西南端建立三處殖民地，並將他們的新家命名為「格綠蘭」（Groenland），希望名字中的綠意可以吸引其他冰島人，加入他們的行列。

　　目前所知最早將格陵蘭納入的地圖，是西元 1427 年，由丹麥地理學家克勞篤‧柯雷烏（Claudius Clavus）所製，把這個國家放在歐洲最北端。柯雷烏是頗有影響力的權威，人們也因此這樣看待格陵蘭許多年。到了西元 1467 年，柯雷烏製作了新版的地圖，仍把格陵蘭視為歐洲大陸的一部分。這個國家在不同地圖也獲得新詮釋：約在西元 1480 年製成的〈加泰隆尼亞地圖〉（Catalan Map）便將方形的「綠島」（Illa Verde）放在與愛爾蘭平行處，即等同易巴席爾島（Hy Brasil，詳見第 130 頁）的傳說位置以南；一張大約在同一時期，由佚名者製作的地圖則將之放在正確的位置上；西元 1492 年的倍海姆地球儀則將之視為挪威以北的極地半島；胡安‧科薩（Juan de la Cosa）把它畫成冰島以北的破碎群島。在各家說法不同的情況下，地名、地形與地理位置的混亂產生了新的誤解——格陵蘭被一分為二，一邊是「格綠蘭」，一邊是名為「格羅克蘭」的新島嶼。

　　前述約在西元 1480 年製作的佚名地圖上，便同時標示了「格羅蘭」（Gronland）與「恩格羅蘭」（Engroneland）兩地；然而比較引人注目的誤解，則出現在葡萄牙人與丹麥人搜尋格陵蘭並為之開戰的十六世紀之後。製圖學家會將「格綠蘭」翻譯成自己的語言，被分為兩座的島嶼也因此成為個別的存在。十六世紀甚至到十七世紀的地圖中，會將格陵蘭以「綠島」之名翻譯成西班牙文（Isla Verd）或拉丁文（Insula Viridis）。梅爾卡托則在他於西元 1569 年製作的地圖中，將「格羅克蘭」放在極地水域中（詳見第 200 頁，黑石峰）。本節所示的地圖，是奧特里烏斯於西元 1570 年出版的

地圖集《世界縱覽》（*Theatrum Orbis Terrarum*）中對「北方地區」的研究，我們可以清楚看到被著色師畫得「綠意盎然」的格綠蘭特（Groenlandt）。格陵蘭被縮小成836,109 平方英哩（2,165,512 平方公里），仍是引人注目的焦點，這張地圖的西北角還有神祕的「伊斯托提蘭特」（Estotilant，又拼作伊斯托提蘭 Estotiland，更多細節詳見第 240 頁，澤諾地圖的幽靈島嶼）。地圖的西南角，也可以找到聖布倫丹島與易巴席爾島（Brasil）等幻想島嶼，北方則有弗萊瑟蘭（Friesland，詳見第 202 頁和第130 頁）。

　　格羅克蘭之名似乎是因為拼寫錯誤而產生的。原本拼為格羅蘭（Groëland）的字，會因為汙漬而將有著波浪號的 ë 看成 c，可能是受到格陵蘭西方的巴芬島的存在連累。這只是小小的錯誤，但像是麥可·洛克（Michael Lok）於西元 1582 年在哈克盧伊特出版的地圖仍重製了這個錯誤，將之以失落的發現報告命名為「賈克·史可維斯的葛羅克蘭」（Jac. Scolvus Groctland）；馬西亞斯·奎杜（Mathias Quadus）在西元 1608 年繪製的地圖也標示了格羅克蘭這個地名。西元 1610 年時，馬丁·佛比雪（Martin Frobisher）爵士搜索了這一帶，除此以外還有約翰·戴維斯（John Davis）等人進行搜尋，但是他們都找不到格羅克蘭的蹤跡，於是未來的地圖上，就此不再記載這塊土地。

奧利里烏斯於西元 1570 年的北方地區地圖，格羅克蘭被畫在左上角。

易巴席爾島 HY BRASIL

西經 17°34'，北緯 51°00'；另有財富島（Insula Fortunatae）、受祝祐之島（The Isle of the Blessed）及其他音近名稱（Hy-Breasal, O Brasil, Brazil, Brasile, Bracie, Bresily, Bersil, Brazir, Braziliae, Bresliji, Branzilae, O'Brassil）

——坐落於北大西洋，受神祝祐的美妙樂園

在大海蝕石之所，
眾人述為虛無之地；
人們以為可在那裡的陽光下安歇，
稱之為受祝祐的美麗大島。

　　　　——〈美麗大島，受祝祐的島嶼〉，
　　　　　傑拉德・格雷芬（Gerald Griffin）

　　這座在眾人想像中的北大西洋島嶼，有時坐落在愛爾蘭海外，也可能遠到在南方的亞速爾群島。人們時常將易巴席爾島描述成一座中間有道海峽或河流的圓型島嶼。易巴席爾島名字的由來是一個謎，不過有些學者認為與愛爾蘭的易・巴索部落（Ui Breasail）有關，而無關

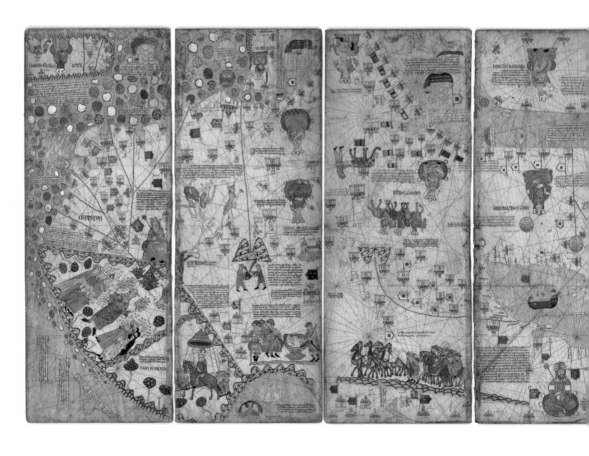

南美洲那個名字類似的國家「巴西」。因為巴西是當地的樹木而有了葡萄牙語的命名，表達樹木如琥珀一般豔紅之意。

在凱爾特的海上傳說（又稱伊瑪拉姆 immarama）中，易巴席爾島有著與亞特蘭提斯神話相近的地位（詳見第 24 頁）。據說，易巴席爾島是座美妙的樂園，會讓居民享受永恆的愉悅與生命。這座島的國王名為巴索（Breasal），他是世界的上王，每七年會從大西洋深處升起，主持短暫的宮廷事務，然後整座島會再潛進水下消失。

安傑利諾・達洛托（Angelino Dalorto）在他約於西元 1325 年繪製的波特蘭海圖中，將易巴席爾島標示為「枯島」（Insula de monotonis），後來在西元 1339 年改為「巴席爾島」（Insula Brazil）。接著其他製圖學家將這座島放進各自的作品裡，方便自己的地圖符合那一帶存在島嶼的傳言。在這之後，由於偶爾會有目擊報告，以及被引人入勝的神話誘惑，易巴席爾島一直到十九世紀都還在地圖上。相較於一般虛幻島嶼在航海次數漸漸

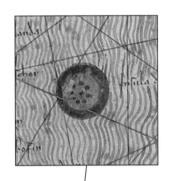

西元 1375 年繪製的〈加泰隆尼亞地圖〉上的巴席爾島。這張地圖是法國的查理五世委託瑪悠卡的亞伯拉罕・奎斯庫（Abraham Cresques of Majorca）所繪。本書以南方為頂端，將這張展現中世紀地理知識的完整大圖展開。

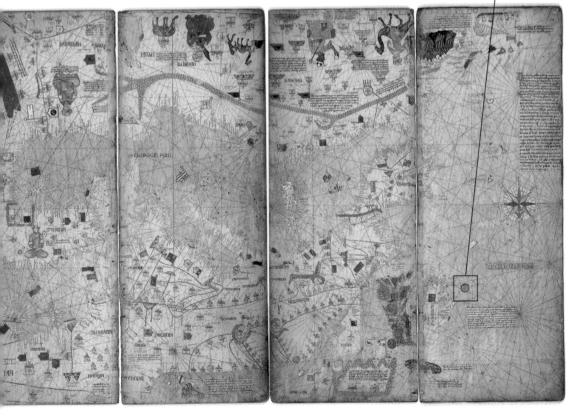

頻繁的情況下慢慢崩毀的情況，易巴席爾島在官方地圖上的位置卻更加「精確」。

托瑪斯・傑佛利於西元 1776 年繪製的〈美洲地圖〉清楚將這座島放在西經 17°34' 北緯 51° 的位置。到了西元 1807 年，英國海軍水文地理局將易巴席爾的座標訂在西經 16° 北緯 51°10'，無視當時這一代水域已經常有船隻來往卻仍沒有島嶼的報告。約翰・波迪（John Pudry）於西元 1832 年出版的〈大西洋海圖〉將該島紀錄在西

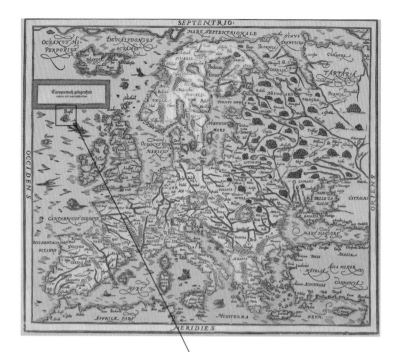

經 15°20'、北緯 50°50'，但是將之降級為「巴席爾礁」。最後到了西元 1865 年，英國地理學家亞歷山大・喬治・芬德雷（Alexander George Findlay）從地圖上將其抹除。

多年來，有許多人為了找尋易巴席爾島的真相而出航。最早一批是沃斯特的威廉（William of Worcester），他派出托瑪斯・洛伊德（Thomas Lloyd）擔任八十噸大船的船長，於西元 1480 年出航，但馬上因為強烈的風暴而返航。隔年，聖三一號（Trinity）與喬治號（George）也空手而歸。西元 1498 年，西班牙駐倫敦大使佩德羅・阿亞拉（Pedro de Ayala）向斐迪南國王與伊莎貝拉女王報告說，英國人在過去七年來，每年派發數次尋找該島的任務。西元 1633 年，大衛・亞歷山大（David Alexander）奉洛恩領主（Lord Lorne）的命令，前去調查並提出易巴席爾島的報告，他也沒有達成目標。

雖然這些探索行動總是無功而返，但是人們仍然執著於尋找易巴席爾島，完全沒有退燒的跡象。到了西元 1675 年，理查・海得（Richard Head）出版的一本諷刺文冊，又用一把火把它燒了起來。這本書聲稱有一封「倫敦德里的威廉・漢彌爾頓的信件」（William Hamilton of Londonerry），是寫給他在倫敦的親戚。這本文冊的標題是「巴席爾，又稱迷惑之島：完美連結愛爾蘭以北的近來發現與島嶼神祕之揭露，此處財富與農產的報告」，

賽巴斯蒂安・慕斯特於西元 1628 年的歐洲地圖上標示了「巴席爾」。

冊中提出了當時對該島想像的生動描述。

這封信以亨利·內維爾（Henry Neville）於西元1668年的烏托邦作品《松樹島》（*Isle of Pines*）的風格所寫，（不過海德卻將《松樹島》稱為『醜陋的虛構作品』）。信中寫說，有位名為約翰·尼斯培（John Nisbet）的船長意外在可怕的濃霧中抵達了「巴席爾島」。他派出四名武裝人員登陸，進入森林，他們走不到一英哩就看見美麗的綠色谷地，而谷地「餵養著許多牛、馬與羊」。這群人見到遠處有城堡的塔樓，於是往那個方向前進，希望能找到居民，卻發現當地已被廢棄。他們後來在夜裡聽見「一個可怕且邪惡的聲音」，隔天起床就在海岸發現一位「嚴肅的老紳士，身後跟著十名光頭的人（他的僕人）」。這個男人用「蘇格蘭古語」對他們說話，並邀請船員加入，保證他們不會受到任何傷害。船員進入後，這位紳士說，他們是「數百年來最為幸運，得以目擊島嶼的人；而這座島被稱為巴席爾。」紳士解釋他與數人被一位暴虐的死靈法師關在城堡裡，「而這座盛滿怒火的島嶼，本來（對凡人）無益與無形，現在才終於從魔咒中解脫。」

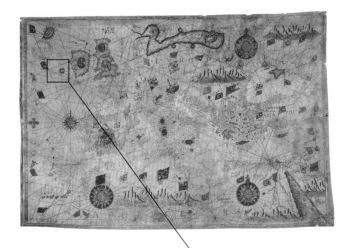

喬吉歐·卡拉波達（Giorgio Callapoda）於西元1565年繪製的〈地中海海圖〉（Carte de la Mer Méditerranée），收藏於法國國家圖書館。

船員接著受到島民宴請，然後再回到船上，很快就返回愛爾蘭的奇里貝格（Killybegs），並開始傳頌這段故事。漢彌爾頓寫著，後來還有幾趟前往巴席爾島的航行，近來的其中一趟還是由尊貴的大臣們所發起。「但是，書寫至此，」他指出，「我沒聽聞他們的回歸」。他向他的親戚保證這個故事是真的，「除了那片土地上的那位紳士的論述，我還聽見尼斯培（Nisbet）船長親口所言。」

不管是海德的小冊子，或是對虔信鄉野傳說的人來說，都有許多人深信易巴席爾島的存在，這包括以務實著名的羅伯·胡克（Robert Hooke），他在西元1675年早期的日記中寫著，他與法蘭西斯·羅德維克（Francis Lodwick）在倫敦的蓋勒威咖啡店（Grraway's Coffee House）見面，兩位自然學家便在裡面討論「巴席爾島與座標。」

大爪哇島 JAVA LA GRANDE

東經 124°01'，南緯 12°01'

——馬可波羅遊記中世界上最大的島嶼

自亞里士多德的時代以來，歐洲人就相信南半球有座廣闊的大陸，通常稱之「南方未知陸地」（Terra Australis Incognita, Unkown land of the South）。這個假說的基礎很簡單——南方必須有塊相近重量的大陸，來平衡北方已知陸地的重量。西元 1520 年，有個證據似乎率先支持了這個想法：斐迪南・麥哲倫（Ferdinand Magellan）發現南美洲極南端還有塊廣大的地域。雖然麥哲倫看見的其實是火地島（Tierra del Fuego），但是西班牙水手弗蘭西斯柯・歐斯（Francisco de Hoces）推測他其實看到理論上南方大陸的北方海岸（詳見第 224 頁，南方大陸）。

歐洲人發現澳大利亞後，也被認為更進一步證明了平衡重量的大陸的存在。其中最為人所知的說法，是自西元 1606 年時，由維倫・楊松（Willem Janszoon）擔任船長的荷蘭船道夫肯號（Duyfken）在海圖上畫上澳大利亞。到了西元 1629 年，巴達維亞號（Batavia）意外撞上了澳大利亞以西 25 英哩（46 公里）的浩特曼・阿布洛留斯群島（Houtman Abrolhos Islands）的珊瑚礁，讓兩名荷蘭水手不經意成為澳大利亞的首批歐洲移民。這兩人因為發起叛艦事件失敗，而被放逐到大陸上。西元 1644 年，其中一位荷蘭水手亞伯・塔斯蒙（Abel Tasman）將南方大陸命名為新荷蘭（New Holland）；後來到了西元 1770 年，庫克船長在植物學灣（Botany Bay）登陸，然後宣告大陸東岸為英國國土，並命名為新南威爾斯（New South Wales）。西元 1804 年，馬修・弗林德（Matthew Flinders）從「南方大陸」傳說將這片大陸命名為澳大利亞，代替原本的新荷蘭一名，同時也定論更南方再沒有其他大陸。

雖然教科書是這樣說明歐洲人如何發現澳洲，但是有個足以取代這個說法的理論。這個理論有製圖學上的證據，認定在荷蘭人初次發現澳洲八年之前，甚至在庫克船長踏上海岸前兩百年，葡萄牙人便首先發現了澳大利亞。這個證據可溯及馬可波羅時代，在馬可波羅的《馬可波羅遊記》第三冊中，他從中國前往印度，途經占婆（Champa）、羅卡（Locach），以及小爪哇（Java Minor，蘇門達臘），並且經過了「大爪哇」，卻沒有探訪大爪哇本身。書中寫著，「離開占婆（Ziamba）以後，我們航向南東南 1500 英哩，發現一座名為爪哇的大島。根據知識淵博的航海家所言，這座島是世界上最大的島嶼，繞行一圈要 300 英哩。這塊土地只有一片土地，居民不會向其他權威朝貢。這些人崇拜偶像。」由於馬可

吉勞姆・布羅斯肯是著名的迪耶普製圖學家之一，他這張大地圖將爪哇大陸劃為南方大陸的一部分（詳見第 224 頁）。

尼可拉斯・凡拉德（Nicholas Vallard）的地圖集於西元 1856 年繪製的副本，原作在西元 1547 年繪製。這張地圖畫出了大爪哇島的海岸（詳見第 224 頁到 229 頁）。

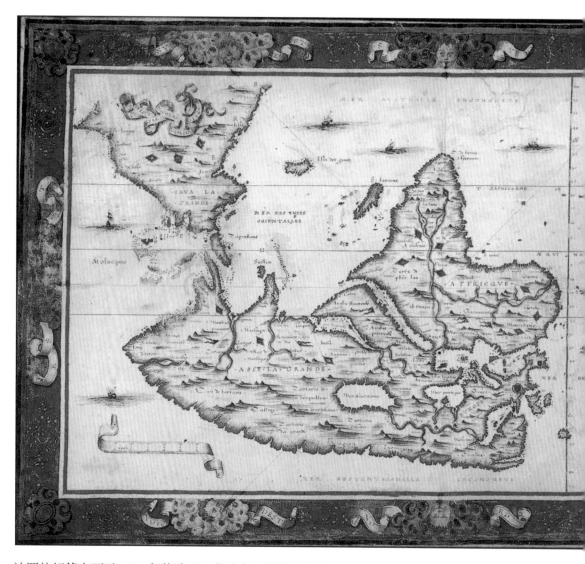

波羅的紀錄在西元 1532 年修改了一些地名，使書中的地
理資訊變得十分混亂，而在麥哲倫探索小爪哇島後，小
爪哇島便被放在大爪哇島北部，但是馬可波羅著作的不
同版本會有互異的細節。於是人們創造了一座大島，並
且由迪耶普的製圖者放在南方大陸附近，包括第 135 頁
這張由吉勞姆・布羅斯肯（Guillaume Brouscon）於西元
1543 年所繪的世界地圖。盧多維可・伐瑟瑪（Ludovico
de Varthema）在西元 1505 年造訪爪哇，寫下這座島「延
伸到無法丈量處」，似乎也證明了這個見解。

尼可拉斯・迪斯連（Nicolas Desliens）於西元 1566 年繪製的世界地圖，在左側畫上巨大的大爪哇島。

　　這個十六世紀的概念也在第 136 頁與第 137 頁的地圖上顯示，這是尼可拉斯・凡拉德在西元 1547 年於迪耶普繪製的地圖副本，這份副本則是在十九世紀繪製。它在十九世紀的主人是托瑪斯・菲利普（Thomas Philips）爵士，他堂而皇之宣稱這份地圖是第一張記錄澳大利亞的地圖（可能是為了吹噓他的藏書的重要性）。

　　迪耶普的製圖學家是當代地理學無庸質疑的權威，他們在西元 1540 年至 1570 年間製作的地圖上，將大爪哇島標示了葡萄牙國旗，這片巨大的陸地大約在現今澳大利亞的位置，也引發製圖學家爭論這些地圖圖利葡萄牙帝國，欲染指澳大利亞。據理論家的說法，大爪哇處在葡萄牙轄下的認知之所以消失，是因為西元 1755 年的里斯本巨震，讓相關紀錄被摧毀。這個議題至今仍為一團謎。

璜‧里斯伯島 JUAN DE LISBOA

東經 52°48'，南緯 26°17'

──航海家們難以捉摸、屢找屢挫的幻想之島

這裡的有趣個案，出自彼德魯‧古斯（Pieter Goos）於西元 1680 年繪製的地圖，他在地圖上畫了璜‧里斯伯島以及雙朝聖者島（Dos Romeiros）。前者的位置在馬達加斯加以東數百英哩，雙朝聖者島則在更東邊，這幾座島後來像是賭徒三張牌（three-card Monte）一樣互換位置，許多製圖學家都為它們標定了不同的座標，直到西元 1727 年，這兩座島在法國製圖學家尚‧拜提斯‧達安菲（Jean Baptiste D'Anville）手上，結合成馬達加斯加以東的一座島嶼，定位在波本島（isle of Bourbon，即現在的留尼旺島 La Réunion）以南。由於多年來缺乏足夠資料，卻又不足以將之從地圖上摘除，大家都拿璜‧里斯伯島沒辦法。直到十八世紀後半，開始有人傳說這裡是海盜的藏身地。

康拉德‧梅特－布亨（Conrad Malte-Brun）在他於西元 1827 年出版的《環球地理學》（*Universal Geography*）中寫著：西元 1770 年時，法蘭西島（Isle of France，模里西斯 Muritius）上，旅人破碎且矛盾的日誌成為關乎大眾利益的資料，其中有些被記載在波本島的一本回憶錄中。這本回憶錄後來在西元 1771 年上呈到法國東印度公司，並確定「只有找不到璜‧里斯伯島的航海家，才會聲稱其不存在」。既然認可島嶼的存在，報告繼續宣稱「有海盜在六年前登陸該島後，在兩小時內殺掉十二隻到十五隻公牛！」

這句話是伯耶納先生（M. Boynot）提出的證詞，而他也「保證他在西元 1707 年從波本島航返朋迪榭里（Pondicherry）時見過該島，並且繞行一圈。」梅特－布亨嘲諷說，怎麼能懷疑這位實在的紳士呢？因為伯耶納先生也宣稱：「他很感謝當時登上他船隻的海盜，並且帶著關心告訴我們，他從馬達加斯加

彼德魯‧古斯於西元 1680 年所繪的〈東印度洋新地圖〉（Nieuwe Pascaert van Oost Indien），由凡‧庫倫所出版。璜‧多‧里斯伯島（I. De Juan do Lisboa）被放在馬達加斯加的南端。

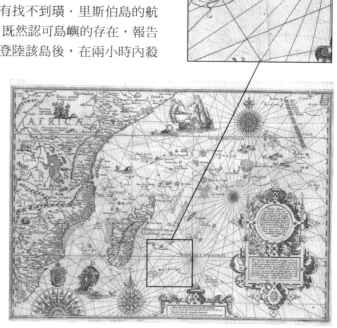

（Madagascar）南邊繞行後，大大縮短了他的航路。」（由於風向跟氣流可能正與他的航向相反，後面這句話才讓人起疑）。

在這之後，璜·里斯伯島幾乎無人聞問。直到西元 1772 年，索寧船長（Captain Sornin）通過好望角往法蘭西島時，因為遇到了強烈風暴（海水高漲、天氣炎熱），而在馬達加斯加南邊、模里西斯的外島羅德格里斯島（Rodrigues）停靠。他接著發現自己位於羅德格里斯島往外測量 3 里格（16.5 公里），認為自己登陸的是座新發現的島嶼。暴風天的混亂雖然讓人不能盡信，但是法蘭西島的官方仍下令確認璜·里斯伯島的位置。紀錄顯示聖菲里斯先生（M. De St. Felix）在西元 1773 年領船搜索，柯賀伐·亨維爾先生（M. Corval de Grenville）也在西元 1782 年與 1783 年出發，但是三次任務都沒有成功。法國旅行家羅什先生（M. Rochon）則在他前往東印度群島的日誌中寫著：「從馬達加斯加返航時，我們以為觀察到聖璜·里斯伯島，但這是天上雲朵造成的幻覺，經驗老道的水手經常遇到。」

這似乎能解釋這座島為何這麼難以捉摸，但是法蘭西島的伊匹達希提·柯林（Epidariste Collin）從莫三比克（Mozambique）市政廳的祕書那裡得知，市政廳有一份「葡萄牙殖民地璜·里斯伯島」的撤退文件，還有一些從該島運送到非洲大陸的物品。只是柯林無法親眼見到這份文件。

璜·里斯伯島並不存在。考慮到不少人發現該島時都遇上狂風暴雨，或是處於視線不佳的情況，想來是與馬達加斯加、留尼旺島甚至是模里西斯的海岸混淆了，如同柯林先生在發現該島撤退至非洲大陸的奇怪傳說之前，所認定的說法有一樣的結論。

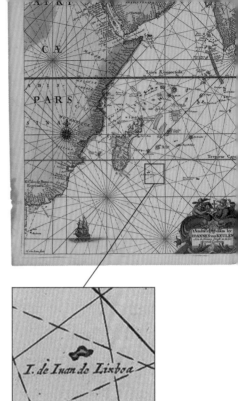

拉希恩（Langren）於西元 1596 年的〈海景繪〉（Delineatio orarum maritimarum）

失落的卡拉哈里城
LOST CITY OF THE KALAHARI

東經 21°53'，南緯 23°55'

──掩埋在沙土底下的失落古文明之都

　　大家首先要知道，威廉・雷歐納德・杭特（William Leonard Hunt）是個天才發明家，這位維多利亞時期的表演師又被稱作「偉大的法里尼」（Great Farini），他設計了將人推上空的劇場機關，用來製造早期，甚至是最早的人體砲彈秀。西元 1877 年 4 月 2 日，這座機器在倫敦的皇家水族館燈場，他讓十四歲的蘿莎・李徹（Rosa Richter）完成飛越 70 英呎（21 公尺）的觀眾席，再落入網裡的表演。

　　杭特也充分發揮他的創新精神，來誇飾自己的銷售能力，讓看來足智多謀的他，於西元 1880 年獲得雜技大王菲尼爾司・泰勒・巴納姆（Phineas Talyor Barnum）的青睞。

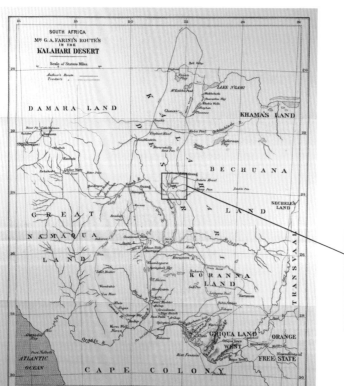

杭特在他的南非探索行之後，向皇家地理學家提供了這張地圖，收錄在於西元 1886 年出版的《G. A. 法林尼近日在卡拉哈里的旅行記》（*A Recent Journey in the Kalaharl by G. A. Farini*）。其中所指的「遺跡」，就是他宣稱掩埋在沙土下的古文明城市。

事實上，巴納姆與杭特及藝名莎榭兒（Zazel）的蘿
莎簽了約，與世界最大的馬戲團完成極為成功的巡迴表
演。但是杭特厭倦在燈光下表演，在西元 1881 年退出
了表演舞台。他聽說卡拉哈里沙漠（Kalahari desert）藏
有一百八十克拉的鑽石，於是一掃機關的木屑，轉向沙
漠的荒土，將重心放在與男性同伴魯魯（Lulu）的探險
上。在他們穿越沙漠的旅程後，杭特宣稱有驚人的發
現，而這或許也是他最偉大的發明：掩藏在沙土下的古
文明城市。

結束旅程後，杭特將包含前頁地圖的報告提交給皇
家地理學會。他在一處寫上「遺跡」兩字——以下是杭
特寫下的原文，說他在打獵時，同伴發現：「周圍圍繞著
牆一般的障礙物，橢圓形的結構有大概 8 英哩長」。對他
來說，這就是一座城市的遺跡：

這座城以混凝土磚做為石工的材料，到處都可以看
到巨大的方形街區……中間則有像是窄長、鋪上石板的
方形街區，構成了一個十字，正中央有看來是石柱或紀
念碑的基座。我們出土了破碎的石柱……四面都有凹槽。

杭特為他聲稱發現的遺跡所畫
的素描。

一開始，這項發現沒有引起多少人興趣。皇家地理學會評估杭特的報告時，忽視了遺跡的這一段，批評這篇報告缺乏針對相對嚴重的當地水源的資訊。

後來杭特在西元 1886 年出版探險記，名為《穿越卡拉哈里沙漠：攜槍、相機與筆記本前往恩加米湖歸來記》（*Through the Kalahari Desert. A Narrative of a Journey with Gun, Camera, and Note-Book to Lake N'Gami and Back*）。他進一步描述發現的內容，說他那些困惑的當地嚮導因為覺得沒有意義，拒絕去除覆蓋在石頭上的東西。其中有篇名為〈雜種不懂挖洞〉的章節，還有一張由魯魯繪製的圖表，描繪了「像經歷地震的中國長城的長物，而在檢查之後，證實這是更大結構的一部分。」

杭特最後對遺跡下了個含糊的結論，讓「其他人繼續研究這個目標」，並以一首詩作結：

> 半掩的遺跡 —— 巨石之骸，
> 在荒寂之地；
> 神殿 —— 或是人骨之墓，
> 人兒任其頹然腐壞

> 紅沙的史記刻上粗雕的城區，
> 置上不成形的石塊，
> 護住偉大的骨灰，
> 將之埋藏千年。

> 這座遺跡或許曾有榮景，
> 這座城市曾經雄偉美麗，
> 一震盡沒，震波毀滅，
> 時間拂手揮抹。

心喜嘲諷的人可能認為這是操作謎團來行銷書籍及發現的不實說法，但如果這真的是作者的意圖，那他想必要大失所望。或許因為杭特的表演機關太有名了，導致這本書在十九世紀沒有什麼迴響。然而到了西元 1923 年，羅德島大學的 E. H. L. 史瓦茲教授（Professor E. H. L. Schwartz）讓這則失落文明的故事死而復生。這個故事引發了《約翰尼斯堡星報》（*Johannesburg Star*）的編輯帕佛（F. R. Paver）與明特·波赫德博士（Dr W. Meent Borcherds）調查傳說的動機。他們的文章默燃大眾想像的胃口，之後也很快發起尋找「卡拉哈里失落之城」的

威廉·雷歐納德·杭特，又稱
「偉大的法里尼」。生於西元
1838 年，歿於西元 1929 年。

探險。現在已很難計算人們到底有多少次試圖找出這座城市，但應該相當可觀——歷史學家克萊門特（A. J. Clement）在西元 1967 年記錄，他計算當時至少有二十六次探索任務；而至今仍有人在努力——西元 2010 年，有人進行國際合作，用滑翔翼搜索整座莽原。

帕佛對城市是否真實存在下了結論：「法里尼的發現若不是美化不知是否存在的石塊，就是在形容一座真正存在的建築——而這座建築卻不可能在那些偏遠沙丘之間。」確實，有人懷疑魯魯拍攝的照片裡並沒有遺跡。無論如何，有一點我們可以確信，即便是此刻此時，仍有人準備出發，搜尋失落的卡拉哈里城。

剛恩山脈 MOUNTAINS OF KONG

從西經 14°30', 北緯 11°36' 至東經 4°49', 北緯 11°23'

——剛恩王國傳說中雄偉高聳的巨山山脈

西元 1889 年，路易·古斯塔夫·賓格賀（Louis Gustave Binger）在法國地理學會巴黎總部的聽眾前，消滅了一道長達 3728 英哩（6000 公里）的山脈。這位法國探險家在非洲大陸時，從馬利（Mali）追尋自尼日河（Niger River）往剛恩王國的路徑，然後結束任務返國。剛恩王國是在象牙海岸北部的真實城鎮，因為綿延不絕的巨山山脈起點而為人所知。但賓格賀意外發現，他找不到雄偉大地上的陰影，卻看到了截然不同的景象：「地平線上連山崖都沒有！」

製圖學家曾在某段一百年的時間內，利用極為稀少的資訊，將剛恩山脈畫在與北緯 10° 平行的位置，來填滿大陸的內陸。但是創造整座山脈，便威脅到後續在貿

詹姆斯·瑞納於西元 1798 年所繪的〈北非探索進度與地理上的進展〉。這是第一張將這座山脈標示「剛恩」此名的地圖，但不是第一張畫出山脈的地圖。

易與探險上的投資，因此某種程度上，製圖者採取了過度跳躍的製圖理論。所以，是誰下了這個理論，意圖又是什麼？

　　大多數人指控詹姆斯·瑞納（James Rennell）要為這個製圖犯行負責，他於西元 1798 年的〈北非探索進度與地理上的進展〉（Progress of Discovery & Improvement in the Geography of North Africa），是第一張標示「剛恩山脈」的地圖。這位倫敦製圖家是位熟練且謹慎的地理學家，他在西元 1779 年為英國戰略利益製作的《孟加拉地圖集》（Bengal Atlas）不僅符合需求，而且廣受讚譽，因此創造虛構的剛恩山脈的作為完全不像他的作風。瑞納的北非地圖是蒙格·帕克（Mungo Park）的《非洲內陸區域遊記》（Travels in the Interior Districts of Africa）中隨書附錄的兩張地圖之一。帕克這位勇敢的蘇格蘭探險家，記錄了隻身旅經中非以尋找傳說中的「塔姆巴圖城」（Tambuctoo）的經歷。他只帶了羅盤、霰彈槍，穿了一

約翰·凱利（John Cary）在西元 1805 年的〈最新權威非洲地圖〉（A New Map of Africa from the latest authorities）中，將剛恩山脈與傳說中的月亮山脈結合，製造一條橫跨非洲大陸的長鏈（詳見第 162 頁，月亮山脈）。

Observation.
On a employé pour cette Carte la projection stéréographique, qui n'admet pas d'échelle commune pour tous sa surface. On pourra y suppléer en prenant pour l'échelle locale les arcs de méridien tracés ici de cinq en cinq degrés qui valent 25 lieues communes de France ou 20 lieues marines. Pour mesurer de grandes distances il faudra ajouter ces intervalles de cinq degrés d'après la grandeur qu'ils ont successivement dans l'étendue comprise entre les deux points dont il s'agit de mesurer la distance.

件藍色外套還有一頂寬邊帽。帕克在書中引用了關鍵的字句：

　　我爬到山丘頂端，取得廣闊的視野。我的東南方有座遙遠的山脈，是我先前在馬拉布（Marraboo）附近的高地就看見的山。馬拉布的人告訴我，這座山脈坐落在被稱作剛恩的強大王國境內，那裡的君主可以帶領比班巴拉王（King of Bambarra）更多的軍隊。

　　瑞納認為這確認了尼日（Niger）當地是這座山脈往西綿延的證據。但是不常為人所知的是，這個理論並不是他發明的。十六世紀以來，歐洲人在滲透非洲大陸時，就曾跨越當地的巨大山脈，這似乎符合尼日當地的

這是西元 1820 年由赫里森出版的美國山地地圖，名為〈美國海圖〉，上面也有剛恩山脈的巨影。

路徑，也可以在瑞納這為人所知的錯誤之前，於其他地圖找到未被命名的山脈。路易・德尼（Louis Denis）於西元 1764 年的〈世界地圖〉（Mappe Monde），就是其中一例。

瑞納可能曾經參與這些地圖的製作，也可能認為帕克提及的內容是可靠的證詞。他在帕克著作的附錄中寫著：

這位先生的發現……是西非的自然地理學的新面貌。事實證明，依照眾多大河的流向，以及其他指引，在北緯 10°到 11°間，有一道橫跨東西的平行山脈，這座山脈至少連續在西經 2°到 10°間（以格林威治為準）。而這道山脈，在其他權威底下會往西邊與南邊繼續延伸不同的支脈……

瑞納出版地圖後，這座山脈延續到後續的作品——美國學者托瑪斯・巴塞特（Thomas Bassett）與菲利普・波特（Philip Porter）統計有近四十項錯誤紀錄。其中艾倫・艾羅史密（Aaron Arrowsmith）於西元 1802 年在倫敦出版的《非洲地圖集》（Afica Atlas），將之帶進主流市場；尤漢・海涅克（Johann Reinecke）在他於西元 1804 年的地圖中以德文標記了覆雪的山嶺；但是最令人震驚的是約翰・凱利於西元 1805 年的〈非洲新地圖〉（A New Map of Africa），在該地圖上，剛恩山脈的山峰與神祕的月亮山脈連了起來（詳見第 166 頁），形成一道不可能形成的跨大陸帶。西元 1880 年，一本名為《梅耶的談話指南》（Meyer's Conversation Guide）告訴讀者，剛恩山脈是「未經探索的山脈，在北緯 7°到 8°間，從上幾內亞（Upper Guinea）綿延 800 到 1000 公里，一直到格林威治以西一度為止。」在凡爾納（Jule Verne）於西元 1886 年的小說《征服者羅比爾》（Robur the Conqueror）中提及剛恩山脈後，這座山脈又出現在蘭德・麥克納利（Rand McNally）出版社於西元 1890 出版的地圖。西元 1905 年在維也納出版的〈崔普勒中學地圖〉（Trampler's Mittelschulatlas）。它們最後在西元 1928 年約翰・喬治・巴托洛莫（John George Bartholomew）製作、廣受推崇的《牛津進階地圖集》（Oxford Advanced Atlas）現身，甚至西元 1995 年，《古德世界地圖集》（Goode's World Atlas）還提及過它。

朝鮮島 KOREA AS AN ISLAND

東經 126°24'，北緯 39°42'

—— 脫離亞洲，漂浮中國海外蘿蔔形狀的朝鮮半島

　　日本到十六世紀晚期才為歐洲人所知，他們對朝鮮的形象也是迷迷濛濛。奧特里烏斯於西元 1595 年出版的《世界縱覽》（*Theatrum Orbis Terrarum*），是第一張畫上日本的地圖，這張著名且具影響力的地圖呈現了早期足以辨認的日本地理。他的作品根據是葡萄牙耶穌會製圖學家盧義·泰樹拉（Luis Teixeira）西元 1592 年印製、對當地多年的地圖研究而來，直到西元 1655 年，尤恩·布勞（Joan Blaeu）出版了馬汀諾·馬丁尼（Martino Martini）的地圖，才被這張更多資訊也更加典雅的地圖取代。葡萄牙人是當時最了解東亞的國家，他們自西元 1543 年就在平戶島（Hirado）經營貿易站。

　　泰樹拉採用日本的精確資訊來繪製地圖，但是現代人很難相信他描繪的朝鮮，居然成為中國海外蘿蔔狀的「朝鮮島」（Corea insula）。

奧特里烏斯的歐洲人地圖集，是第一張畫上日本的地圖（西元 1595 年）。

平壤位於朝鮮島的北方，在地圖中被標示為「陶鮮」（Tauxem），島嶼南端則是「盜賊角」（Punta dos ladrones），反映了當時猖獗的海盜景況。

讓·哈伊根·范·林斯霍滕（Jan Huyghen van Linschoten）在西元1596年的《旅行紀錄》（Travel Accounts）中支持這個島嶼的概念，他的觀察是：「在日本稍北處，介於34°與35°之間，離中國海岸不遠，有另一座名為朝鮮島的島嶼，目前為止還沒有人確認它的大小、人民或貿易情況。」洪第烏斯也在西元1606年製作了中國地圖，將朝鮮半島視為獨立島嶼。他畫上了海怪和日本的十架刑罰，但是認為朝鮮島應該小心處理，所以他添加注記說該地的存在有疑點，而這也是事實。這個問題跟著他的地圖被重製一塊出現，十七世紀的其他製圖學家也將朝鮮畫成島嶼，而忽視了西元1588年迪歐哥·歐門（Diogo Homem）的作品，與西元1630年泰樹拉（Luís）之子舒奧·泰樹拉（João Teixeira）的地圖，這兩張地圖都正確地將朝鮮視為半島。儘管有這些矛盾，朝鮮島的概念仍然留存。西元1658年，尤漢·楊森紐斯（Johannes Jansson）的地圖也可以找到朝鮮島（這位也在他的《新地圖集》裡畫了康龐尼島，讓之留存到十八世紀的地圖，詳見第120頁）。

為什麼十六、十七世紀的人認為朝鮮半島是獨立的島嶼呢？答案並不清楚，但是邏輯上的解釋跟加利福尼亞與大陸分離的原因類似：因為是在沒有完成環繞航行的情況下進行了推論。這座半島從亞洲大陸沿伸到太平洋，有兩條河做為中國與朝鮮的分界。鴨綠江西流以後，進入了朝鮮灣，而東流的圖門江（Tumen River）則流進東海（或稱日本海）。這兩條河都十分寬廣並可供航行——早期探險家可能有辦法沿江而行，然後推想兩條河道會合流成為連續的海峽，隔離半島的北部，因此視之為島嶼。其實如果他們繼續深入，就會看見長白山這座做為兩河源頭的朝鮮最高峰，在高山的陰影下，視之為島嶼的誤解很快就會被消除了。

洪第烏斯在西元1619年製作的地圖上將朝鮮半島注解為單獨的島嶼。

失落的雷姆利亞大陸與姆大陸
LOST CONTINENTS OF LEMURIA AND MU
—— 被諸神毀去、無處可尋的沉沒大陸

菲利普‧席施克雷特（Philip Sclater）曾經擔任倫敦動物學會主席四十二年，也是十九世紀首屈一指的鳥類學家。他在牛津受教育，同時是皇家學會的董事，寫了數以千計的論文、書籍與文章。他在西元 1858 年於《林奈學會進步期刊》（*Proceedings of the Linnean Society*）發表的論文中，將世界分成六個至今仍然使用的動物學區域：衣索比亞界（Aethiopian）、澳新界（Australasian）、東洋界（Indian）、新北界（Nearctic）、新熱帶界（Neotropical）與古北界（Palearctic）。有七種動物以他的名字命名，包括墨西哥山雀（Poecile sclateri）、冠毛企鵝（Eudyptes sclateri），以及馬達加斯加的藍眼黑狐猴（Eulemur flavifrons），也以席氏狐猴一名為人所稱。然而席氏最為人所知的，卻是他的奇特理論——名為「雷姆

下圖與對頁地圖：威廉‧史考特－艾略特於西元 1925 年的《亞特蘭提斯與失落的雷姆利亞故事》（*The Story of Atlantis and Lost Lemuria*）中畫上理論中大陸的地圖。由神智學印刷屋（Theosophical Publishing House）出版。

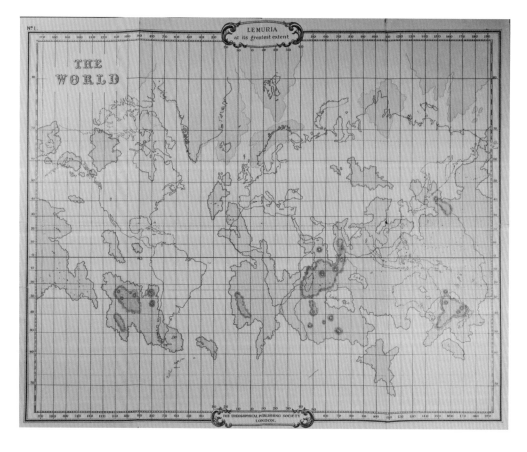

利亞」的沉沒大陸。

席氏於西元 1864 年向《科學季刊》（*The Quarterly Journal of Science*）投稿，表示有個理論可以解釋馬達加斯加與印度雖然有印度洋相隔，靈長類化石卻有著令人費解的相似處：

馬達加斯加的哺乳類的奇特性，解釋可以是……有座曾經橫跨大西洋與印度洋的大陸……分裂成島嶼……分別隸屬非洲……與現在的亞洲；馬達加斯加與馬斯克林群島（Mascarene）有這座偉大大陸的遺跡……我應將之命名為雷姆利亞（Lemuria）！

「踏腳石大陸」（Stepping-stone Continent）在板塊構造與大陸漂移說之前廣為人所接受（阿爾弗雷德·韋格納 Alfred Wegener 的名作《大陸與海洋的起源》（*The Origin of Continents and Oceans*），直到西元 1915 年才出版）。有些科學社群支持這片失落「雷姆利亞」大陸的存在，像是達爾文學派的分類學家恩斯特·海克爾（Ernst Haeckel），就指出雷姆利亞的消失也可以解釋「失落連

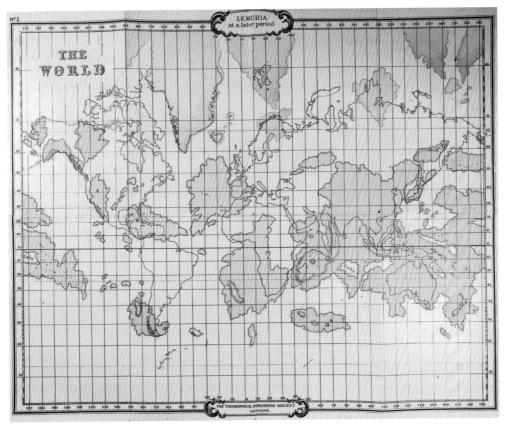

線」為何不見。

雖然在板塊學說出現後，雷姆利亞在動物學的地位就被取代了，但是神祕學家給了它復生的機會。海倫娜・布拉瓦茨基（Helena Blavatsky）這位俄裔美籍的奇人，是神智學會（Theosophical Society）的創辦人之一，她在西元 1885 年將雷姆利亞的概念帶進她的作品中，表示這塊大陸不僅曾經存在，還佔有過整個南半球，「自喜馬拉雅山山腳直至南極圈不到幾個緯度的距離」。她寫著這塊大陸有支失落的民族，也就是雷姆利亞人。雷姆利亞人是七支「人類根源」之一、雌雄同體、平均身高 7 呎（2.1 公尺）的卵生半人，同時會與動物進行生育行為。這支民族沒有肉體，只在靈界存在。布拉瓦茨基在她描述前大西洋時期的《德基安之書》（Book of Dyzan）中說這是一位大師私下告訴她的訊息，是來自古印度智慧書的內容。據布氏的說法，諸神在第三新世（Third Eocene Age）毀滅了雷姆利亞大陸，將上面的居民消滅，他們的遺裔成為亞特蘭提斯人——也成了澳大利亞的原住民、巴布亞人（Papuans）與霍騰托特人（Hottentots）。

後來，英國作家威廉・史考特－艾略特藉由「靈視」與神智學會大師連絡，收到神智學會會員查爾斯・韋伯斯特・李德彼特（Charles Webster Leadbeater）提供的素材，並於西元 1904 年寫成《失落的雷姆利亞》（The Lost Lemuria）、這本書後來與亞特蘭提斯的故事一塊出版（詳見第 24 頁），並附上描繪雷姆利亞大陸本應該在現代地圖上涵蓋的範圍（即本書第 152 頁至第 153 頁）。至於地圖的資料從何而來，史考特－艾略特只表示地圖出自「亞特蘭提斯時期的妙手」，還有「由雷姆利亞仍在時的神聖導師所繪」的雷姆利亞海圖。

另一個失落大陸的假說則是「姆」大陸。姆大陸的假說從十九世紀開始流傳，經常與雷姆利亞混淆。法國外科醫生奧古斯塔斯・勒普朗根（Augustus le Plongeon）在他的於西元 1896 年出版的《穆爾女王與埃及獅身人面獸》（Queen Moo & The Egyptian Sphinx）中，宣稱他利用自身的古埃及文學識與〈蘭達字母表〉（De Landa alphabet）解譯了古馬雅文字。這份〈蘭達字母表〉本來是十六世紀尤加敦（Yacatán）主教迪亞哥・蘭達（Diego de Landa）的馬雅文明文獻的一部分，用來對照西班牙文。勒普朗根寫說這個發現導向「大西洋一座大島的存在、毀滅與沉沒」——他說這個「姆大陸」，才

海倫娜‧布拉瓦茨基攝於西元1889 年的照片。

是亞特蘭提斯的真名。在勒普朗根的書之後,美國作家詹姆士‧徹齊渥上校(James Chuchward)於西元 1926年也出版了《失落的姆大陸,人類的祖地》(*The Lost Continent of Mu, the Motherland of Man*),他在書中的理論表示,姆大陸的地理特性與雷姆利亞相似;姆大陸橫跨太平洋,但是「在一萬兩千年前,太平洋的水火旋風中消失」。他說,這是他五十年前從印度一位大祭司那邊得知的事實。

　　到了現代,人們已經駁斥了雷姆利亞大陸與姆大陸的存在——與其說那些可笑的遺物與拙劣的理論描述了地理知識,不如說是描述了它們的作者的卓越想像力。研究人員曾經嘗試使用勒普朗根提及的〈蘭達字母表〉,最後不得不認定這個字母系統是主教偽造的胡言亂語。

瑪麗亞‧特里薩礁 MARIA THERESA REEF

西經 136°39'，南緯 36°50'

——半沉於太平洋之中的神祕孤島

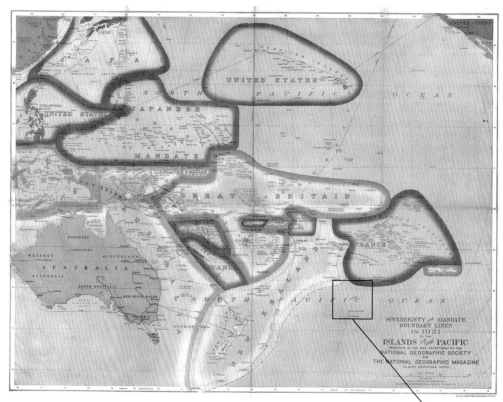

在凡爾納於西元 1867 年出版的《格蘭特船長的兒女》（*The Children of Captain Grant*）中，做為標題的格蘭特船長在南緯 37° 正上方找到一座孤島避難：「這是座名叫瑪麗亞‧特里薩的小島，半沉在太平洋之中，離美洲海岸有 3500 英哩，離紐西蘭則有 1500 英哩。」到了西元 1874 年，凡爾納再在《神祕島》（*The Mysterious Island*）以「塔波島」（Tabor Island）之名提到這座島嶼，這個名字正是這座島在法國海圖上標記的名字。這位作家拿這座島當作小說設定是非常合理的，因為凡爾納當時取得的海圖正好畫上了這座礁，而且這座礁在出書前三十年，也就是西元 1843 年 11 月 16 日時才被人發現。發現它的是瑪麗亞‧特里薩號，這是艘來自麻塞諸塞州（Massachusetts）新伯福（New Bedford）的捕鯨船，船長阿薩夫‧P‧泰伯（Asaph P. Taber）記錄了礁的位置。雖然之後不再有其他船長見過這座礁，但是多年

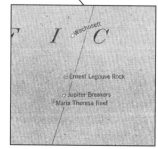

〈1921 年太平洋諸島領土與代管地邊界〉（Sovereignty and Mandate Boundary Lines of the Islands of the Pacific in 1921）。這張為國家地理學會製作的地圖，顯示了並不存在的瑪麗亞‧特里薩礁。臨近的埃內斯特‧勒古韋礁（Ernest Legouve Rock）、木星礁（Jupiter Breakers）、沃楚西特礁（Wachusett Reef）等也都是幽靈礁。

來它都逃過了眾人法眼，許多船隻皆能毫無障礙地通過這座礁的所在地，卻沒有人想否定可能就在附近的危險地區，進而承擔在該區域航行事故的責任。

瑪麗亞・特里薩礁飄忽不定地存續了數十年，直到西元 1966 年《CQ 業餘無線電雜誌》（*CQ Amateur Radio*），發表了無線電愛好者唐・米勒（Don Miller）的報告，他宣稱自己在瑪麗亞・特里薩礁進行現場廣播。報告上的米勒在石礁上設立無線電設備，海水則打在他的小腿上。他說他被迫一直留在自己的椅子上，怕自己被海浪沖走。然而，瑪麗亞・特里薩礁在西元 1957 年的搜尋中已被列為幽靈島嶼，因此米勒的報告被人們嘲笑。他後來向自己的朋友約翰・史蒂文頓（John Steventon）抗議：「約翰，我人就在那裡，也在那裡操作機器。我們接近那座礁的位置，它就出現了，然後我們就登陸廣播。我們結束並離開礁上，回頭一看就發現這座島已沉入海中。而這正是那座礁的特性！絕對是！[*]」

然而紐西蘭的海洋地理研究船蜜雀號（HMNZS Tui）後來探查了瑪麗亞・特里薩礁本應存在的位置，研究人員發現當地的水域深達 2734 噚（5000 公尺），但是水文地理局於西元 1978 年提出的第二六八三號海圖，仍然列出瑪麗亞・特里薩礁；到了西元 1983 年，水文地理局重新計算該礁的位置，將之從西經 151.13°，移到西經 136.39°，這個位置比泰伯船長發現的原始位置還要更東邊，遠達 620 英哩（1150 公里）。瑪麗亞・特里薩礁在地圖上通常會與當地其他大型礁石群畫在一起，像是木星礁、沃楚西特礁與埃內斯特・勒古韋礁，然而這些礁石全是幽靈礁，只是偶爾會出現在現代出版品上，以埃內斯特・勒古韋礁為例，就曾在西元 2005 年版的《國家地理世界地圖》（*National Geographic Atlas of the World*）現身，而在寫作本書的當下，Google 地圖也將之標在西經 150°40' 南緯 35°12' 的位置。

---

[*] 出乎意料的是，唐・米勒在瑪麗亞・特里薩礁上的 QSL 卡，也就是無線電愛好者承認該地點通訊的卡片，已成為收藏家的珍品。

梅達島 MAYDA

西經 33°45'，北緯 52°00'；又拼作 Maida、Mayd、Mayde、布拉席（Brazir）、瑪姆（Mam）、昂瑟列島（I. Onzele）、艾斯梅達（Asmaida、Asmaidas、Asmayda）、班圖斯拉（Bentusla）、波隆達與維蘭德亨（Bolunda and Vlaederen）、曼・歐波隆達島（I. man orbolunda）

——北大西洋神出鬼沒、身分百變的間諜島嶼

追溯梅達島在製圖學上的軌跡，就像是追蹤有許多偽造身分的間諜一樣。這座島在北大西洋神出鬼沒，名稱與形狀各有說法，但其存在還是不至於不被承認。梅達島是最為古老、也生存最久的幽靈島嶼，它頑固地附著在眾多地圖上，長達五百年之久，在北大西洋諸多神祕島嶼中，它是最後一個被抹消的；然而事情峰迴路轉，人們有可能太早為它貼上了幽靈這個標籤。

維倫・布勞於西元 1649 年的〈美洲地圖〉將「艾斯梅達」標在右上角。

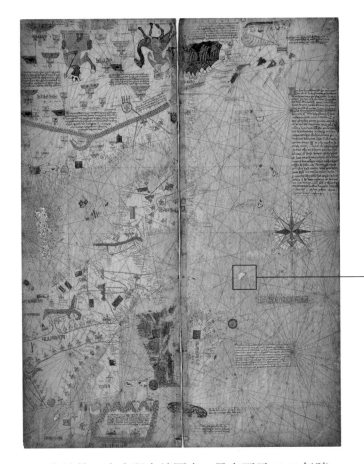

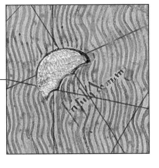

西元 1375 年的〈加泰隆尼亞地圖〉將梅達標記為「瑪姆島」（Insula Mam）（本地圖也將易巴席爾島標為『巴席爾島』，詳見第 130 頁）。

　　梅達第一次出現在地圖上，是在西元 1367 年時，以新月形狀及「布拉席」（Brazir）之名出現在皮茲加諾（Pizzigani）地圖。人們差點將之視為易巴席爾島（見第 130 頁），但是易巴席爾島也標在愛爾蘭以西，並且標注著「危險」一詞。這似乎顯示梅達島是因為人們混淆而產生，讓這個複製品有了自己的生命。布拉席島在皮茲加諾地圖上也有給水手的專屬警示，說有三艘來自布列塔尼的船隻受到海怪襲擊，一艘船被巨大章魚拖進水中，一隻大蜻蜓則咬掉一個人的頭。布拉席島後來在西元 1375 年的加泰隆尼亞地圖出現，這時它的名字變為「瑪姆」（Mam）。對此人們除了推測，別無他法——有些人認為這可能是愛爾蘭水手口中的曼恩島（Man），但是沒有證據支持這個說法。

　　化為他身的墨水還沒乾，這座島又再次變形——西元 1384 年的皮涅里地圖（Pinelli map）標它為「昂瑟列島」（I. Onzele）；安德列亞・畢昂可（Andrea Bianco）在西元 1448 年又標記為「班圖斯拉」（Bentusla）。這個時期的其他地圖也標記了這座島，但是沒有給它安上

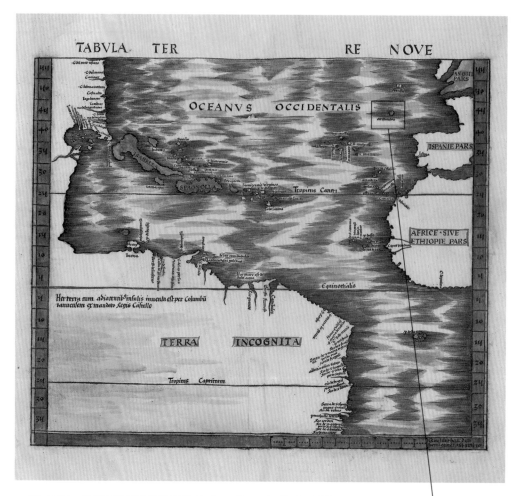

一個名字，而是與易巴席爾島放在一起，在北大西洋連袂漂移。西元 1513 年時，馬丁·維辛穆勒（Martin Waldseemüller）將之納入托勒密的《地理學指南》（*Geography*），把新月形島嶼厚重的西北方挖了個大圓洞。維辛穆勒這位辛勤的德國製圖學家將之命名為「艾斯梅達」（Asmaidas），成了之後衍生物的根源。「艾斯梅達」一名接著在西元 1520 年被一位佚名的葡萄牙製圖者命名為「梅德島」（Mayd），馬提烏斯·普魯恩（Mateus Prunes）在西元 1553 年的地圖將之定名成「梅達」。

　　儘管人們對於這座島的名字有了共識，但是它在地圖上的位置卻不盡相同，有些人甚至把梅達拖到北美洲海岸。西元 1560 年的尼可列地圖（Nicolay map）將之放在與紐芬蘭北部平行的地方，並且給了個奇怪的名字：「曼·歐波隆達島」（I. man orbolunda），這可能與該島原始的新月形有關。至於十六世紀最為人崇敬的製圖學家，如梅爾卡托與奧特里烏斯兩人，則忽視了梅

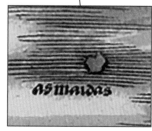

維辛穆勒在西元 1513 年的劃時代地圖〈新大陸地圖〉（Tabula Terre Nove），是早期專門為新世界製作的地圖之一。這張地圖又稱作〈海軍上將地圖〉，是尤漢·蕭特（Johann Schott）版本的《托勒密地理學指南》的附圖。蕭特版本的譯作在西元 1513 年於史特拉斯堡出版。在地圖右上角可以找到塗上綠色的「艾斯梅達」。

達的存在，某種程度上也指出當代沒有該島存在的證據，但是他們還是在相近的位置上（布列塔尼 Brittany 以西）畫上了一座彎狀島嶼，並且命名為維蘭德亨（Vlaenderen），廣為低地人接受。只不過後世的製圖學家卻不採用這個名字，在之後的三百年繼續使用「梅達」這個名字，而且幾乎在每張大西洋地圖上，都能見到它的蹤影。

梅達島雖然在地圖上存在數百年，但是從沒有被登陸的紀錄。為什麼勤奮的偉大製圖學家，會這麼相信梅達島的存在呢？這可能是因為——這座島其實並不像我們所想的一樣虛無縹緲。西元 1948 年就發生了一件奇事：一艘名為美國科學家號（American Scientist）的船隻從紐奧良航向倫敦，結果在西經 37°20' 北緯 46°23' 這個位在格陵蘭南方，同時在南布列塔尼以西（這點很重要）的地點時，這艘貨輪的船長不知為何決定測量水深，或許是為了海水顏色變化的緣故。原本這個地方在海圖上應該有 2400 噚深（4390 公尺），但是美國科學家號的聲納讀數卻只有 20 噚深（36.5 公尺）。船員後來又進行測量，確認船底下有一片直徑 28 英哩（45 公里）的表面，而他們正在這塊表面高升的點上。又有一艘名為蘇特蘭號（Sonthland）的船隻，也確認了這樣發現，甚至報告說這塊沉沒的土地的北端還有個海灣。也許數百年前，可能有地質變動讓梅達島沉入海水之中——但是仍舊只有舊地圖的幾筆墨跡指出，當時的大西洋曾有座巍巍大島。

梅達在西元 1553 年的〈普魯恩地圖〉（Prunes Map）上被標為「梅第島」（Isola de Maydi）。

月亮山脈 MOUNTAINS OF THE MOON

東經 29°52'，北緯 0°23'；又作 Mone Lune、Montes Lunae、Al komri

—— 非洲地圖正中央的巨物，尼羅河傳說中的源頭

梅爾卡托修正第二版〈托勒密版世界地圖〉描繪的「月亮山脈」（Lunae Montes）。

　　歐洲人還沒有實際了解非洲之際，在地圖畫上非洲時，不過是畫出中央一片空白的輪廓，然後抹上幾筆河道。然而打從一開始，他們就把一個龐然大物放了上去——這個巨物就是月亮山脈，據說尼羅河便是源自此山。

　　數千年來，人們都在推測尼羅河的源頭。西元前五世紀希羅多德（Herodotus）便曾旅行至埃及，並且為了埃及的文化與地理採訪當地人。他在他的「調查報告」，即《歷史》（The Histories）一書中寫著，他探訪過的埃及人、利比亞人與希臘人中，只有一人宣稱知道尼羅河的源頭。這位仁兄是賽斯城（city of Sais）裡的書記，負責保存米涅瓦女神神聖寶藏紀錄。希羅多德認為他的故事算是可信，但仍抱持懷疑態度。他在第二卷第二十八

章中，引述這個人的說法：「在底比斯（Thebais）的賽尼城（Syene）與象島（Elephantine）之間，有兩座山頂如圓錐的山丘；其一名為克羅披山（Crophi），另一座是摩披山（Mophi），其間的泉水便是尼羅河的源頭。泉水深不可測，一半的泉水向北流向埃及，一半的泉水向南流向衣索比亞。」埃及國王普薩美提克（Psammetichus）派人做了一條長達數千噚的繩索進入泉中，仍測不見底。

五百年後，托勒密在他的《地理學指南》第四卷第八章中，提到「衣索比亞無頭人」這支邪惡食人部族所居的「蠻人灣」（Barbarian Bay），「從此處往西則是月亮山脈，尼羅諸湖在此接收雪水」。他的論述支持了第歐根尼（Diogenes）的說法。第歐根尼從東非一帶已經消失的拉普達港（Rhapta）出發，往內陸旅行二十五天，描述他見識了從巨山湧出的尼羅河，他的報告中寫著：當地人因為它閃爍著白光的山頂，而稱之為「月亮山脈」。

亞歷山大大帝與凱撒都考慮過派人搜索這些故事裡的奇觀。後世的阿拉伯地理學家，如十二世紀阿布·菲達（Abu'l-Fida）與伊德里西，也將這些紀錄視為可靠來源。其中伊德里西寫下：「尼羅河泉源自月亮山脈的兩處，位在赤道後方十六度。山上的十道水流匯合成尼羅河，其中五條匯流成一座大湖，剩下的則流入另一座大湖。」

維辛穆勒於西元 1513 年繪製了非洲南部地圖（也是第一張將該區域分別繪製的地圖），「月亮山脈」也在其上（同時在右下區塊繪有握住權杖與國旗、騎著海怪的葡萄牙國王，代表在他手下擴張的貿易帝國）。賽巴斯蒂安·慕斯特約在西元 1550 年繪製的〈全非洲地圖〉（Totius Africae tabula），也顯示月亮山脈的水文系統流向兩座大湖，然後再流向尼羅河（地圖上還有奇特的綴飾，包括坐在奈及利亞與喀麥隆的獨眼生物、祭司王約翰的王國，以及努比亞國王的神祕陵墓『梅羅 Mero』，詳見第 194 頁）。

到了七世紀，阿塔納斯‧珂雪（Athanasius Kircher）也畫了這座山脈與深不見底的泉源（此人的亞特蘭提斯地圖在第 25 頁）。這位德國學者描繪的地下風景是來自他所屬年代的耶穌會士。這位耶穌會士名為培德羅‧帕耶茲（Pedro Páez），他曾在十七世紀初造訪衣索比亞，並留下看見「尼羅河泉源」的紀錄。探索尼羅河的蘇格蘭探險家詹姆士‧布魯斯（James Bruce）翻譯了帕耶茲的原始報告。這位在非洲待超過十二年的蘇格蘭人在西元 1790 年發表的著作《探索尼羅河根源之旅》（*Travels to Discover the Source of the Nile*）中放進這段譯文：

> 8 月 21 日，年份是 1618 年，我與國王和他的軍隊登上此處，仔細觀察各處。我發現兩座圓形的泉水，各有四掌寬，同時欣慰地察覺，波斯王居魯士、岡比西斯（Cambyses）、亞歷山大大帝甚至是著名的凱撒，都沒有發現此地。泉水的開口不在山頂，而是從山腳流出。第二處泉水在第一座泉水以西一石磚的位置，居民說這整座山都充滿著水，並且補充，泉水這塊地是漂浮不定的，顯示這底下的確有水；因為某種原因，泉水沒有溢出，而是自山腳湧出……泉水像是遠遠開火的加農砲……

十九世紀初，人們開始懷疑月亮山脈就是尼羅河源頭的說法，雖然這並沒有阻止百折不撓的約翰‧凱利在西元 1805 年製作出他的奇異地圖（見第 151 頁）。他在這張地圖上將剛恩山脈與月亮山脈連在一塊，成為一條橫跨整個大陸的山地。英國探險家約翰‧漢寧‧史彼克（John Hanning Speke）與理察‧法蘭西斯‧波頓（Richard Francis Burton）在西元 1856 年出發尋找尼羅河的源頭，他們的組合從探險開端就開始不合拍。這趟令人精疲力竭的三年任務，深入了非洲內陸，兩人嘗盡各種熱帶疾病，波頓多次重病，史彼克則曾暫時失明──有次他想用刀把跑進耳裡的甲蟲挑開時，還損傷了聽力。等到波頓病得不能再前進，史彼克就成了獨行俠，並在西元 1858 年將維多利亞湖視為尼羅河真正的源頭（其虔信的程度就如波頓的不信與抗議一樣深）。這對組合不合了好幾年，直到西元 1874 年亨利‧摩頓‧史丹利（Henry Morton Stanley）繞湖一周後，才證實史彼克的發現（這位史丹利就是說出那句可能是捏造的探險相遇名句：『我想，你就是李文斯頓醫生？』的人）。

史丹利證實之後，才終於讓月亮山脈的神話沉寂下來，但是大家接著開始討論哪座山脈是這個神話的基礎。西元 1940 年，喬治‧維恩‧布雷頓‧亨廷頓（George Wynn Brereton Huntingford）這位作家認為，這座山脈是吉力馬札羅山（Mount Kilimanjaro），但是被同輩視為無稽之談，不過哈利‧強斯頓爵士（Sir Harry Johnston）也在西元 1911 年提過這個說法，傑維斯‧馬修博士（Gervase Mathew）在西元 1963 年發出了同樣的論調。

時至今日，人們認為如果這座山脈並非虛構，那根據回報紀錄中位於赤道東非的位置，剛果民主共和國境內的魯文佐里山脈（Rwenzori Mountain），最有可能是這則傳說的基礎。

維辛穆勒於西元 1541 年繪製的〈新非洲部分地圖〉（Tabula Nova Partis Africae）。

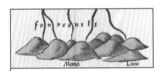

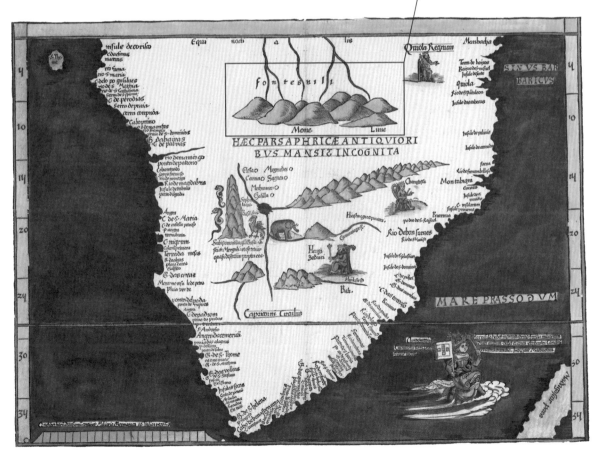

班傑明・莫羅筆下的幻想地域
LANDS OF BENJAMIN MORRELL

被稱作「太平洋大騙徒」的班傑明・莫羅，其筆下精采的探險紀錄雖然是肆意剽竊的成果，但是人們卻很難分辨哪些才是他狂熱收集的旅記。海洋學家亨利・史卓默（Henry Strommel）便表示：「莫羅引用他人以後，就緊接著寫上自己的經驗。」

莫羅生於西元 1795 年，在紐約州的威斯特徹斯特郡（Westchester）出生。十七歲就為了探險夢逃向海洋，他上船跟在「導航員底下」多年（並非長官而是低階的水手）。西元 1812 年的美英戰爭時，在美英兩國的緊張局勢下，他兩度被英軍俘虜：第一次被拘留八個月，第二次則被丟進英國本島的達特穆爾監獄（Dartmoor）兩年。他重獲自由後再次上船，這次運氣不錯，賓州佬船長傑舒亞・馬西（Josiah Macy）收留了他，並教導他航海技術。西元 1821 年，他成為黃蜂號（Wasp）的大副，在羅伯特・強森（Robert Johnson）船長底下做事，並且驚喜地發現自己的船要前往傳聞中的昔德蘭群島（Shetland Islands）。他們的目的地在三年以前，才由英國航海家威廉・史密斯（William Smith）發現。莫羅這一年過得十分驚險，遭遇了狂風，也差點溺斃，船還困在冰上，但他還是回到了紐約。這趟航行的獎勵，讓他成為了黃蜂號的船長。他的目標是領導自顯聲名的遠航，最後寫出一本書，讓他受人讚頌的程度提升到如他心目中的英雄一般。莫羅在西元 1832 年出版《四次南方遠航紀錄》（A Narrative of Four Voyages to the South），這本書顯然沒有根據事實撰寫，更肆意誇大。這類作品通常充斥自我浮誇與吸引異性的情節，但是莫羅卻獨樹一格，一方面是因為他的探險技術，一方面則是他探索的島嶼並不存在。

班傑明・莫羅，又稱「太平洋大騙徒」。

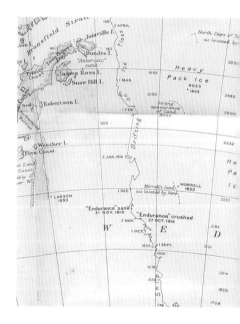

〈不懈之旅〉（The Voyage of the Endurance）的地圖。收錄於薛克頓的《南方》（South）一書。《南方》一書是薛克頓在西元 1914 年至 1917 年的南極之旅的紀錄。「由莫羅定位的莫羅地」被標記在中央。

新南格陵蘭 NEW SOUTH GREENLAND

西經 44°11'，南緯 67°52'；又稱莫羅地（Morrell's Land）

　　莫羅在他為人所知的四趟遠航中的第一次航行，發現了第一座幻想地域：新南格陵蘭。西元 1822 年，他坐上一百二十三噸重的雙桅縱帆船黃蜂號，經過里約熱內盧與巴塔哥尼亞海岸，開始在南冰洋探勘。他往南獵捕海豹時，目睹了布威島（Bouvet Island），同時宣稱自己成為第一位登陸該島的人，然而登陸本身就有疑點，歷史學家威廉·米爾斯（William Mills）也認為莫羅「不太可能目擊」該島。莫羅以尚－拜提斯·查勒·布威·迪·路席（Jean-Baptiste Charles Bouvet de Lozier）之名為該島命名，因為這位船長在西元 1739 年 1 月 1 日目擊該島，並且用不精確的航位推測記錄下了座標。但包括庫克（Cook）船長在內，沒有人能照著這座標找到該島，直到西元 1808 年，才由英國捕鯨船船長詹姆士·林西（James Lindsay）以自己的名字命名該島為林西島。莫羅在他的航海日誌中，沒有提及布威島的關鍵特徵：一座幾乎被冰河覆蓋的死火山，因此他的目擊紀錄難以盡信。這也與西元 1825 年登陸的喬治·諾里斯（George Norrics）的描述異常地相似[*]。

　　在捕獲一百九十六隻海豹後，莫羅往凱爾蓋朗群島（Kerguelen Islands）與南桑威奇群島（South Sandwich Islands），然後把南極洲西北的威德爾海（Weddell Sea）寫得頭頭是道。這是塊完全無人探索的領域。到了西元 1824 年 3 月 19 日，莫羅在三天目無所獲的情況下，目擊「新南格陵蘭的北角」，這塊土地上有「各種海鳥；我們也看見三千隻海象，以及一百五十隻海狗與豹斑海豹。」

---

[*] 意外的是，布威島還有個怪象。西元 1964 年，一艘南非補給船兼皇家海軍破冰船保護者號（Protector）被派往該島，評估該島是否適合建立氣象站。海軍上校艾倫·克勞弗德（Allan Crawford）在這處世上最偏遠的角落，發現一艘沒有標記的廢棄救生船，擱淺在海豹棲息的石礁上。上校寫著：「我們想，這個奇異的發現十足戲劇性。這艘船上面沒有標記來源或國籍。一百碼外的石頭上，有一個四十四加侖的油桶和一對船槳，還有碎木與為了某種目的而打開平放的銅製浮桶。我們認為迷航者可能登陸，便稍微搜索一下，但是找不到人的遺體。」西元 1966 年，一支生物調查隊造訪了布威島，但是沒有提到船隻，後來也不再有人發現其他蛛絲馬跡。這艘世界盡頭的救生船，便成了未解之謎。

由於莫羅是有名的騙子，人們便駁斥新南格陵蘭的存在，把它視為異想天開的成果。歷史學家雷蒙・浩格果（Raymond Howgego）指出，莫羅的描述是抄襲詹姆士・懷伊德的《航向南極》（*A Voyage towards the South Pole*）。但其實莫羅沒有自誇這部分的紀錄，因此這塊陸域完全是在失誤下產生的。這種失誤可能是南極圈的幻象（如維罕・費許納 Wilhem Filchner 在西元 1912 年搭乘德意志號 Deustchland 調查的結果），或者是誤認遠方冰山，並且定位錯誤所致。

拜爾島 BYERS'S ISLAND

東經 177°04'，北緯 28°32'

莫羅返回紐約以後，在西元 1824 年 6 月娶了艾比・珍・伍德（Abby Jane Wood），並準備安定下來。但是一個月後，他又出發搭乘韃靼號（Tartar）進行了兩年的遠航。他經過布宜諾艾利斯與加拉巴哥群島（Buenos Aires and the Galapagos），在西元 1825 年 4 月抵達加州，但只停留短短時間就往夏威夷群島去。他往西航行跨過了經度 180°，然後在西元 1825 年 7 月 12 日記錄自己發現了一座他後來命名為「拜爾島」的島嶼。這個名字是用來諂媚紐約的船主商人詹姆士・拜爾（James Byer）：

> 我們登陸了位於東經 177°04' 北緯 28°32' 之地，這座島有緩緩的起伏，有一些灌木叢與植被。這座島的島圍有 4 英哩，西南西處有個好錨點，只有 15 噚深，還有海沙與珊瑚組成的底部。這座島只有東南邊有危險，那裡有處往南延伸 2 英哩的珊瑚礁。海鳥、綠龜與海象棲息在島上；海岸可以釣起很多好魚。島嶼南南西處可以找到從火山口出來的清水。

然而這座島也不存在。莫羅在同一天記錄了另一座沒人找得到的島，這次以他自己的名字命名。

約西元 1890 年於萊比錫（Leipzig）繪製的地圖標注了「莫羅島」（Morrell I.）與「拜爾島」（Byers I.）

莫羅島 MORRELL'S ISLAND

東經 174°31'，北緯 29°57'

我們乘風北上，海水平和，以時速七英哩的速度往西北處航行了兩小時，從船頂看見西北處的島嶼。我們馬上接近那座島，到了上午十點，很靠近這座低地小島，這座島上滿是海鳥，海岸則有海象；綠龜也很多，還發現兩隻鷹喙龜。這座島顯然有火山島的特性。

莫羅的報告中說，島嶼西部有座長達 15 英哩（28 公里）的珊瑚礁，在東南方另一道延伸了 30 英哩（50 公里）的同樣地形，很適合下錨。他說這座低矮的島幾乎與海平面同高，周長 4 英哩（7 公里）。他在調查以後，認為這裡沒有毛皮或其他利益資源，因此他「讓這座島回歸孤寂，然後繼續乘風北上。」

雖然有了這些添光的精采發現，但是資助莫羅二度遠航的紐約贊助者，對此行成果顯然並不滿意，他過了兩年才取得第三次遠航的指揮權。

莫羅島與拜爾島在海圖上存在超過一百年，也在英國海軍部於西元 1875 年大幅剔除官方海圖上島嶼的動作中存活下來（然而這個剔除一百二十三座島的動作，甚至把三座真實的島嶼排除在外）。在西元 1907 年到 1910 年間，人們還曾修改國際換日線在莫羅島附近的界線，將之放在夏威夷的時區內。

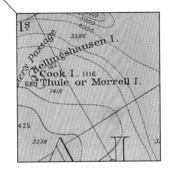

E. P. 貝里斯（E. P. Bayliss）與 J. S. 康普斯頓（J. S. Cumpston）於西元 1939 年出版的《附南極圈地圖手冊索引》（*Handbook and Inxex to acoompany a Map of Antarctica*）。

諾盧姆貝加 NORUMBEGA

西經 70°17'，北緯 44°45'；又稱諾洛姆貝加（Norombega）、阿蘭貝加（Aranbega、Oranbega）

—— 眾說紛紜之地，是河流、莊園，亦是城市

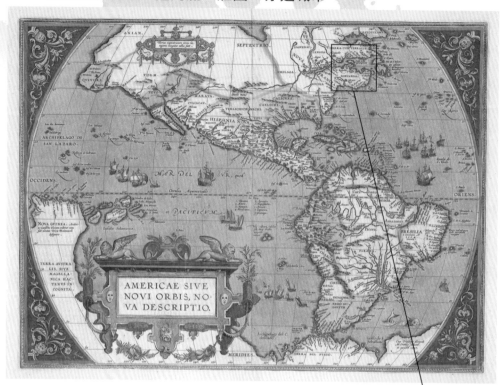

諾盧姆貝加的源起眾說紛紜，要追溯到十六世紀的喬瓦尼・達韋拉扎諾（Giovanni de Verrazano）的旅程。在西元 1524 年自北美海岸返航（同時也是他頗為著名的一次航行）後，這位探險家呈交報告給法國國王法蘭西斯一世（Francis I）。他提供製圖學家維斯康蒂・瑪吉歐洛（Visconte Maggiollo）更深入的資料，這位製圖學家在西元 1526 年出版的地圖展示了這些細節——其中還有達韋拉扎諾在現今新英格蘭地區發現的「諾曼人莊園」。在此同時，達韋拉扎諾的兄弟吉臘拉諾（Giralamo），也是一位令他的手足推心置腹的地圖製作者，自行製作了於西元 1529 年印製的地圖，在現今的緬因州區域畫上標記著「諾盧姆貝加」的河流。雖然這最初是用來命名河流，但是也很快將河流與莊園連結在一起。諾盧姆貝加因此用來指涉一塊陸域，第一次成為印刷品是在西元 1542 年的尤非洛希努・兀彼尤斯地球儀上（Euphrosinius Ulpius globe）。

奧特里烏斯於西元 1570 年繪製的〈美洲地圖〉（上面也畫上第 240 頁澤諾地圖的幽靈島嶼、第 84 頁的惡魔列嶼與第 202 頁的聖布倫丹島）。

同一年代，賈克・卡提赫（Jacques Cartier）正進行最後一次沿北美海岸的航行，他的領航員尚・阿馮斯（Jean Alfonce）記錄了「諾盧姆貝格角」（Cape of Norumbegue，顯然便是鱈魚角Cape Cod），其西則是「諾盧姆貝格河」，應為現今的納拉甘西特（Narragansett）。阿馮斯在往北40英哩（64公里）處寫著，那裡就是諾盧姆貝加城，「那裡住著善良的人，剝下各種動物的皮。」

接下來六十年，法國人幾乎沒有進一步探索當地，就將諾盧姆貝加囊括進「新法蘭西」的東岸，一如第174頁奧特里烏斯的地圖，將之標示為巨大的尖塔堡城。

再給這混雜了事實與混淆的雞尾酒加個料的人，還有大衛・英格姆（David Ingram）的不可靠紀錄。這位十六世紀的英國水手兼探險家，宣稱西元1568年在北美內陸旅行了十一個月，從墨西哥到新斯科細亞（Nova Scotia）走了3000英哩（4830公里）路程。十三年後，法蘭西斯・沃辛漢爵士（Sir Francis Wlasingham）在西元1582年為目不識丁的英格姆寫的旅記提到這座城市，後來西元1589年記載在哈克盧伊特的《英國主要航海發現》（*The Principall Navigations, Voiges and Discoveries of the*

威廉・布勞於西元1617年的〈美洲地圖〉。

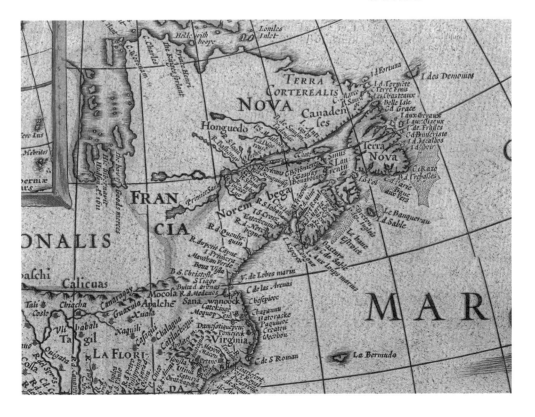

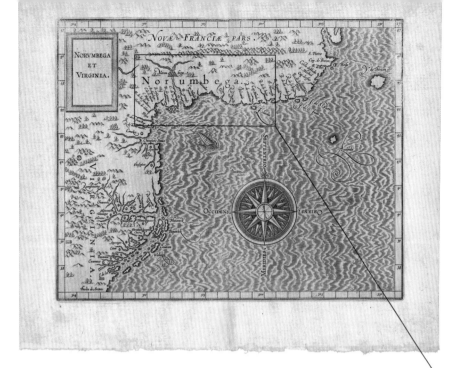

English Nation，不過在第二版時，哈克盧伊特刪掉了英格姆的故事。）山繆‧珀迦（Samuel Purchas）標注：「他的報告有不信實之處，因此在下一版沒有出場的機會。說謊的代價，就是不受信任。」

英格姆的書中寫下他見識的人當中：「男人通常是潛水尋找豐富金銀的人，女人則在身上穿上金板，猶如盔甲。」他接著帶著疑問走入城中，「這座城鎮有半英哩長，也有許多比倫敦還要寬廣的街道。這裡有許多金銀珍珠，潛水者撿到的金塊有些有我的手指這麼大，有些有我的拳頭那麼大。」

有許多人在這之後極力搜索諾盧姆貝加。英格姆於西元 1583 年與亨佛利‧吉伯特爵士（Sir Humphrey Gilbert）離開新世界*，放棄了他們在諾盧姆貝加河流域間 900 萬英畝（360 萬公畝）建立英國於紐芬蘭駐地的計畫。法國人也希望有更進一步發現，西元 1603 年，亨利四世（Henry IV）派遣山繆‧夏普蘭（Samuel de Champlain）勘察這個公認的失樂園。他在搜尋的過程中建立了皇家港（即現今新斯科細亞的安納波利斯羅亞爾

康尼留斯‧威特菲雷（Cornelius Wytfliet）於西元 1597 年的〈諾盧姆貝格與維吉尼亞地圖〉（Norumbege et Virginie）。

---

*吉伯特因為缺乏物資，而被迫放棄駐紮計畫，由於他堅持待在他的松鼠號（Squirrel）小船上，而不換上堅固的船隻，所以回程時便消失了。根據船隊其中一位船長艾德華‧海耶斯（Edward Hayes）的說法，「一段短尖的高浪後」，吉伯特在甲板上喊著：「我們在海上一樣如臨天堂！」然後他的船隻與船員都葬身海底。

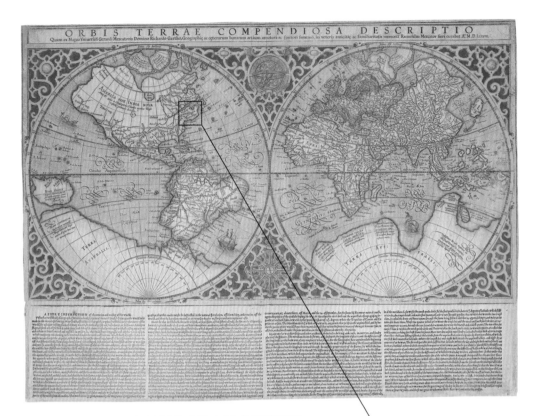

ORBIS TERRAE COMPENDIOSA DESCRIPTIO
Quam ex Magno Vniuersali Gerardi Mercatoris Domino Richardo Gartho, Geographiæ ac cæterarum bonarum artium amatori ac fautori summo, in veteris amicitiæ ac familiaritatis memoriã Rumoldus Mercator fieri curabat Aᵒ M.D.Lxxxvij.

梅爾卡托於西元 1616 年版的
〈世界地圖簡要描述〉（Orbis
terrae compendiosa description）。

Annapolis Royal），但是最後也沒有達成任務目標。

　　他的記錄員馬克・雷斯卡赫博（Marc Lescarbot）用了鄙蔑的言詞寫下：「如果這座城鎮真的存在，我肯定也知道誰消滅了它；這裡只有用支架撐起的小屋，上面鋪著樹皮或皮草……」

　　在這之後，法國人在佩諾斯克特河（Ponoscot）河口以諾盧姆貝加（Norumbega）之名建立了殖民地，人們漸漸不再對這座傳說城市感到興趣，證據就是這座城慢慢從地圖上消失。但詭異的是，荷蘭的製圖學家仍然深受故事吸引，到了十八世紀，荷蘭人製作的地圖上還是找得到諾盧姆貝加。

紐倫堡編年史上的生物
CREATURES OF *THE NUREMBERG CHRONICLE MAP*
—— 基督教世界全史中，存在於已知世界的諸多怪物

這部以拉丁文命名的《編年史之書》（Liber Chronicarum），即現在稱作《紐倫堡編年史》的書，是由哈特曼·施尼德（Hartmann Schedel）所著，安東·寇伯格（Anton Koberger）於西元 1493 年出版。這本書是基督教世界的全史，上面記載了創世之初直到成書之時的歷史。編年史將歷史分成十一個時期，引用了許多古典時期與中古時期的資料來源，有龐蓬涅斯·梅拉（Pomponius Mela）、老普林尼到聖比德（Vernerable Bede）與博韋的樊尚（Vincent of Beauvais）。這本書是早期德文書籍中插圖最豐富的作品，書頁間有張在當代獨樹一格的地圖，其上的驚人描繪可以套用沃茲華茲（Wordsworth）的話：據信居於已知世界偏遠土地的諸多怪物的殿堂。

本書初版是以拉丁文印製；後來用德文印製的版本，為教育程度較低的讀者稍稍精簡了設計。就像其他中世紀地圖一般，地圖上描繪的內容來源（尤以插畫為甚），是一本名為《要事集》（Collecteana rerum memorabilium, Collection of Remarkable Facts）的書。這本書是由加伊烏斯·朱利葉斯·索利努斯（Gaius Julius Solinus，活躍於西元 250 年），他厚著臉皮，採用老普林尼的偉大古代知識百科《自然史》（Natural History）中荒誕不經的內容而著成，因此被人貶為「普林尼的猩猩」。索利努斯生動描繪了老普林尼、梅拉與他人描述的怪物物種，因此獲得了盛大的成功，並且歷經千年不衰。雖然如大阿爾伯特（Albertus Magnus）所言，索林努斯「不實的罪過」在於，他大大影響了後世如何描繪傳說中存在於已知世界陰影下的奇異人形物種。

哈特曼·施尼德於西元 1493 年出版的《編年史之書》的封底。詳見第 176 頁至第 177 頁的地圖。

本書使用的拉丁文原版《紐倫堡編年史》地圖，可能是該書最好的神話圖像樣本。地圖的三個角落放上了諾亞（Noah）之子，並用雕文寫著這三人在洪水後分割了世界：閃（Shem）與他的後裔取下了亞洲，雅弗（Japheth）則取了歐洲，含（Ham）則取了非洲。地圖上還有其他有趣的元素，一個是在印度洋東部的塔珀芭娜島（詳見第 220 頁）。不過奇異生物的畫廊則在地圖的最左側，隔在反面兩道鑲板中的這些生物，才最引人入勝。上面每個生物都有異常的生理構造，卻沒有任何標記。那麼，上面描繪的是哪些傳說生物呢？

A. 人們通常稱此人為「六手人。」在《亞歷山大大帝史》（*Alexander the Great*）這部後世認為是偽卡利斯提尼（Pseudo-Callisthenes）所著的作品中，這種多臂人住在印度。

B. **戈加德斯人**（The Girgades）這些身上披著毛髮的女子應是老普林尼筆下標為「戈爾加斯」（Gorgades，即『如戈爾貢者 Gorgon-like ones』）。據說她們住在大西洋上的破碎諸島。皮耶・達亞里（Pierre d'Ailly）在他的《世界圖集》（*Imago Mundi*）中描述：「海上的戈加德斯群島……住著戈加德斯人，她們有破壞力，粗糙的身體上長著毛髮。」荷馬也提過多毛的「猩猩」女。哥倫布第一次航向西方時，就帶著老普林尼和達亞里的著作，但是比起多毛的女性民族，他更熱衷於找到亞馬遜人。

·IAPHET·

Chorꝰ qui et
Agrestes.

Fauonius
Zephir

Infule fortunate

Hyspania

Anglia Scona

Salina

frauna

Colme herul

Corsia

Bardinus

Italia

Africa

Mare mediterraneu

Sitilia

Carthago

Ethiopia

mantina ethiopie

Dacia

Saronia

Galtia

Austronus

uel lups

Libnotꝰ

Suꝰ anuꝰ

uel Eurꝰ

Ventorum
quatuor cardi
nales sunt prim9
Septetrio flat terris
ab axe faciens frigora. et
nubes huic dexter cirtus
niues et grandines A sinistris
boreas constringens Secundus
subsolanus ab ortu tpatis uulturnus
dexicans terris nubes generans Terti9 auster
humidus fulmineus A dextris euru auster caldus
a sinistris euro nocꝰ tempestuosus Quartus zephirus
hyemem resoluens producens flores a latere affricus generans ful
mina et corpus nubila faciens

Orbis dicitur a rota ⁊ est q̃libet figura sperica ⁊ rotunda. Et
ideo mũdꝰ orbis dr̃. q̃ rotũdꝰ ẽ: ⁊ dr̃ orb terre ul' orbisterra
rũ. Sicut ãt bn vince. filij sem obtinuisse asiã. filij chã affri
cã ⁊ filij iaphet europã. Isid. in li. Ethy. asserit ꝙ orbis diuisus ẽ in
tres partes ƻ nõ eq̃liter. Nã asia a meridie p orientem vsꝗ ad septe
trionem puenit. Europa v̄o a septetrione vsꝗ ad occidentẽ ptingit.
Sed affrica ad occidentem p meridiez se extendit. Sola quoꝗ Asia

continet vnam partem nostre habitabilis. f. medietatem: alie vo ptes. f. affrica z europa aliam medietatez
sunt sortite. Inter has autem partes ab occeano mare magnū progreditur. eascz intersecat: quapropter si
in duas partes orientis z occidentis orbem diuidas in vna erit asia in alia vo affrica z europa. Sic autem
diuiserunt post diluuiū filÿ Noe: inter quos Sem cum posteritate sua asiam. Japhet europam: cham affri
cam possederunt. vt dicit glo. super Sen. x. z super libro Paralippo. primo. Idem dicit Crisostomus Isi
dorus z Plinius.

C.《紐倫堡編年史》描述這些手指奇多的蠻人裸身住在水中,其中有些人手腳都各有六隻指頭。其他手指特多的描述也可以在老普林尼書中的第六冊發現。他寫著:「名為馬可斯·柯拉紐斯(Marcus Coranius)的貴族家裡的兩個女兒,就因此被稱作『六指小姐』。」

D. **半河馬人**(The Hippocentaur)

　　《紐倫堡編年史》的作者施尼德指稱,印度有半人半馬的物種住在水中。普林尼宣稱他曾在克勞狄一世(Claudius Caesar)時期親眼見過一隻浸在蜂蜜缸的半河馬人屍體,人們正將這具屍體運出埃及。

E.這個人種的女人有長至胸前的鬍鬚,頭卻是禿的。這些人物也跟亞歷山大大帝的傳說有關係,傳說中她們帶著狗在印度山間打獵。老普林尼建議:「避開蓄鬍女人,以免得到病疫。」

F. **倪西提人**(The Nisyti)

　　自衣索比亞往西,有一種長著四顆眼睛的人。這可能是將字面解釋誇示比喻的結果。有人在老普林尼筆下找到附錄:「這並不是描述他們真有其貌,而是形容他們的箭法奇準。」

G. 人們本以為歐洲有種頸如鶴、嘴如喙的人種——這是比喻好法官的意思，因為他的嘴離心臟較遠，因此可以在發言前多多思考問題。老普林尼寫著：「如果所有法官都像這樣，那就會少了些不公的判決。」

H. 犬頭人（The Cynocephali）

這些住在山中的犬頭人穿著野獸的獸皮，牠們用吠叫來溝通，並用巧爪獵鳥。根據希臘歷史學家克特西亞斯（Ctesias）的說法，這種物種有十二萬隻。牠們的由來可能是某種猴子，也有可能是狒狒。索利努斯也寫下，衣索比亞有一群由犬王領導的犬頭類人猿。

I. 獨眼人（The Arimaspi）

這些單眼人種住在西徐亞（Scythia）這「北方國度」一處叫作北風穴（Geskleithron）的地方。他們經常與獅鷲獸作戰，覬覦後者從山中掘出的黃金。人們習於將金銀財寶藏在地下，因此埋藏的寶藏會由龍與蛇保護的說法，便自然而然成立。

J. 貝勒米無頭人（The Blemmyes）

施尼德寫：「利比亞有種出生便沒有頭顱，卻有嘴與雙眼的人。」貝勒米人是個確實存在的努比亞（Nubian）部落王國，史特拉波形容這是支和善的部族。他們存在於西元前六百年到西元八世紀間，後來被捏造成傳說中的無頭種族。莎士比亞在《奧塞羅》（Othello）中提到這支種族，說他們是食人的部族，「頭長在肩膀底下」，混合了另一支名為「安瑟羅波法吉」（Anthropophagi）的食人無頭部族。

K. 雅巴里蒙反腳人（The Abarimon）

在現代的喜馬拉雅山一帶，有處名為雅巴里蒙（Abarimon）的大國，據說該國住著腳掌反著長的蠻人。這些蠻人的腳雖然反著長，但還是跑得很快，也不在意與野獸一同奔馳。他們只能在自己生存的氣候下呼吸，因此並不能帶著他們觀見國王。格利烏斯（Aulus Gellius）也將這則故事與其他奇事一併記在〈蠻國的奇觀〉一章（第四卷第四章）。他寫下，他的資料來源是亞里斯提亞斯（Aristeas）與伊西茍奴斯（Isigonus），而他認定這兩位「不是能夠認真對待的史料。」

L.

施尼德寫下，利比亞有一支性別不明的民族：「有些人是雙性人，右胸是男性，左胸則是女性。他們不在意彼此的關係與養育小孩。」

M. 西亞波底獨腳人（影足）The Sciapodes（Shadow Feet）

這族人僅有一隻大大的腳與腿，但仍然靈活自如。他們在夏天會用獨腳來遮陽（據信他們也住在塔珀芭娜島，詳見第 220 頁）。

N. 桿飲者（The Straw-Drinkers）

施尼德寫著：「往恆河（River Ganges）旁的樂園去，有一族不吃東西的人。他們的嘴小到只能用草桿飲物，以花果的氣味維生。如果聞到不好的氣味，很快就會死亡。」

O. 西里泰人（The Sciritae）

這一族人沒有鼻子、面部扁平，身材低矮。人們也可以在「恆河旁的樂園」發現他們，麥加斯梯尼（Megasthenes）也證實了他們的存在。

P. 艾米克提萊人
（The Amyctyrae，孤默者 The
Unsociable）
他們的下唇大到蓋住整張
臉，靠生肉過活，並且可以
用巨大的雙唇充作陽傘遮陽。

Q. 帕諾提人（The Panotii）
　　西西里島（Siciliy）上住著雙耳足以覆體的民族。
他們的耳朵長及腳足，並且會用耳朵當作保暖的毯子。
他們非常害羞，如果看到旅人，會用耳朵做為翅膀飛走。

R. 薩特（The Satyrs）
在施尼德筆下，衣索比亞
「有些長著角與長鼻，雙腿
如山羊的人；聖安東尼的傳
說裡不時提到這種人。」

S. 衣索比亞西部有強壯的單足人，他們奔跑既快又速，
甚至可以追上野獸。

T. 馬蹄人（The Hippopodes）
　　西徐亞住著腳長馬蹄的
民族。據老普林尼所言，這
支民族住在波羅的海一帶。

U. 這種只有一肘高的人種，
　　只有八年的壽命。他們住在
印度的山間，「接近大海、健康常綠的地區。」這種人的
女性在五歲生產。他們會與宿敵鶴鳥激戰。

巴塔哥尼亞巨人 PATAGONIAN GIANTS

西經 67°43'，南緯 49°18'

——潛伏於巴塔哥尼亞島上的巨人神話

「已確認此處存在巨人。」

西元 1766 年，英國皇家學會祕書馬修‧馬堤博士（Matthew Maty）致法國科學院的信件如此寫道。

十八世紀是啟蒙時代的天下，科學與理性開始挑戰訓導與教條——也讓人更想探查據信在巴塔哥尼亞潛伏、身高 9 呎（2.7 公尺）的巨人的真相。西元 1766 年，約翰‧「不測風雲的傑克」‧拜倫（John 'Foul-Weather Jack' Byron，即英國著名詩人的祖父）帶著英國船隻海豚號回到倫敦。這艘船剛結束南美遠征，並帶來震驚的消息。他們找到一個新國家，居民至少都有 8.5 呎高（2.6 公尺），同行一位名為查爾斯‧克勒克（Charles Clerke）軍官作證，他親眼見識拜倫先生檢查與測量這些巨人。他指出那裡的男人矮不過 8 呎（2.5 公尺），有些甚至有 9 呎高（2.7 公尺），女人則有 7.5 呎到 8 呎高（2.3 到 2.5 公尺）。

迪亞哥‧古提列茲於西元 1562 年描繪的〈美洲與世界第四塊區域最新精確圖〉（Americae Sive Quartae Orbis Partis Nova Et Exactissima Descriptio）的細節。上面指出「巨腳地」（Tierra de Patagones, Land of the Big Feet）一名，並會有兩位持弓面向歐洲人的當地巨人。

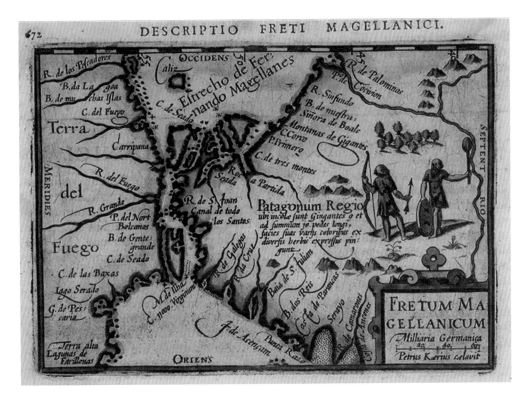

在這之前，巨人的神話早已存在，舊約聖經不時提到巨人的存在。距離史威特將筆下的格列佛造訪大人國的遊記出版，才過了不到四十年。說實在的，這不怎麼能解釋人們為何廣為接受這樣滑稽的謬誤。當然有人嘲弄這些難以置信的故事，但是多數人認為，這追溯到西元 1522 年那個數百年前的證據。當年麥哲倫環繞世界一圈，同行的安東尼歐‧皮加菲塔（Antonio Pigatetta）在西元 1525 年的官方日誌《首次環球航行記》（*First Voyage Around the World*）中的記載，誕生了這則神話。他描述在緯度 49.5° 登陸時的發現：

　　某天，我們突然在左舷的岸邊見到一具裸體男性巨像，他唱歌跳舞，頭頂撒下塵土……巨人在注意到提督與我們時，大為驚奇，並且用手指指天，認為我們是從天上來的。我們的身高只到他的腰部，而他的身材是正常比例。他有張塗成紅色的大臉，眼邊塗著黃色，在胸前畫上兩顆心形。

約在西元 1598 年由佩特魯斯‧伯提烏斯（Petrus Bertius）繪製的麥哲倫海峽與火地島的早期地圖。該地圖是微型地圖集的一部分。巴塔哥尼亞巨人在地圖右側。

麥哲倫將這族人命名為「巴塔哥人」
（Patagoni），其中「巴塔」一字的語源是足部或
鞋子，因此巴塔哥尼亞被人譯作「巨足之地」，
另一種說法是，麥哲倫的靈感來自出航前十年
出版的騎士小說《皮瑪里昂》（*Primaleón*），
因此將其中的怪物角色「巴塔哥」命名巨人。
此後多年，人們製作地圖時可能倦於這樣的
名字，而用拉丁文「巨人之地」（region of the
giants）替代。

在這之後，又有成功目擊巨人的報告。西
元 1579 年，德雷克爵士底下名為法蘭西斯·弗
萊徹（Francis Fletcher）的牧師提及「高大強
壯的人種……強壯到現今世界的人類無法企及
的地步。」他並補充說，「其中最高的人……
身高七又二分之一呎」。同年，秘魯總督派佩
德羅·沙爾緬度（Pedro Sarmiento）掠奪英國船隻，以
及尋找麥哲倫海峽的地圖。他記錄此次任務，並宣稱
當地居民是「大大的……巨人」，擁有異常的力量。到
了西元 1587 年，托瑪斯·坎文迪許爵士（Sir Thomas
Cavendish）驚喜發現「巨大物種」的腳印，「測量出
來有十八吋長」。他的同伴安東尼·尼維特（Anthonie
Knivet）也在西元 1591 年描述，年輕的巴塔哥尼亞人有
「十三跨度高。」（約 9 呎／ 2.7 公尺）

後來目擊報告慢慢減少。但就像是沒有掠食者的渡
渡鳥一般，巨人的傳說在缺乏反對證據的情況下持續到
1766 年，而海豚號的發現似乎也證實這則傳說。拜倫船
長的航行紀錄於西元 1767 年出版，並且成了暢銷書，也
要歸功於卷首插畫上，那位提供麵餅給巴塔哥尼亞夫妻
的海豚號船員。

兩個月後，嚴謹的《倫敦紀事報》（*London Chronicle*）
支持海豚號船員的說法，並將皇家學會祕書馬堤博士的
信件交給法國科學院，「已確認此處存在巨人。這裡有約
8 至 9 呎高的巴塔哥尼亞人，人口約四至五百人，目擊
並測量他們的我方船隻已經自環球航行返航；本身有 6
呎高的船長，手也幾乎搆不到巨人的下巴。」

西元 1767 年版本的《首次環
球航行記》（*A Voyage Round the
World*）卷首插畫。上面畫著約
翰·拜倫（*John Byron*）的船員
將麵餅遞給巴塔哥尼亞巨人家
庭。

A. Le Golfe d'Esperlons.
B. L'endroict ou nous fumes jettés contre la rive au grand danger des navires.
C. L'isle des Oiseaux.
D. L'isle des Lions.
E. L'isle du Roy, ou les Basteaux furent nettoyés.
F. C'est icy ou la Fuste se brusle.
G. Le lieu ou nous allames querir de l'eau avec grand' peine.

H. Les Sepultures des Patagons, sur le sommet des rochers, dedans lesquelles furent trouvés des os de 10. & 11. pieds.
I. K. Deux Lions de Mer.
L. Des cerfs ayants le col si long quasi comme tout le reste du Corps.
M. Des Austruches, qu'on cy trouve à foison.
N. C'est une pierre, que la Nature a produict en façon de fourche sur la cime d'une montagne.

route

但之後風向開始轉變。法國的權威報刊《百科日誌》（*Journal Encyclopedique*）的出版品宣稱，這個故事是英國人用來分散人們對英國船隻在阿根廷水域圖利的騙局。到了西元 1773 年，十八世紀最著名的一套書籍也出版了——這是海軍部的官方日誌，記錄了拜倫指揮官、瓦里斯（Wallis）船長、卡特雷特（Carteret）船長與庫克船長的航行，這些探險家說當地居民只有 6 呎高（1.8 公尺），讓讀者對於傳說大大失望。

人們認為歐洲人當時遇到的巨人，是現已滅族的特維爾切人（Tehuelches）。這支游牧民族平均身高有 6 呎高（1.8 公尺）。對於當時平均身高 5 呎 5 吋（1.6 公尺）的歐洲人而言，這些原住民高大得嚇人，但實不足以稱作巨人。

西元 1616 年，〈蕭頓與黎‧瑪荷遠征麥哲倫海峽成果地圖〉（Map of the Strait of Magellan Developed by the Schouten and Le Maire Expedition）的細部。其上的 H 處標示的注記為：「非常高大的人類的墳墓，骨骸有 10 至 11 呎長。」

佩匹島 PEPYS ISLAND

西經 58°24'，南緯 47°34'

—— 私掠者們陰錯陽差的交集，使後人廣泛誤會的幽靈島嶼

西元 1683 年 11 月，私掠船船長安布羅斯‧考利（Ambrose Cowley）帶著焦躁的劫船者一同駛離幾內亞的海岸，終於發現一艘下錨的丹麥肥羊。他們只在甲板上留下幾個人，讓對方以為遇上的是無害的商船，接著奇襲了丹恩號（Dane），佔領了這艘船，劫獲船上四十架加農砲，卻只損失五人。海盜燒掉了舊船「湮滅證據」，然後上了新船，並將之重新命名為「愉快學徒號」，然後航向麥哲倫海峽。西元 1684 年 1 月，考利在這趟命運多舛的航行中有了新發現，並且記載在航海日誌上。航海日誌後來由威廉‧亥克（William Hacke）編輯並出版：「在緯度 47° 處，我們看見陸地，一座未曾有人發現的小島。我將這座島叫作佩匹島。」亥克也在書中放了一張佩匹島的插圖，上面有「海軍灣」（Admiralty Bay）與「大臣角」（Secretary's Point）。

等到有人查驗考利未被「駭」取的原稿，就發現原始條目根本不一樣。考利從沒有命名這座島為「佩匹島」，也沒有什麼海軍灣與大臣角。亥克似乎修改了日誌，好向海軍大臣山繆‧佩匹（Samuel Pepys）獻殷勤。他還將考利的關鍵內容修改了：「我們當晚又看到一座島，我們認為那是塞巴‧維爾群島（Sebald de Weerts）。」

這無中生有的簡單一筆，卻造成了廣泛的影響。西元 1699 年到 1831 年間，至少有一百一十一張地圖上都畫上了佩匹島（其中七張畫上島嶼，但是沒有標上地名）。大家多半視這座神祕島嶼為幽靈島嶼，還有人名副其實地進行了「驗明真身」的探索。這些人包括西元 1698 年的艾德蒙‧赫利（Edmond Halley，這位先生後來帶著狐疑，對撒瑪納札的福爾摩沙血統進行審問。詳見第 110 頁）後來到了十八世紀，則有位喬治‧安森（George Anson）在西元 1740 年到 1744 年將該島列為搜尋的目標，然後約翰‧拜倫也在西元 1764 年進行搜尋。進行搜尋的還有庫克船長（分別為兩趟赫赫有名的航程），還有路易斯‧安東尼‧布干維爾（Louis Antoine de Bougainvilee）以及尚－弗蘭斯瓦‧加洛普（Jean François de Galaup）、康特‧佩胡斯（Comte de La

赫曼·墨爾於西元 1710 年製作的〈大型南美洲地圖〉(A Large Map of South America)。上面將佩匹島放在巴塔哥尼亞東岸。

Pérouse)等人。

　　一艘又一艘的船從巴塔哥尼亞海岸往海草纏身的水域去，搜尋著空無一物的海平線。荷西·安東尼歐·普伊格(José Antonio Puig)在西元 1770 年的作為，又刺激了這股熱潮，他宣稱發現了一座島，並以自己的名字命名為「普伊格島」(Puig island)，而這則發現則混同了佩匹島的位置。當代法國人也在搜尋幽靈島嶼「偉大島」(Great Island)，因而讓佩匹島的傳說持續盛行。

　　然而，只要將考利的日誌與威廉·丹皮爾的《環遊世界的新旅程》(西元 1697 年出版)相對照，就可以輕鬆解開謎團。丹皮爾這位私掠者寫著：「1 月 28 日(西元 1683 年或 1684 年)，我們到了塞巴·維爾群。其中有三座貧瘠無樹的島嶼，只有一些灌木叢。北邊兩座島位於南緯 51°，剩下一座在南緯 51°20'。」丹皮爾的定位能力比考利還好，後來也憑記憶寫下了自己的日誌，而他的定位顯示考利的測量偏離了四度。一個世紀以來，人們無功而返的進發與不止息的困惑，全因為大家忽略私掠船員經常更換船隻的事實，沒有注意到丹皮爾與考利其實曾在同一艘船上，發現了同一組實際存在的島嶼：「塞巴·維爾群島」。由於亥克斷章取義，以及考利多達四個緯度的失誤，才有了這座虛幻的島嶼。考利誤認塞巴·維爾為一座新島，而塞巴·維爾群島現在有另一個名字：福克蘭群島(Folkland Islands)。

下頁地圖：
W·哥德森(W. Godson)的〈全新精確世界地圖〉(A New and Correct Map of the World)，西元 1702 年。

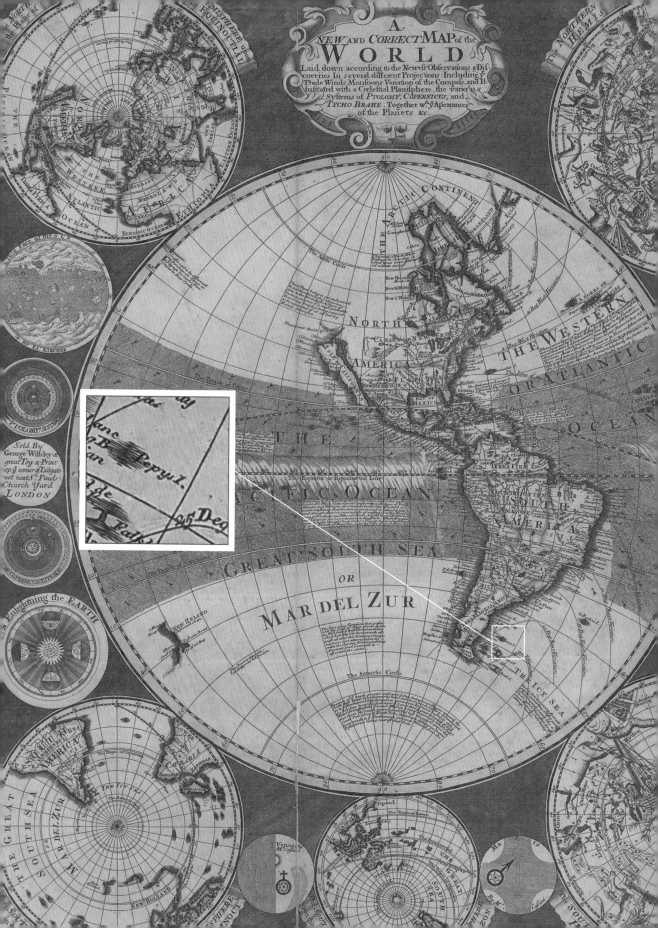

波亞斯領地 TERRITORY OF POYAIS

西經 85°06'，北緯 15°49'

——歐洲史上罪行滔天的著名大騙局

世上有人不知羞恥地扯謊，也有狂妄橫行的騙徒，但有個人編造的謊言無人能出其右，那個頂頂有名的人物，就是葛雷各·麥奎格「爵士」（'Sir' Gregor MacGregor）。西元 1822 年，哥倫比亞、智利與秘魯等南美國家成了投資市場流行的投機之地，有著令人無法放過的高獲利率。因此，當獨領風騷的「波亞斯酋王」來到倫敦，戴滿摩斯基多海岸（Mosquito Coast）之王喬治·斐德列克·奧古斯都（George Frederic Augustus）授予的徽章、綬帶，宣稱這個王室賜給他一座王國的領地，眾人無不垂涎、歡迎他的到來。

他若是無人知曉的陌生人，就不會引起他人的警覺，然而他這個人還有名號：麥奎格氏族的葛雷各·麥奎格爵士，羅布·羅伊（Rob Roy）的高曾侄，而且曾在派遣海外的第五十七步兵軍團（又稱『硬漢團』Die-Hards）於西元 1811 年的奧布維拉戰役（Battle of Albuera）中立下戰功。

他是位幸運的士兵，曾為法蘭西斯科·米藍達（Francisco de Miranda）與玻利瓦爾（Simón Bolívar）流血流汗。這人是位英雄，而如今這位英雄挽著波亞斯公主尤瑟玳（Joseta of Poyais）的手從探險歸來，想為他剛起步的國家尋求投資。

〈摩斯基多與波亞斯領地及其鄰近國家〉（Mosquitia and the territory of Poyais with the Adjacent Countries）的地圖，西元 1822 年。

想想他談到的新家園！約有 800 英畝
（320 公頃）的土地，有著豐富的自然資源
與美景，等著精巧農藝開發的沃土；海裡
也充滿生機，海魚與海龜在其中悠游，鄉
間則多的是遊賞之地，以及被「本地的純
金小球」阻塞的河流。他於西元 1822 年
出版了當地的推廣手冊：《摩斯基多海岸：
包含波亞斯領地》（*Sketch of the Mosquito
Shore: Including the Territory of Poyais*），展
望這處烏托邦的遠景，並進一步描述「國內多個豐富金
礦礦藏，尤奇是艾巴波耶（Albrapoyer），可以帶來莫大
的收益。」最棒的是，只要小小一筆錢，你就可以取得
自己在樂園裡的一片天地。

波亞斯銀行的貨幣。由蘇格蘭
銀行的官方印鈔廠為麥奎格印
製。

麥奎格對欣喜若狂的聽眾表示，只要兩先令三便
士，就能取得波亞斯境內 1 英畝（0.4 公頃）的土地；只
要掏得出十一英鎊，就可以有一處 100 英畝（40 公頃）
的土地。波亞斯需要熟練的勞工——那裡的木材有很大
的商業潛力，若能好好經營，鄉野也能有許多獵獲。只
要用在英國維生的一小筆錢，就可以在波亞斯過著如國
王一般的生活。至於那些「高貴」得不想弄髒手的人，
也可以競標取得受人敬重的頭銜。

售予波亞斯定居者的土地權狀
（這張代表的土地有 20 英畝／
8 公頃大）

一位名為毛格（Mauger）的市政府財務員，就驚訝
地接受波亞斯銀行經理的職位；一位修鞋匠則趕緊跑回
家裡，告訴妻子他已經成為波亞斯公主的御用鞋匠。家
家戶戶熱心地想將自家的年輕人送往波亞斯的陸軍與海
軍，以獲得利益。

麥奎格自己從十六歲就加入英國軍隊，他的家人在
拿破崙戰爭爆發的西元 1803 年，便幫他買下了海軍掌旗
官的官位。他不到一年就升上上尉，開始汲汲營營自己
的官位與服裝。他在西元 1810 年退出軍隊，原因只是
因為與上司起了「瑣碎小事」的口角，從此他的想像力
漸漸主宰他的行動。他給自己上校的軍銜，並授予自己
葡萄牙基督騎士團的騎士頭銜。愛丁堡（Edinburgh）的
上層社會不接受他，因此他在倫敦自稱「葛雷各·麥奎
格爵士」來擦亮自己的光環。他決定前往南美洲，好從
新世界為他的聲名添點香料，再以英雄之名歸來。他經
由牙買加到委內瑞拉，當時的領袖米藍達（Miranda）親
切地接待他，並且給他一營兵團參與委內瑞拉對抗西班
牙的獨立戰爭。米藍達被俘後，麥奎格成為玻利瓦爾
（Bolívar）的部下。他們的軍事行動擴張到佛羅里達，

使他萌生了後來在倫敦大張旗鼓的前奏，靠著販售佛羅里達領地的「土地權狀」，募集了十六萬元。等到西班牙軍隊逼近，他就與他的買家告別，逃到巴哈馬（Bahamas），沒有償還這筆錢。

麥奎格很聰明，講話條理分明、舌燦蓮花，還有著領袖魅力。他渴望財富、受歡迎與菁英社會的接納。這個人提供波亞斯殖民者的前景，讓人心甘情願地投入每一塊錢。他的騙局細節都規劃得十分完美，令人無法不為之心折。

「波亞斯酋王陛下」肖像。

就這樣，到了西元 1822 年 9 月 10 日，宏都拉斯郵件船（Honduras Packet）駛離倫敦碼頭，前往波亞斯領地。船上有七十名興奮的乘客、大量物資與滿滿的波亞斯貨幣（由蘇格蘭銀行官方印鈔廠印製）。為了換取這些東西，這些移民花光了黃金與法定貨幣。

麥奎格揮別宏都拉斯號後，便前往愛丁堡與格拉斯哥（Glasgow），向蘇格蘭人兜售同樣的內容。但蘇格蘭王國在十七世紀晚期就有個戲劇性失敗的達連計畫（Darien scheme），沒能在巴拿馬地峽建立殖民地，因此早已經破產了。

前車之鑑讓蘇格蘭人特別警覺。但是麥奎格本人就是個愛國的蘇格蘭人士兵，更不巧的是，他也有三寸不爛之舌。因此第二波的地產銷售一空，也在西元 1823 年 1 月 14 日，讓亨利·克勞奇（Henry Crouch）擔任肯尼斯里堡號（Kennersley Castle）船長，載著兩百位波亞斯準公民離開利斯港（Leith），期待能在新家加入宏都拉斯郵件船的乘客。

不幸的是，這些殖民者完全搞錯了。等他們抵達目的地後，才發現當地只有散發毒氣的沼澤與沒有文明跡象的厚厚植被──波亞斯並不存在，沒有大片土地，也沒有首府。他們被策謀這一切的幻想家愚弄了，卻沒有辦法負擔返家的航行，只能卸下物資，在海岸紮營。到了 4 月，事情也沒有轉機。沒有人找到城鎮，也沒有他人救援，整座營地陷入絕望。病疫開始蔓沿，並且帶走八人的性命。被任命為「公主製鞋師」的製鞋匠放棄再

見家人的機會，飲彈自盡。

　　在此絕望的時刻，海平線終於出現了一艘船——而且還飄著英國的旗幟。來自貝里斯（Belize）的墨西哥鷹號（Maxican Eagle）正因外交任務行經附近，因此發現了營地。他們把虛弱的營地成員帶上船，然後緩慢且痛苦地返航倫敦，途中經過貝里斯的醫院。這兩百七十位前往波亞斯的男女中，只有不到五十人得以回到英國。此時麥奎格試著再次行騙卻失敗，已經逃到法國，但法國政府拒絕發給不存在的國家簽證，他最後只能逃到委內瑞拉，後於西元 1845 年去世，無法對證他那罪大滔天的犯行。

波亞斯領地的黑河港（Port of Black River）景色。

祭司王約翰王國 KINGDOM OF PRESTER JOHN

拉丁文作 Presbyter Joannes

── 十字軍於遠方廣大奇異國度的夢幻盟友

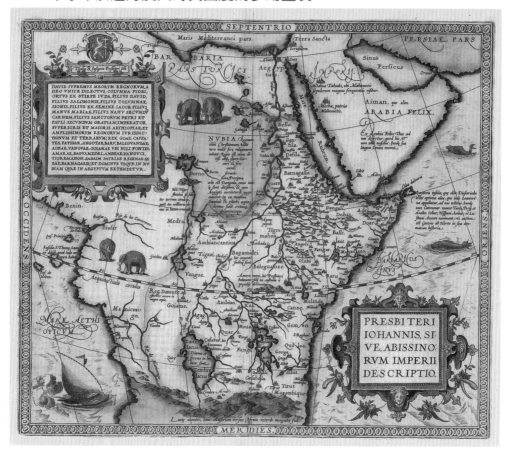

西元十二世紀後半，有人抄寫了一封神祕的信件在歐洲流傳，大大振奮眾人。這則訊息是拜占庭科穆寧王朝（Komnenos）的曼奴爾一世（Manuel I）接受了來自祭司王約翰的致意，證實了這則在當代流行的傳說。

據說祭司王約翰是聶斯脫里派（Nestorian）的基督徒國王，擁有龐大的財富與權能。他是三賢者（Three Magi，聖經中的三位賢王）的後代，領土在神祕的遠東。這封信來得十分偶然，十字軍在西元 1144 年才在美索不達米亞慘敗。埃德薩（Edessa）是十字軍建立的第一個國家，卻被薩拉森人（Saracen）攻陷，令人陷入恐慌。在那封信出現以前，祭司王約翰不過是個口傳傳說的角色，如今他卻是十字軍的潛在盟友。這封信描述了廣大的異國領土：

奧特里烏斯於西元 1573 年的地圖中，將祭司王約翰王國放在非洲（上圖底部亦標示月亮山脈；詳見第 162 頁）。

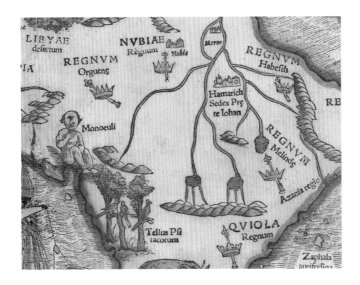

賽巴斯蒂安‧慕斯特於西元 1550 年繪製的〈亞非利加、利比亞與摩蘭等地地圖〉（Map of Africa, Lybia, Morland, etc.）。地圖摘自他同樣名為《寰宇論》（Cosmographia）的著作，圖上顯示祭司王約翰的王座，西方還有傳說中的獨眼人（Monoculi）。

　　如果要聯合我們的力量，那就確信本王，祭司王約翰，掌握上權，擁有超乎於人的財富、美德以及掌握世間萬物的力量。有七十二個國王向我納貢。我是虔誠的基督徒，保護帝國裡所有的基督徒，以善施滋養他們。我們發誓帶著大軍前往吾主的聖墳，來光耀聖主，發動戰爭懲罰架上基督的敵人，並高呼他的聖名。

　　吾王掌握三印度（Three Indias），延伸到聖多默（st Thomas）安息的遠印度（Farther India）。它的疆土延伸至日出之處的沙漠，繼續展向巴別塔（Tower of Babel）旁廢棄的巴比倫城。我們底下有七十二省效忠，其中有基督徒的省分，每個省分都有自己的王，而所有的王都向我們納貢。

　　我們的領土內有象、單峰與雙峰的駱駝，還有世上所有動物。我們的土地流出糖蜜，處處都盛產乳奶。我們有處領土不受毒害，也沒有嘈雜的哇鳴，也沒有毒蠍，草中也沒有蛇隻潛伏。在那裡，帶毒的爬蟲類無法使用牠們致命的力量……

　　若你們能計數天上的星與海中的沙，你們就能認識我們廣大的疆土與權能。

然而這封信全是謊言，是一位動機與真實身分都不為人知的鐵匠所寫，但是信件出現的時機，顯示它是為了振奮十字軍行動的信心而作——當時祭司王約翰的故事已經流傳了好一陣子。

歐洲第一次在書信中提到這個國家，是在十二世紀中期，也就是這封信出現的二十年前。這則官方紀錄來自德國的佛萊辛（Freising）主教奧圖（Otto），他在他的編年史第七部中，寫下西元 1145 年 11 月 18 日，教宗恩仁三世（Eugenius III）與賈巴拉的修伊主教（Hugh of Jabbala）於義大利維泰博（Viterbo）的會面。在埃德薩圍城戰後，安提阿王子雷蒙（Prince Raymond of Antioch）派出修伊向教宗請求援助。奧圖筆下的修伊接著說了約翰王的故事：

不出幾年前，住在遠東，遠過波斯與亞美尼亞的祭司王約翰，就如他的人民一樣，是基督徒，聶斯脫里派。他們向波斯人與米底亞的國王，也就是薩米亞第（Samiardi）兄弟宣戰，並且揮軍前往他們的首都埃克巴坦那（Ecbatana）……這幾位王與波斯人、米底亞人和亞述人軍隊，和約翰王交戰了三天，雙方皆寧願戰死而非逃散。祭司王約翰（他們這樣尊稱他）讓波斯人劍鋒相對，在嗜血的屠殺後取得勝利。

據說約翰王帶著軍隊前去營救耶路撒冷教會，但是受到底格里斯河阻擋，無法渡河的軍隊才被迫返國。

中世紀的人們癡狂地搜尋這位祭司兼戰士，以及在他祖母綠權杖下的王國，這則故事在接下來五百年裡，抓住了人們的想像力。成吉斯汗統合蒙古帝國後的崛起，讓西方基督徒派出許多使者，像是在西元 1245 年就派出了方濟各會探險家柏郎嘉賓（Giovanni daPian

「偉大的祭司王約翰陛下，大印度與衣索比亞之主」。這是一首時代不明的義大利詩作的卷首插圖，講的正是祭司王約翰。詩作由卡拉布里亞的聖里昂（St-Leon in Calabria）主教朱里安諾·達提（Giuliano Dati，西元 1445-1524 年）所作。

de Carpine），西元 1253 年還有魯布魯克（William of Rubruck）前往亞洲。他們決心找到這座失落的聶斯脫里王國，並且確保盟友會前來拯救、襄助十字軍國家。

然而時間一天天過去，人們仍沒有發現祭司王約翰的王國，傳說僅棲息在未知世界裡。人們認為成吉斯汗的養父圖赫里勒（Toghril）就是祭司王，蒙古帝國崩解後，大家就把希望放在非洲，其中又以早有天堂樂園聲名的衣索比亞尤甚。對歐洲人來說，又被稱作「第三印度」（Third India）的衣索比亞，其皇帝的通稱便是「祭司王約翰」——然而衣索比亞人與祭司王的故事並沒有關聯。

祭司王約翰的王國就在衣索比亞的設定，後來被奧特里烏斯用在他西元 1573 年繪製的地圖上：〈祭司王約翰，或阿比西尼亞帝國的描述〉（A Description of the Empire of Prester John or of the Abyssinians）。他在地圖左上方畫了祭司王約翰的紋章，其下的卷飾則列出這個王權的血統：「神所特選、信仰之柱、猶大部族所生、達味之子、撒羅滿之子、熙雍之柱之子、雅各伯之種……」族繁不贅述。這張地圖傳承了奧特里烏斯時代的祭司王約翰傳說：例如阿馬拉山（Amara mons），奧特里烏斯說當地的掌權者將祭司王約翰的兒子抓為人質。他也畫出從尼日湖（Niger lacus）向北流出的尼日河，這條河還有 60 英哩（96 公里）在地下，然後注入波諾湖（Borno lacus）；塞雷湖（Zaire lacus）則找得到水妖與水神；而在塞雷湖正東方「有人說是亞馬遜人的居處。」地圖底端則有月亮山脈的山線，「古人未知非洲此處以南。」（詳見第 162 頁，月亮山脈）

直到十七世紀，學術界才證明祭司王約翰的故事與衣索比亞無關，人們終於將之視為寓言。雖然這則故事沒有真實事件或人物的基礎，但仍是虛構作品形成早期探索動機，擴展人們知識邊界的真實範例。

黎沛安山脈 RHIPAEAN MOUNTAINS

西班牙文又作 Rhipaei Montes、拉丁文又作 Ripaei Mons

—— 獅鷲獸的故鄉，延伸至已知世界頂端的神話地域

《阿爾戈號的奧菲斯》（*Orphic Argonautica*）是一本異書。這本書一度被認定為古希臘最古老的長詩，之後才被證實，是一位在久遠以後的四世紀左右的作者，模仿古文寫成。

這位不知名的作者試圖用希臘文風書寫第一人稱航海日誌（雖然經常失敗），講述伊阿宋（Jason）自希臘乘船至科爾基斯（Colchis，即現今黑海的喬治亞 Georgia）尋找金羊毛的故事。

這則故事最早的紀錄則來自西元前二世紀的亞歷山卓（Alexandria）圖書館館長、羅德島的阿波羅尼奧斯（Appolonius of Rhodes）之手。故事中的地理背景經過「偽奧菲斯」（Pseudo-Orpheus）改動——他移植了一條水道，令其自黑海流經巴爾幹半島，再深入未被探索的俄羅斯，讓謎團再升一級。故事中伊阿宋自這條水道回到希臘，而他在航行中於神祕的北方遇上了古代地理學的神話地域——黎沛安山脈。

在古希臘人對地理的想像中，黎沛安山脈在裏海之後，一路延伸到已知世界的頂端。據說，那裡是傳說中的獅鷲獸的故鄉，但是這個神話也是為了解釋北風之神玻瑞阿斯（Boreas）的來頭，表明風來自山脈底下的洞穴。在山脈之後有處名為海玻瑞亞（Hyperboreans）的地方，那裡是不受北風凍寒的極樂之地。

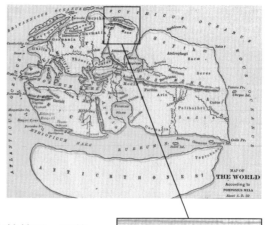

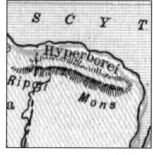

西元 1890 年，依梅拉（Mela）版本製成的地圖，其上有黎沛安山脈。

後人慢慢把黎沛安山脈整合到中世紀歐洲的世界觀。不來梅的亞當，這位德國主教在西元 1073 到 1076 年間寫作《漢堡教區史》（History of Hamburg）時，便訪問丹麥的斯文二世（King Sweyn II）（以及其他人），取得當代北歐的生活與信仰觀點。亞當在描述格陵蘭時，寫著：

汪洋中有其他島嶼，而不僅僅有格陵蘭。那座島位於更遙遠的地方，在瑞典山脈（或稱黎沛安山脈）之後。據說從挪威航行至這座島要五到七天，與前往冰島的時間一樣。那裡的人因為鹽水而有偏藍的綠色皮膚，因此有了這個名字。

亞當將黎沛安山脈視為瑞典的山脈，但是隨著大家對瑞典認識更深，便發現「黎沛安」與當地並沒有連結。製圖學家因此將山脈移向更北處，將之放在未探索的區域，就像強納森・史威夫特（Jonathan Swift）的名言「放上象影誘人立家」一樣。

克萊門・亞當斯（Clement Adams）是西元 1555 年第一位描述探索莫斯科公國的英國人，他報告了尋覓山脈未果的過程，並且揭示了當代對這座山脈開始動搖的信念：

至於古人幻想中覆上永雪的白色山脈黎沛安，他們說那是塔斯河（Tanais）的源頭，以及其他古希臘想像出來的生物之家園。我們的人最近返回，說他們在那裡待了三個月，與莫斯科人任意交談，仍沒有看見，也沒聽說過這座山脈。根據他們的報告，這個國家有一片寬廣的平原，卻幾乎沒有山丘。

我們無法得知黎沛安山脈神話的源頭，究竟是哪座既存山脈，但是對製圖學家而言，他們有信心知道是其中幾座——因為獅鷲獸傳說的根源，在近年正逐漸被挖掘出來。這種神話生物據說喜愛金塊，可能就是古人在藏金山丘的山坡上發現的恐龍化石——很有可能就是有著如鳥的嘴喙與四爪之腳的五角龍。

馬丁・舒高爾（Martin Schongauer）於西元十五世紀所繪的獅鷲獸。

黑石峰 RUPES NIGRA

位於北極點，又稱黑崖（Black Cliff）、黑色巨石（Black Rock）、磁石島（Magnetum Insula）

—— 身處北極點狂暴深淵、富含磁力的磁石巨山

人類曾經相信北極點有一座磁石巨山，它的周長有33里格（約180公里），聳立在北極海中——而它的磁力就能解釋指針為何皆指向北方。在這座山的山腳，有四座不同的國家，還有強大的渦漩能將海水吸進地球中心。

西元1492年的倍海姆地球儀（Martin Behaim's globe）上，可以找到描繪黑石峰、風暴與四個國家的模樣，但是這個形象深植人心之處，則是在梅爾卡托西元1569年製作的世界地圖的插圖上。他附上了自己圖中資訊的傳說：

十四世紀有個來自牛津的方濟會會士，同時是個數學家的他，奉艾德華三世（Edward III）之命，在西元1360年探索北大西洋。這位修士有本名為《創造財富之旅》（*Inventio Fortunata*）的佚失著作，其中的內容由雅各布斯·克諾延（Jacobus Cnoyen）統整起來，並命名為《旅用道路圖》（*Itinerarium*）。

《創造財富之旅》是一本充滿想像力的作品，梅爾卡托在地圖上複述了這位修士對北極點的描述：「他證明狂暴的深淵將四個手臂深的海吸入，進入海域後也沒有足夠的強風帶他們離開；這裡的風連磨坊的扇葉都無法推動。」

這段敘述很像歷史學家「威爾斯的傑拉德」（Gerald of Wales，約西元1146年生，西元1223年歿）對愛爾蘭的精彩描述。傑拉德寫著：

離眾島不遠處（赫布里底 Hebrides、冰島等地），再往北部，有一處巨大的海灣，來自各個海洋遠處的巨浪從水道往這裡流去；海水注入這神祕的深淵，吞噬了海水，困住經過的船隻，然後用強大的暴浪吞噬它，再也不見蹤影。

梅爾卡托在西元 1595 年製作了更詳細的北極地圖，放在他的地圖集中，將中央的磁山之島標記為「黑石峰」，後來他在西元 1577 年寄給約翰·狄（John Dee）的信中描述，那是座「黑得發亮」、「高聳入雲」的山，周圍則有狂怒的海洋。

地圖上另外值得一提的神話地域，是位於北極點西南的格羅克蘭（詳見第 128 頁），弗萊瑟蘭（詳見第 240 頁）則在左上角，還有亞尼俺海峽入口的磁石（詳見第 12 頁）。他在北極點東南的岩層上題字，翻譯過來是：「這裡住著身高不到 4 呎的俾格米人（Pygmies）。」

阿塔納斯·珂雪（Athanasius Kircher）把這個概念放進他的著作《地上世界教本中》（Mundus Subterraneus，西元 1665 年），指出地球的水文如人體一般流動。他認為海水通過白令海峽，進入虛構的北極點樞紐，而在那裡經過「凹陷扭曲的水道」，注入地球內部，再從南極點湧出。

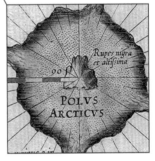

梅爾卡托的投影地圖（本圖為西元 1606 年版）是第一張針對北極點的地圖。在中央可以看到「黑石峰與深淵」（Rupes nigra et altissima）這塊神祕的黑色磁石。

聖布倫丹島 ST BRENDAN'S ISLAND

西經 23°14'，北緯 28°32'；又稱受祝祐之島、聖伯羅登島（San Borondón）、諸聖應許之地

—— 尋找聖人應許之地的神話島嶼

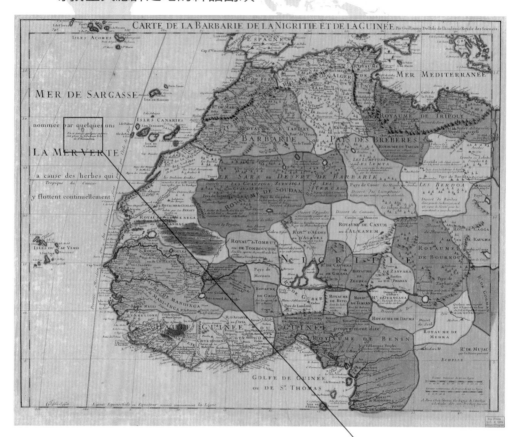

愛爾蘭早期的五大海上傳說中，最出名的便是聖布倫丹的航行。聖布倫丹尋找「聖人應許之地」的故事雖然格外有神話成分，但是卻包含了精確的地理資訊，指出這趟冒險真有其事——裡面提到冰凍的海洋，還有遇到冰山與火山的內容，特別引人入勝。

根據這則故事，西元六世紀左右，聖布倫丹受到啟示，想去尋找聖巴林德（St Barrind）與師之門下的梅諾克（Mernóc）宣稱已找到的島嶼樂園。聖布倫丹想要親眼見到這座島，因此集結十四名僧侶同行。他們間隔地進行三日齋戒，長達四十天，接著到鄰近的島嶼尋求聖恩達（St Enda）的祝福。他們用橡樹皮鞣製了枝條、木材與公牛皮，並用奶油浸軟後，製作了圓艇，帶著槳、一面帆以及四十天航行的糧食上了這艘小船。此時，想要加入航行的三位新人姍姍來遲，不經意地改變了旅行

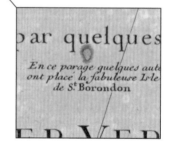

紀堯姆・德利爾（Guilaume de l'Isle）於西元 1707 年繪製的〈巴巴里、奈及利亞與幾內亞地圖〉（Carte de la Barbarie, de la Nigritie et de laGuineee）。這位法國製圖學家在地圖上的加那利群島以西畫上了一座島，並標注：「許多製作者在這一帶畫上了美妙的聖伯羅登島（St. Borondon）」

加斯帕・普勞提烏斯（Caspar Plautius）的《航旅歸來新印本》（*Novo Typis Transacta Navigatio*）一書中，聖布倫丹在鯨魚背上舉行慶祝彌撒（西元 1621 年）。

者人數的神聖數字，卻為這趟航行帶來詛咒，細節在另一篇海上傳說〈麥爾・杜恩的航行〉（*Voyage of Mael Duin*）。

僧侶啟航並辛苦航行四十三天，在口糧幾乎耗盡時，便登陸了一座無人島嶼。他們發現一棟食物不知為何已經腐壞的大廳，廳裡只有一隻狗和一個黑人惡魔。其中一位新伙伴接著承認他在島上偷了東西，聖布倫丹對此的反應，是進行儀式將惡魔從被附魔的人身上趕走，然後在這人死去後讓他的同伴埋葬他。

僧侶相信這座島並非聖巴林德所描述的島嶼，於是再次啟程，登陸了許多島嶼：他們在第一站遇到提供麵包與水的少年，在下一站則遇到比牛隻還高的羊群，讓僧侶盡情享用。另外有座名為雅司康紐斯（Jasconius）的島，則是他們舉辦復活節彌撒的地方，後來他們才發現，自己其實站在巨鯨的背上——這隻巨大的生物慢慢地往水裡潛去，但大家及時逃回了船上。他們接著找到鳥群吟唱聖詠、讚美天主的「群鳥樂園」。再來是一座有著魔法麵包的島，這裡彷彿永恆常駐，同時靜謐無比。他們在這座永恆之島找到聖艾伯（Ailbe）的僧侶，這裡

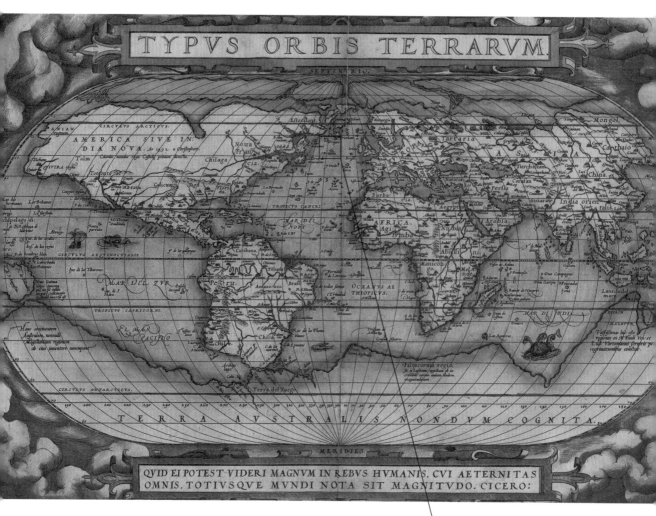

TYPVS ORBIS TERRARVM.

QVID EI POTEST VIDERI MAGNVM IN REBVS HVMANIS, CVI AETERNITAS OMNIS, TOTIVSQVE MVNDI NOTA SIT MAGNITVDO. CICERO:

的修士全憑靠對天主的信仰，存活了八十年。

在探索最後這座島之後，由於島上的井水會讓他們陷入沉睡，僧侶決定即刻再啟程，接著遇到「凝固」的海，他們後來破冰而出，再次抵達羊群之島、雅司康紐斯巨鯨與群鳥樂園。他們在群鳥樂園時，有隻鳥警告這些聖人，必須在接下來七年重複這樣的航行，才有資格登上樂園之島。

奧特里烏斯於西元 1570 年繪製的〈世界地圖〉。我們可以在北大西洋的虛構的巨龍身下找到以「S. Brādain」一名標示的聖布倫丹島。

僧侶於是再次啟航，又遇到了想要吞掉船隻的巨大海獸。海獸搖撼了他們的船，但是天主用漩渦保護了他們，並且派出同樣巨大的海獸，殺掉了侵犯者。眾僧吃食死獸的肉，然後抵達一座平坦出奇、地面與海平面同高的島。在當地隱修的唱詩班修士給了他們白與紫的果，一片果肉就可以供養人十二天。

在受到獅鷲獸攻擊而存活下來後，他們航行到透明的海，並且經過一座「明亮水晶構成的銀塔」，如今人們認為故事指的是冰山。他們繼續前進，到了「鐵匠之島」，聽見了可怕的聲音，看見滾燙的海水冒出煙來（應為火山）。他們逃了出來，結果找到另一座火山。在這座「有著金火之河」的島上，山上「有大魔投擲帶火的礦渣」。他們繼續前進，這次找到兩座各住了一位隱士的島嶼——聖布倫丹保護了其中一人，後來發現他是被放逐的猶大；另一位隱士則是聖保祿（St Paul），有隻有善的水獺為他捉了一百四十年的魚。僧侶三度造訪群鳥之島、群羊之島與巨鯨後，船隻就進入濃霧，然後抵達他們尋覓長達七年的島嶼。短暫停留以後，他們便帶著新鮮的水果與寶石返航。

後來這則故事廣為流傳。西元 1235 年的〈埃布斯托夫地圖〉（Ebstorf Map）上就有「聖布倫丹島」，保羅‧托斯卡內利‧波佐（Paolo Toscanelli del Pozzo）為葡萄牙國王製作的地圖上也有此島。這座島在諸多地圖上有不同的位置，最初與加那利群島（Canary Islands）放在一塊，後來慢慢被移往大西洋。奧特里烏斯於西元 1570 年的地圖則將之放在亞速爾群島（Azores）以北數千英哩，接近紐芬蘭處，而它持續地在地圖上存在至十七世紀。

珊迪島 SANDY ISLAND

東經 159°55'，南緯 19°13'；位於新喀里多尼亞（New Caledonia），法文又稱瑟伯島（Île de Sable）

——現代 Google 地圖上仍然存在的幽靈地點

　　珊迪島的面具，是在西元 2012 年 11 月一次不起眼的更新才被揭穿。過去一百多年來，海圖上的它位於珊瑚海的特定座標上，位置在澳大利亞東北與喀里多尼亞（Caledonia）以西的切斯特菲爾德群島（Chesterfield Islands）與涅柔斯礁（Nereus Reef）之間。

聯合王國水文地理局的太平洋海圖，由 R. C. 卡林頓（R. C. Carrington）製作。上面標記珊迪島由疾速號（Velocity）於西元 1876 年發現。

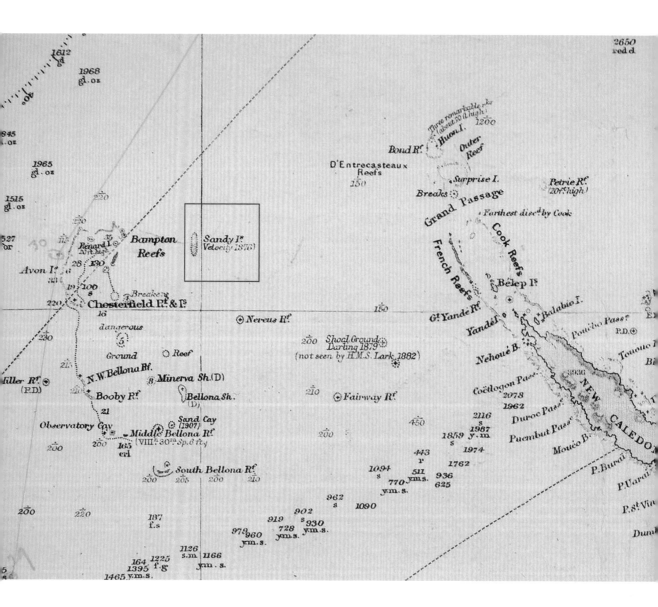

到了西元 2012 年，澳洲海洋科學家登上南方調查者號（RV Southern Surveyor）進行當地板塊構造的研究，並在資料中注意到這座島。他們決定將該島列在航線中，但在抵達目的地後，他們並沒有看到閃爍的沙灘與棕櫚樹，只有深達 4265 呎（1300 公尺）的海水。

　　他們再次檢查，發現這座島雖然在 Google 地圖上標示得很清楚，卻沒有出現在該船的航海圖上。人們原本認為這座失落的島嶼是資料庫的技術誤差，連 Google 使用的資料也是；然而珊迪島的案例，卻是現代數位地圖經常利用衛星影像與英國海軍老舊地圖綜合結果的代表。在這個案例上，這座幽靈島嶼可以追溯到西元 1774 年，詹姆士·庫克船長在此處以東 260 英哩（480 公里）處記錄了「珊迪島」，經度上則有四度的差異。捕鯨船疾速號於西元 1876 年在接近現今紀錄的位置目擊這座島，並發現有「強烈的碎浪」與「帶沙的小島」，這些內容記錄在十九世紀晚期的許多海圖中，其中包括英國海軍部 1895 年的海圖，接著在西元 1879 年出現在澳大利亞海事名錄。至於島嶼在這些海圖上的位置，則在「東經 159°57'」、「南緯 19°07' 至 19°20'」之間南北變動。

　　法國水文地理圖在西元 1979 年剔除了珊迪島，西元 2000 年也指出西元 1999 年的《泰晤士世界地圖集》（Times Atlas of the World）的珊迪島並不存在。然而直至今日，Google 地圖還是可以搜尋到珊迪島，只是會附上人們未能發現該島的解說。

　　「這座島並非捏造，」製圖學會主席丹尼·多林（Danny Dorling）在西元 2012 年受訪時表示，「而是誤將發現的島嶼放在錯誤位置的結果。如果這座島真的在這一帶存在，我也不會意外。」

杉尼可夫地 SANNIKOV ISLAND

東經 147°20'，北緯 78°53'；又拼為 Sannikow Land，俄文 Zemlya Sannikova

——北極海中的悲劇性藍色迷霧陸地

西元 1810 年，馬忒維·戈登史崔姆（Matvei Gedenschtrom）領導的俄國地圖遠征隊往新西伯利亞群島啟程。那時的冬季平均氣溫在華氏零下 27 度左右（攝氏零下 32.9度）。這趟命運多舛的航程中，有位名為耶可夫·杉尼可夫（Iakov Sannikov）的成員，在北極海目擊一處未知的陸地。他目擊的地點在科捷利內島（Ostrov Kotel'nyy）以北，而科捷利內島已經在拉普捷夫海（Laptev）與東西伯利亞海（East Siberian Sea）之

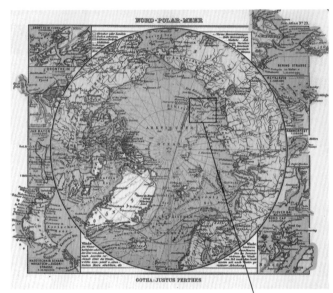

間。杉尼可夫是位可靠的地理學家，他曾在西元 1800 年發現斯托爾博沃伊島（Stolbovoy Island），又於西元 1805年發現法捷耶夫島（Faddeyevsky Island）。他宣稱這處有冒出「藍色迷霧」的陸地，隊伍的領袖戈登史崔姆也支持這個說法。新陸地被命名為「杉尼可夫地」，之後七十五年卻再也無人目擊。

西元 1886 年，德國地質學家兼北極探險家馮·托爾男爵（俄文名為巴登·艾德華·瓦西里維奇·托爾Bardon Eduard Vasil'yevich Toll）出發調查新西伯利亞群島。這次遠征由亞歷山大·伯翁格（Aleksandr Bunge）領隊，穿越利亞霍夫島（Lyakhoviskiy Island）的化石冰層，找到完整保存的古生物遺體，其中包括長毛象、犀牛、羚羊還有劍齒虎，以及 20 呎高（6 公尺）的多葉橙（Alnus fruticosa）。更令人興奮的是，托爾在這趟遠征中也報告說，在科捷利內島以北發現未知的陸地，並認為這可能就是「杉尼可夫地」。

一張西元 1906 年的德國地圖將杉尼可夫地以 Sannikow ld. 之名放在北極圈外。

到了西元 1900 年，馮‧托爾男爵再次接受聖彼得島科學院（St Peterburg Academy）的派遣，帶領遠征隊搭乘薩雅號（Zarya）前往拉普捷夫海（Laptev Sea）搜尋杉尼可夫地。船員中有受勳的軍官與經驗老道的水手，還有天文學家 F. G. 賽堡（F. G. Zeiberg）以及名為葛羅科夫（Gorokov）與波裘迪亞克諾諾夫（Protodyaknonov）的兩位「企業家」。薩雅號於西元 1900 年 6 月啟航，到了西元 1901 年春天，才到達葉尼塞河（Yenesey River）的河口，停下來補給。8 月時，男爵成為第四個環繞俄國最北端切柳斯金角（Cape Chelyuskin）的人。他們接著開始搜尋杉尼可夫地，首先往東西伯利亞海的本尼特島（Bennett Island），但沒有找到任何陸地，所以折返至新西伯利亞群島，在科捷利內島過冬。薩雅號在此被浮冰困住，因此到了西元 1902 年 7 月，托爾與幾名部下勇敢地離開船隻，然後用雪橇與小船前往本尼特島。

他們共向北前進了 93 英哩（150 公里）。等到薩雅號終於在 8 月脫困，船員便出發救援男爵與其他部下，但是無法突破冰天雪地，只能折返到勒拿河（River Lena）河口，被迫返回聖彼德堡。沒有見著薩雅號蹤跡的男爵，與他的小隊決定在缺乏物資的虛弱狀態下，自行返回科捷利內島，然而此後再也沒有人見到他們。西元 1903 年，兩組搜救隊找回了男爵的日記，其妻也在西元 1909 年出版。但是這本日記也沒有留下其他線索。

後來仍有人尋找承載著悲劇的杉尼可夫地，最後一次是西元 1936 年的蘇聯破冰船薩德可號（Sadko）。到了西元 1937 年，他們認定這塊陸地當時已不存在，因此將之從地圖中剔除。這座島可能曾經存在，卻因為強烈的磨蝕而消失，或是化為凍土的淺灘，再次沉入水中（這是當地經常出現的現象）。不過最有可能的說法是，杉尼可夫與馮‧托爾男爵看見的東西，和尋找庫洛克地（詳見第 70 頁）的唐諾‧麥克米連見到的幻象一樣，是「摩迦娜的妖精」。這種幻象會剝下遠處海灣的外衣，撩在近乎人們眼前的地方，但永遠無法伸手觸及。

薩雅號（Zarya）的全船船員，馮‧托爾男爵站在中央。約攝於西元 1901 年。

撒旦奈斯島 SATANAZES

西經 48°25'，北緯 40°13'；又作 Satanaxio、Santanzes、La Man Satanaxio，又稱撒旦納吉歐（Satanagio）、諸魔島（Isle of Devils）、撒瓦特加（Salvatga）、撒利羅沙（Salirosa）

──海洋神話歷史悠久的撒旦之手島嶼

西元 1424 年有張波特蘭海圖，是由威尼斯製圖學家祖阿內・皮茲加諾（Zuane Pizzigano，又有名為喬凡尼 Giovanni 一說）製作而成，他在這張地圖上標注了神祕的安提利亞（詳見第 18 頁），還在安提利亞以北 60 里格（335 公里）處標記了一座名為「撒旦奈斯」的小島。這是這座又常有「諸魔島」之稱的小島第一次出現，而它則是大西洋位於亞速爾群島與葡萄牙西邊上諸多惡魔島嶼之一。皮茲加諾的海圖在撒旦奈斯島上標注了五座城市，分別是亞拉利亞（Aralia）、葉薩（Ysa）、納城（Nar）、肯城（Con）與葉馬納（Ymana）。後世的地圖上，這些城市的名字和數量多有變化，例如本寧卡薩（Benincasa）於西元 1463 年製作的地圖集，就列出了六座城市：

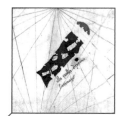

皮茲加諾於西元 1424 年製作的波特蘭海圖，是第一個標上撒旦奈斯（諸魔之島）的地圖，它是一座在地圖左側的方形小島。

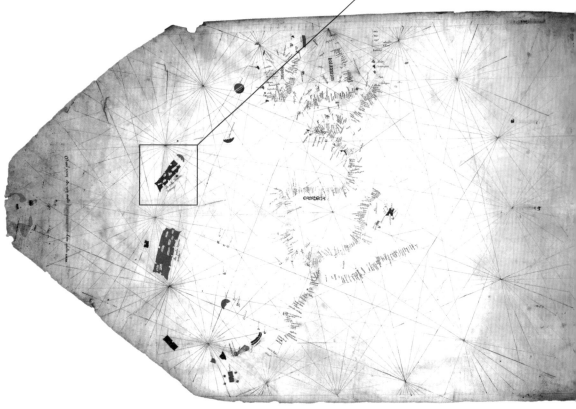

亞萊亞利斯（Araialis）、坎西里亞（Cansillia）、杜喬（Duchal）、葉瑪達（Jmada）、南姆（Nam）與薩路亞加（Saluaga）。許多十五世紀繪製的地圖都標上了這座島，包括巴提斯塔‧貝加里歐（Battista Beccario）於西元 1435 年製作的地圖，將之標為「撒旦納吉歐」（Satanagio）；佩德羅‧羅榭禮（Pedro Roselli）於西元 1480 年製作的地圖，將之標為「撒瓦特加」（Salvatga）；1493 年的勞恩地球儀（Laon globe）則標為「撒利羅沙」（Salirosa）。然而在哥倫布於西元 1490 年代的數次航行後，撒旦奈斯就從地圖紀錄上消失，可能重新定位為另一座名為「諸魔島」的幽靈島嶼。人們也一度認為諸魔島位於加拿大紐芬蘭的卡彭島（Quirpon，詳見第 84 頁）。

有些歷史學家認為，撒旦奈斯島上的「惡魔」可能指的是北歐人遇到的當地住民，並視為史卡林人（Skraeling）的一支。因此皮茲加諾從北歐史詩取得這些資訊，統合到他的地圖裡。如同安提利亞一般，沒有人知道撒旦奈斯實際代表什麼地方，北美洲則是其中一個可能性。弔詭的是，撒旦奈斯在某些地圖上有另一個標名（例如安德列亞‧畢昂可 Andrea Bianco 於西元 1436 年的海圖），上面標注的字經過文簡佐‧弗馬黎歐尼（Vicenzo Formaleoni）在西元 1783 年翻譯的結果，指的是「撒旦之手的島嶼」。

撒旦之手的島嶼在海洋神話中歷史悠久。托瑪斯‧溫特沃斯‧希金森（Thomas Wentworth Higginson）在西元 1898 年的《大西洋附魔諸島傳說》（*Tales of the Enchanted Islands of Atlantic*）寫了這段生動的文字：

迷霧瞬間群聚，因此船員無法看見同行的船，西班牙人漁夫大聲喊著：「小心撒旦之手！」他們大喊的同時，霧氣變得更濃了，過了一會兒，有某物高舉在他們之上，像是一隻巨大的手瞬間出現，接著扯碎了西班牙漁夫的船後，拖了一些人下水，才沉入海中。其他逃過一劫的人，則在冰寒之浪中打水，難以登上圓舟。

十九世紀的北極探險家尼爾斯‧諾登賀（Nils Nordenskiöld）提供了另一種說法，他認為這個名字可能是從巴斯克語的聖亞納大修斯（St Anastasius）演變而來，甚至可以做為巴斯克人（Basque）遠在哥倫布前，探索大西洋遠處（甚至是北美洲）水域的證據。

「島上偶爾會有惡魔之軀升起，擄走船員甚至整艘船。通常惡魔在夜裡捉人捕物，一旦被抓走便不再見蹤影，而是無助地被消滅。」——托瑪斯‧溫特沃斯‧希金森於西元 1899 年出版的《大西洋附諸島傳說》。

薩森伯島 SAXENBURGH ISLAND

西經 19°40'，南緯 30°45'；又稱薩森姆伯（Saxemburg）、薩森堡（Saxenberg）、薩森姆堡（Saxemberg）、
薩克森堡（Saxonberg）

── 遙遠海平面上雲層重重、氣旋環繞的虛幻之島

赫曼‧墨爾於西元 1710 年繪
製的〈南美洲地圖〉上的薩森
伯島。

　　薩森伯島據說是由慕尼肯丹的林德曼（J. Lindeman
of Monnikendam）命名。這位荷蘭商人在西元 1670 年 8
月 23 日的日落時分，發現這座位於南美洲東岸的島，
他形容這座平坦的島中央有座尖山或山柱，就像女巫的
帽子一樣。在這之後一百多年，沒有其他人再提到這
座島，直到馬修‧弗林德（Matthew Flinders）在西元
1801 年搜索時，才重新說到這個名字，但他仍然空手而
回。約翰‧波迪在西元 1822 年所寫的《約翰‧波迪回憶

錄》中寫著：「他預期在有限的資訊下確認這座島不存在。」以謹慎出名的詹姆士‧霍茲伯（James Horsburgh）船長在他於西元 1809 年出版的《航行往返東印度解說》（*Directions for Sailing to and from The East Indies...*）中寫著，他曾經兩度發起搜尋薩森伯島，但認為這座島的真實性存疑。

「在這裡我見到雲層，就像是陸地一樣，在海平線上定身許久；不夠熟練的觀察者可能會斷言那是座島。航海家很容易因為這些令人存疑的島嶼與危險而感到混亂。」他最後以兩艘往印度途中經過薩森伯島座標的船隻的經歷作結：「他們將厚重的雲層視為島嶼，上方有朝他們而來的增強氣流或氣旋，天氣變得不穩定，因此引著這兩艘船往島嶼海岸而去，但是到了日出，島嶼就消失了。」

然而有人在弗林德於西元 1814 年出版的《前往南方大陸的旅程》（*A Voyage to Terra Australis*）中，寫了一段有趣的腳注：

1810 年，我在好望角接受喀里登伯爵（Earl of Caledon）的支持，取得單桅帆船哥倫布號（Columbus）的日誌——日誌既長又精確，是人們從巴西海岸帶回好望角的。

1809 年 9 月 22 日下午五點，看見薩克森堡島（Island of Saxonberg），位於東南東 4.5 里格處；天氣晴朗。轉向前述島嶼，確認位於西經 28°20'、南緯 30°18'，或相近點。

薩克森堡長西北至東南長 4 里格，寬 2.5 英哩。島嶼西北端有處 70 呎高的高崖，垂直延伸至東南方 8 英哩。1.5 英哩外可見樹木，還有帶沙的海灘。

此外，美國船隻芬妮號（Fanny）的蓋洛威（Galloway）船長在前往中國途中，也在西元 1804 年的航行裡，目擊薩森伯島長達四小時，也呼應林德曼的描述，他講述有座中央尖山，還有一面高崖，不過他將這座島標在經度往東兩度的地方。西元 1816 年，真不列顛人號（True Briton）的海德（Head）船長也宣稱曾見過這座島六小時；但至今仍無人有辦法登陸。

雖然身負難解之謎，自然學家與地理學家還是接受了薩森伯島的存在。納坦尼爾·德威特（Nathaniel）於西元 1817 年出版的《公立學校全球地理系統學教本》（*A System of Universal Geography, for Common Schools*）裡，有一道給英國學童的題目：「果夫島（Gough's Island）、迪耶哥島（Diego）、垂斯坦昆哈（Tristan de Cunha）與薩森姆堡（Saxemberg）位於何處？」答案是：「好望角以西，接近其緯度處。」

南大西洋的聖海倫納島（St Helena）總督亞歷山大·比特森（Alexander Beatson），在西元 1816 年宣稱：「我有一張薩森姆堡的素描，上面有些樹，但沒有人告訴我是哪種。」他也推斷這塊陸地曾經與果夫島與垂斯坦昆哈「連在一塊」。

班傑明·莫羅也搜尋過薩森伯島，而這個人已經名列拜爾島與莫羅島這兩座幽靈島嶼的名冊（詳見第 166 頁）。他在《四次南方遠航紀錄》中寫著：

8 月 18 日……我確信我見到薩森伯島，如果這座島的確在傳說中的位置上，而我們也在合理的距離內……我們在船頭歡呼：「陸地喔！陸地喔！」在船頭六點*處……我們有了西南風，因此可以往島嶼前進；但在每小時 8 英哩的速度下往前航行四小時後，我們期待的陸地突然從海平面升起，有了 10 度的仰角。我們確信我們的航線不會經過這座島，因此乘風往北而行。當天下午四點前還見得到陸地，之後就在約 20 英哩外消失。

---

*注：每一點為角度 22.5 度。

莫羅認為，那些相信見到薩森伯島的人，可能是誤認大塊的雲層，「就像陸地一樣。雲層有時會在海平面定住好一陣子，經常被誤認為遙遠的島。」

　　這當然是現代人的共識，而薩森伯島也不再出現在地圖上。但是這個故事的怪奇之處在於，西元 1965 年，人們發現莫羅尋找薩森伯島的任務完全是虛構的。那時康乃狄克州（Connecticut）的 G・W・伯朗特圖書館（G. W. Blunt Library）收到了約翰・W・齊勒（John W. Keeler）的日誌，這位齊勒先生曾隨莫羅出航兩次。齊勒的詳細紀錄顯示，莫羅的大西洋號（Atlantic）多桅縱帆船從來沒有到過他宣稱尋找薩森伯島的鄰近位置——所有故事都是他為一趟尋常的航行加油添醋的成果。

西海 SEA OF THE WEST

西經 118°45'，北緯 37°53'；法文又作 Mer de l'Ouest，或稱西灣（Baye de l'Ouest）

——北美洲的巨大內陸海，前往太平洋的捷徑

約瑟夫－尼可拉斯・里索（Joseph-Nicholas de l'Isle）與菲利普・布亞什（Philip Buache）於西元 1750 年合製的〈新發現地圖〉（Carte des Nouvelles Decourvertes）中，以「西海」具體展現了搜尋西北航道的狂熱。

一如既往，這個奇怪的迷信並不是憑空而生，而是數百年來演變的理論。北美洲海岸的探索者進出水灣與海峽，誤以為這些通路是穿過陸地，通往另一側海面的路線。西元 1524 年，達維拉扎諾（Verrazano）沿著北美東海岸南下，到了北卡羅萊納州（North Carlolina）的外灘群島（Outer Banks）。他望向群島，發現另一側也有閃爍著光芒的海峽，因此興奮地以為自己找到前往太平洋的捷徑：

> 可以從船往西與往北看見遠東的海。這點無庸質疑，是能夠直接到印度、中國與契丹的盡頭。我們沿著上地峽航行，一直希望找到能讓我們向北去的海峽或海岬，好能穿越到受祝祐的契丹海岸……

十六世紀的歐洲地圖，開始把大西洋與太平洋用細細的北美洲隔開來，像是賽巴斯蒂安・慕斯特便嚴重扭曲了北美洲，把北美洲的東部畫成巨大的海灣。接著到了西元 1625 年，山繆・珀迦（Samuel Purchas）出版了《珀迦朝聖記》（Purchas His Pilgrimes），這本探險史裡有麥可・洛克筆下對於胡安・弗卡（Juan de Fuca）的記載。弗卡這位無中生有的希臘水手，就是在亞尼俺海峽航行的那一位。他說他在美洲西海岸的最北方，沿著廣大的海峽，愉快地「航行超過二十天」。人們相信這則資訊並深受影響，因此製圖學家推測西側應有廣大的水灣，邏輯上才有可能航行二十天之久。

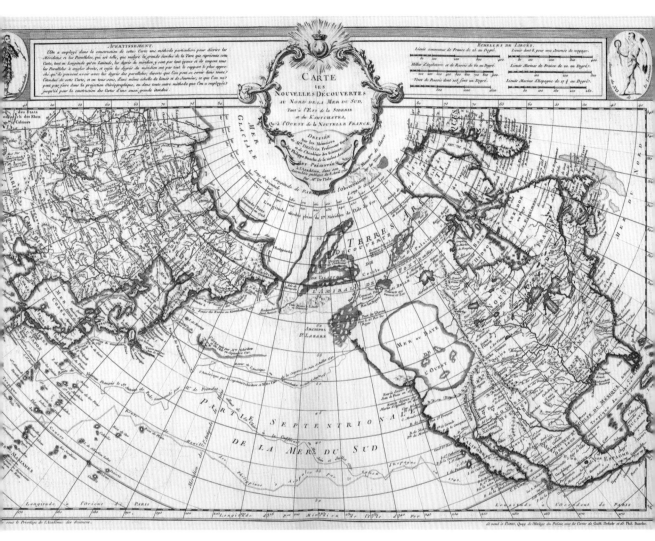

隨著歐洲人在北美洲的定居地擴張，英國人與法國人變得更渴望取得貿易大河，好能與西班牙人在東印度大大獲利的貿易競爭。有些在美洲內陸探索的人從當地嚮導口中取得的資訊則如我們所見，產生了錯引萊恩頓男爵追溯西方大河的長旅（詳見第 126 頁），因此並不可靠。即便如此，製圖學家吉勞姆‧里索將當時建立起來的西海傳言，與萊恩頓記載的巨大鹹水湖（並引用萊恩頓的引述，稱之為『土烏格羅 Tuhuglauks』），用在西元 1703 年製作的加拿大地圖。這張地圖廣受推崇。到了西元 1717 年，法國海軍法庭與路易十五世表示了對西海的興趣，因此在西元 1729 年派出了耶穌會傳教士皮耶‧夏勒弗瓦（Pierre de Charlevoix）調查，但是並無收穫。

布亞什與約瑟夫－尼可拉斯‧里索於西元 1750 年合製〈新發現地圖〉，上面將「西海」畫成北美洲的巨大內陸海。

接下來三十年，沒有人再有這座海存在的證據，大家也不再討論其可能性。直到吉勞姆·里索的兒子約瑟夫－尼可拉斯與菲利普·布亞什這兩位德高望重且勤奮不懈的地理學家，在西元 1750 年令這個概念重生。為了填充理論的差距，他們也利用了「海軍上將巴特洛莫·方提（Bartholomew De Fonte）之信」。這封信是倫敦雜誌《好奇者紀事錄》（Memoirs for the Curious）在西元 1708 年印製的內容，據稱是西班牙水手方提（De Fonte）回憶在北美洲東行水道航海的紀錄。方提說他在對面遇上從波士頓來的船。這封信似乎證實了西班牙對西北航道的祕密知識，因此成為疾速催化一時之間搜尋

賽巴斯蒂安·慕斯特於西元 1554 年製作的〈又稱西印度的新見諸島地圖〉（Tabula novarum insularum, quas Diversis respectibus Occidentales & Indianas uocant）。這是第一張印製出版的美洲大陸地圖。北美洲向後方弓起，以符合達韋拉扎諾的描述。

此一航道的燎原熱火。然而現今人們普遍認為這封信是假造的，偽造者可能是雜誌的編輯，或是推動公眾支持的運動家。布亞什與里索在這個腐朽的基礎上製作的地圖，就收錄在本書的第 217 頁。神祕的西海一直到西元 1786 年還出現在地圖上，有條不紊地被記錄在聖埃利亞斯山（Mount St Ellias）與蒙特利（Monterey）之間，之後就再也沒有出現。

附帶一提，這不是布亞什筆下唯一的幽靈海——他依推測製作的〈南方大陸海圖〉（Carte des Terres Australes）是一張南極地圖，描繪了他心目中位於南極中心的「冰海」（Mer Glaciale）。他認為這可以解釋西元 1738 年法國探險家尚－拜提斯·查勒·布威·迪·路席（Jean-Baptiste Charles Bouvet de Lozier）在南極沿海看見冰山的原因。另一方面，布亞什也收集了當時旅行者最新的航海日誌、報告與其他資料，精確推斷出一些特定場所——例如，他在人們正式證實阿拉斯加（Alaska）與白令海峽（Bering Strait）以前，就已堅信它們的存在。

布亞什另外推測在南極洲中央有一片海洋。這是他西元 1754 年製作的〈南方大陸海圖〉。

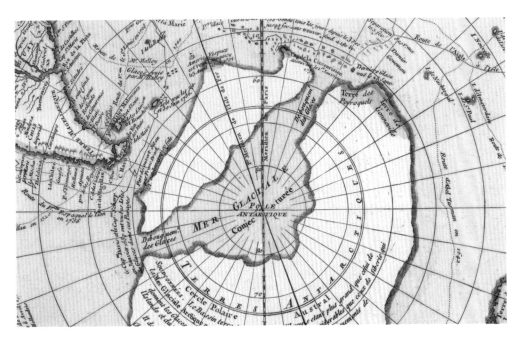

塔珀芭娜島 TAPROBANA

東經 80°44'，北緯 7°30'；又稱塔珀班（Taproban）、塔珀班內（Taprobane）

——印度洋某處，盛產珍貴香料的夢幻島嶼

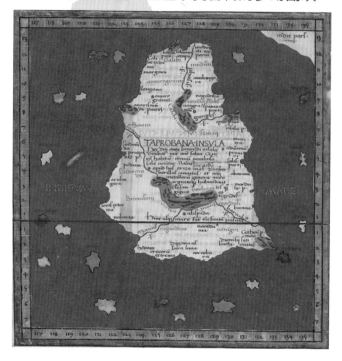

尼可勞斯‧日爾曼奴斯於西元 1467 年，為托勒密的《地理學指南》所繪的塔珀芭娜島。

　　塔珀芭娜就像傳說中盛產錫礦的卡西特瑞德群島一樣（詳見第 68 頁），它的位置是商人的祕密。這座大島盛產肉桂、胡椒與其他珍貴香料，地點則在印度洋某處。這座島第一次出現在記載是在西元前 290 年，希臘探險家麥加斯梯尼（Megasthenes）筆下，有條河將這座島一分為二，島上更加盛產的，是比印度產地還要大的珍珠與金塊。

　　老普林尼提及這座島在顛倒之島「安提奇頓」（Antichthons）的對面。印度與這座島之間的海域只有不到「六步深」的暗灘，其他地方則深得連下錨都難以見底。當地的船隻有雙向的船艏，因此不必在狹窄的水道轉向。塔珀芭娜的水手不藉由星辰指引方向，而是放出鳥隻跟在其後。老普林尼接著描述在克勞迪一世（Claudius I）統治時所知的細節。這是由一位佚名的自由民所說，這位自由民為紅海的稅吏安紐斯‧普羅加奴斯（Annius Plocanus）工作。這個人在航向阿拉伯的時候，被北方的暴風吹離航線。過了十五天，他到了塔珀芭娜的港口希普里（Hippuri）。當地國王熱心接待他，

這位國王「穿得像酒神」。過了六個月，他學會了當地語言，能夠回答與羅馬有關的問題，便使塔珀芭娜派出四名大使交流。人們從他們口中得知，塔珀芭娜有五百座城鎮，最大的一座是帕雷西蒙多斯（Palaesimundus），是王室與二十萬戶人家所居之處。這座島的鄰海海底是淺綠色的森林，常會弄壞船舵；當地人以狩獵象、虎與「巨大到可以容納一家子人」的烏龜為樂。

　　塔珀芭娜有許多傳說，在十四世紀編纂《約翰・曼德維爾爵士遊記》（*The Travels of Sir John Manderville*），但這位爵士的身分還有爭議）的編輯者宣稱，這座島位於祭司王約翰的王國中（詳見第 194 頁），每年各有兩次寒暑，然後在第三十三章中指出，出產純金的山上有巨大的食人蟻守衛。最後一段描述的靈感可能是梅拉在西元 43 年的作品，他描述一種有獒犬大小的蟻蟲：「這座島也有藏金的高山，機警的馬蟥螞蟻（pismire）保護著它。牠們會找出純金，然後丟掉不純的金子。這些馬蟥有獵犬般的大小，因此沒有人敢上山面對這些會襲擊並吞食人類的生物……」

米格爾・塞爾韋特（Michel Servet）為西元 1535 年版本的托勒密《地理學指南》所繪的塔珀芭娜。

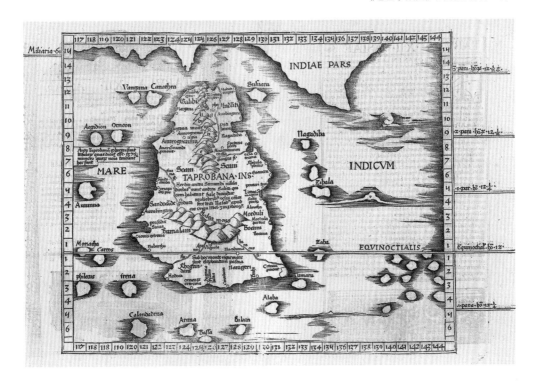

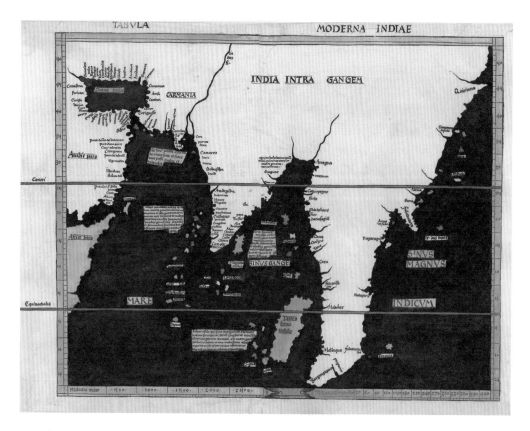

TABVLA　　　　　　　　　　MODERNA INDIAE

INDIA INTRA GANGEM

CARMANIA

Arabie pars

SINVS GANGE

SINVS MAGNVS

MARE　　　　　　　　　　INDICVM

《爵士遊記》中記載，塔珀芭娜人若要取得黃金，必須騎駱駝與馬或其他獸類沖散螞蟻。他們也用巧妙的手法，在馬匹身上掛載容器，然後放養在金山上。巨蟻看見馬匹身上空空如也的容器，就會把黃金塞上去，因為牠們「不會讓牠們之中有空缺，會填充成牠們想要的樣子……」

據說塔珀芭娜還住著傳說中的獨腳人，這些有巨腳的人躺下的時候，會用腳趾擋住正午的太陽。阿里斯托芬（Aristophanes）於西元前 414 年的劇作《鳥》（The Birds）中提到這個物種，老普林尼也在他的《自然史》中提到，有旅行者的紀錄中描述在印度遭遇這個物種；中世紀的〈赫里福德地圖〉也在印度一帶畫上了獨腳人的圖像。托瑪索‧波卡奇（Tommaso Porcacchi）於西元 1590 年出版的《世界名島集》（The Most Famous Islands in The World），也用通俗口吻重述了迪奧多羅斯（Diodorus）的描述：「從底到頭都是雙生；一面與一人語，另一面與他人說。」但波卡奇接著在書中對讀者道歉，說他沒有辦法找出這片土地的位置。

瓦爾德澤米勒（Waldseemüller）的現代印度洋、印度與東南亞及鄰近地區地圖（其中包括塔珀芭娜島）。出自此人西元一1513 年版本的《地理學》。

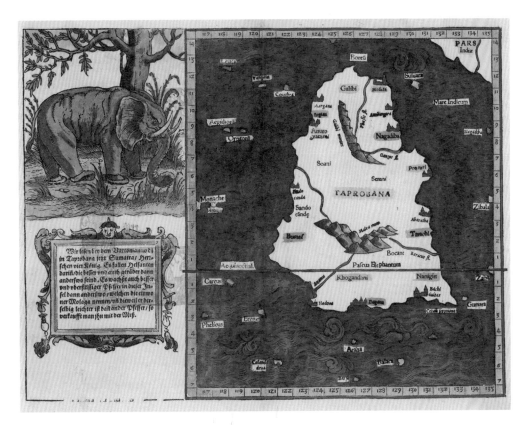

雖然沒有人可以確實證明古時的塔珀芭娜指的是哪座島，但尼科洛・康提（Niccolò de'Conti）在十五世紀認定的蘇門答臘（Sumatra）是個熱門選項；賽巴斯蒂安・慕斯特的地圖上，也以德文標記「大島蘇門答臘」。但是錫蘭（Ceylon，現今的斯里蘭卡 Sri Lanka）最有可能是塔珀芭娜的真身，可見十六世紀製作的老普林尼地圖的形狀便知；當地也曾有座古老港口，名字是音似塔珀芭哪的「塔瑪帕尼」（Tamraparni）。

慕斯特於西元 1570 年畫了一張塔珀芭娜的地圖，並在邊框畫上巨大的象隻。

南方大陸 TERRA AUSTRALIS

又稱南方未知大陸（Terra Australis Ignota、Terra Australis Incognita、Terra Australis Nondum Cognita）、
南巴席爾（Brasiliae Australis）、麥哲倫尼卡（Magallanica、Magellanica）、聖神之地澳大利亞（La
Australia del Espíritu Santo）

——平衡北半球陸域重量的廣大未知大陸假說

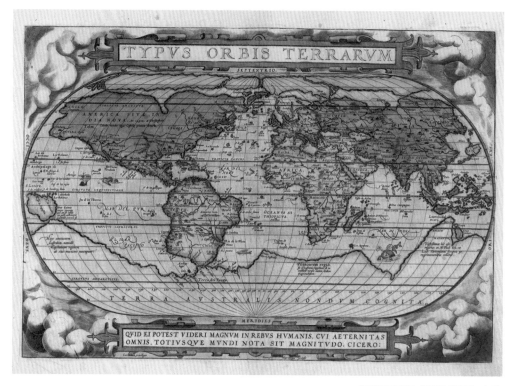

本書第134頁談到大爪哇島時，我們曾經提及一個古典時代晚期的理論，這個理論說，南半球有座巨大的「南方未知大陸」，才能平衡北半球陸域的重量。最早提出這個觀點的，是亞里士多德的《天象論》（*Meteorology*）第二卷第五部：

> 既然我們居住的地方支撐著北極，那裡也一定有塊區域支撐著南極，這樣就能清楚解釋風向與其他現象。一如我們沒有北風，南極也一定有相應的風。由於我們的北風也很微弱，南方的風想必也無法吹到我們所住的地方。

奧特里烏斯《世界縱覽》中的世界地圖，於西元1570年出版。地圖上延伸出假說中的南方大陸。

西元 1520 年，南方大陸一說仍十分流行。當年麥哲倫在南美洲最南端目擊陸地（即火地島），西班牙水手弗蘭西斯科‧侯斯（Francisco de Hoces）於西元 1526 年見到這塊陸地時，也將之誤解為南方大陸。由於對大洋洲的認識不足，因此人們在這塊區域的空白填上了陸地，認為這個大陸一路延伸到新幾內亞──西班牙探險家阿法羅‧薩維卓（Álvaro de Saavedra）探索太平洋，並於西元 1528 年記錄這座島與周邊時，一開始也將新幾內亞群島視為南方陸地。

據信德國學者尤漢‧舒內（Johannes Schöner）在西元 1523 年製作了第一個描繪南方大陸的地球儀。不過這座地球儀後來佚失，之所以有上述說法，是根據歐宏斯‧芬（Oronce Finé）以該地球儀上的大量資訊，製作雙心形世界地圖這個說法的關係（地圖於 1531 年製成）。西元 1533 年，舒內在他的《地理小品》（*Opusculum geopraphicum*）中描述了「南巴席爾」：

> 南巴席爾是一片朝向南極的廣大陸地，這裡最近才被發現，但人們尚未充分調查，這塊陸地一路延伸到梅臘迦（Melacha），馬來西亞的麻六甲城（Melacha）及更遠處。這裡的居民秉性善良，也不是野蠻的安瑟羅波法吉（Anthropophagi）前文提到的食人族；他們沒有文字，也沒有國王，但是他們崇敬長者，並遵從長者；他們為孩童取名為多默（Thomas），以聖多默（St Thomas the Apostle）為名；鄰近此處的是大島桑吉巴（Zanzibar），位於東經 102°00' 南緯 27.30°。

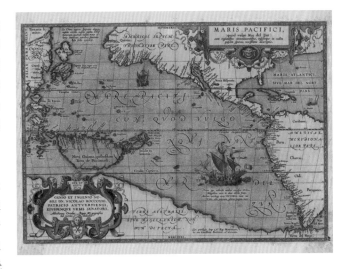

奧特里烏斯於西元 1589 年製作的太平洋地圖，上面有假說中廣大的南方大陸。

法蘭德斯（Flemish）地理學家康尼留斯‧威特菲雷（Cornelius Wytfliet）於西元 1597 年的《托勒密理論發展的描述》（*Descriptionis Ptolemaicae Augmentum*）中寫道：

> 南方大陸是陸地的最南邊，就在南極圈裡；西邊延伸至南回歸線，最終幾乎到了赤道，東方則有一道狹窄的海峽，隔著大陸與新幾

西奧多・布里（Theodor De Bry）的新世界地圖上，將南方大陸以麥哲倫之名標注，這張地圖飾以哥倫布、維斯普奇（Vespucci）、麥哲倫與皮薩羅的全身像。

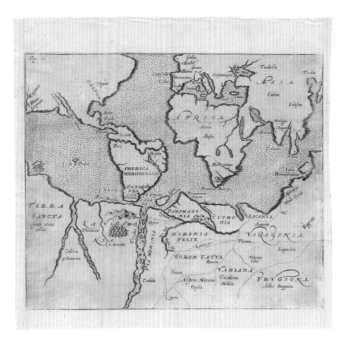

約瑟夫・赫爾於西元 1605 年
所著的《同一的新世界,或稱
南方大陸》中的世界地圖。

內亞⋯⋯南方大陸自赤道以下二到三度起,據說十分巨
大,大到要是完全探索後,會是世界的五分之一。

　　奧特里烏斯於西元 1589 年的地圖精彩展示了巨大的
南方大陸,幾乎佔了整幅地圖的南面。南太平洋則畫上
麥哲倫的維多利亞號做為裝飾,並描繪了他通過麥哲倫
海峽的航線,以及與南部大陸接合的火地島。地圖學上
的南方大陸在十七世紀有許多變化版本,其疆域也隨著
探索的發展而慢慢被削減。

　　許多作家將這個奇想加入他們的烏托邦作品,像是
布列塔尼人賀提夫(Restif de la Bretonne)就在他的《南
半球發現》(*The Discoveries in the Southern Hemisphere*)中
描述了南方大陸。德尼・維拉斯(Denis Vairasse)也編
造了在南方大陸的遊記,以假亂真到連法國學刊《斯卡
凡期刊》(*Journal des savants*)的審查人都被騙了過去。
南方大陸也變成反烏托邦作品的設定。英國主教與諷刺
小說作家約瑟夫・赫爾(Joseph Hall)於西元 1605 年
所著的《同一的新世界,或稱南方大陸》(*Mundus alter
et idem sive Terra Australis*),便是當代倫敦的少年讀物,
書中的「幻想號」(Fantasia)船員在梅庫里斯・不列塔
尼克斯(Mercurius Britannicus)的帶領下,造訪了克拉
普里亞(Crapulia)、維拉吉尼亞(Viraginia)、摩隆尼亞
(Moronia)、拉文尼亞(Lavernia),據說這些地方分別住
著暴飲暴食的人、挑釁者、笨蛋與盜賊。

有些南方的新發現一開始被視為大陸存在的證據。例如亞伯‧塔斯蒙（Abel Tasman）在西元 1642 年發現紐西蘭時便是一例。接下來，我們要談的南方大陸就是現代澳洲大陸的發現。

本頁是伊曼奴爾‧波文所繪的地圖，這是第一份以英文出版的澳大利亞地圖。這張地圖顯示了西元 1767 年的發現。此時南極洲的存在已經很明顯了，波文也在地圖下方寫著：「我們很難找到更符合南方大陸的陸地；這裡不再屬於未知，地圖上也畫出了塔斯蒙於西元 1642 年的發現，包括范迪門島（Van Diemens，塔斯馬尼亞 Tasmania）與新澤蘭（Nova Zeelandia）；上方則是他在新荷蘭（澳大利亞）的沿岸發現。」

西元 1814 年，馬修‧弗林德出版了《前往南方大陸的旅程》，他推斷亞里士多德筆下的巨大大陸不可能存在，將這個神話判出賽局，用以支持將「南方大陸」的標籤放到新荷蘭大陸上。他寫著：「經度更南方沒有其他分離的陸地或任何延伸。南方大陸一說因此仍能描述這塊土地的地理重要性，還有它在地球上的定位……」

英國人自此將這塊土地命名為澳大利亞，傳說中的南方大陸則邁向終結……至少人們是這樣認為的。這個概念剛有人寫出來不久，但到了西元 1820 年，南極洲的冰凍海岸出現在南方漂浮的冰層後，便讓人氣沖沖地重新評估這則被人駁斥的故事，並轉移了人們接下來許多年對於新探險所執著的焦點。

伊曼奴爾‧波文（Emanuel Bowen）於西元 1744 年所繪的〈奉荷蘭東印度公司之命所繪，亞伯‧塔夫蒙船長調查南方大陸之完全地圖〉（A Complete Map of the Southern Continent suevey'd by Capt Abel Tafman & depicted by order of the East India Company in Holland）。

圖勒島 THULE

西 經 28°59'，北 緯 60°31'；又 拼 作 Thila、Thile、Thoulē、Thula、Thulé、Tila、Tile、Tilla、Tyle、Tylen 或 盡頭之地圖勒（Ultima Thule）

——人們所知甚少、卻極其相信的極北凍寒之地

「圖勒」一名在早期代表探索極北凍寒處的未知巨影——當時人們所知甚少，然後卻確信其存在。圖勒成為世界在幻想中的頂端，使得許多早期重要海圖中未標注的區塊，採用的不是探勘資料，而是想像的內容。

這則傳說要追溯到出生於馬西利亞（Massalia）的希臘探險家皮西亞斯（Pytheas）的著作，這位探險家在西元前 325 年左右遠航至西北歐，抵達不列顛群島以及北蘇格蘭，甚至繼續向北方的未知水域航行六天，才終於在「接近凝固之海（pepēguia thalatta，地圖上也用拉丁文標作『凍海』Mare Congelatii）」的地方，看見一塊他稱作圖勒的土地。皮西亞斯登陸後見到當地居民，以及短晝的日落，見識這塊土地在冬天如何陷入黑暗。圖勒這地點燃了寫作家的想像力，維吉爾（Virgil）稱之為「盡頭之地圖勒」，這個專有名詞後來在中世紀地理學

賽巴斯蒂安・慕斯特於西元 1571 年所繪的〈不列顛地圖〉。不列顛群島東北有座「提希勒（Tihyle）或稱圖勒」的島嶼。

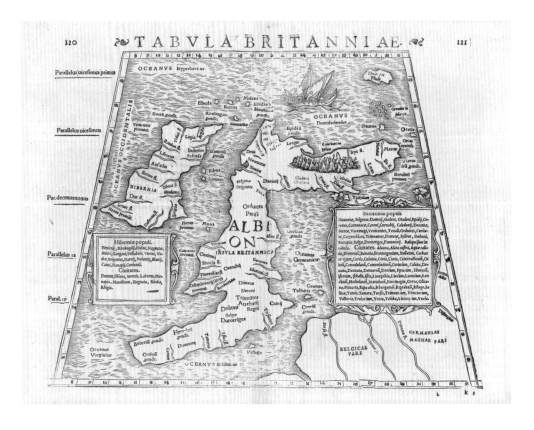

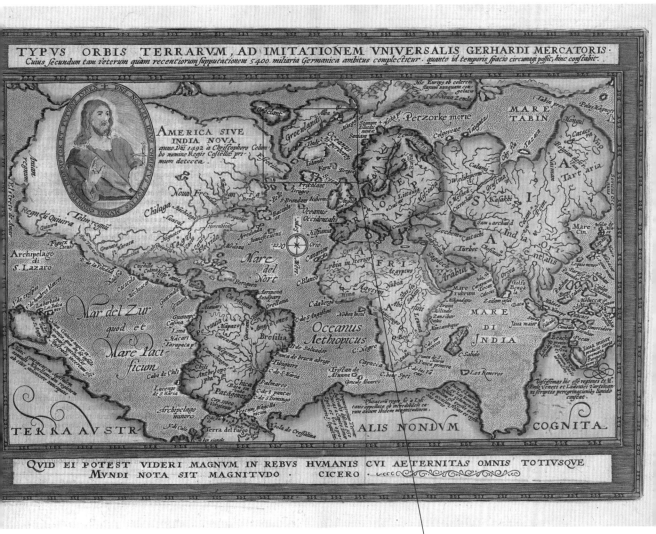

TYPVS ORBIS TERRARVM, AD IMITATIONEM VNIVERSALIS GERHARDI MERCATORIS·
Cuius secundum tam veterum quam recentiorum supputationem 5400. miliaria Germanica ambitus complectitur. quanto id temporis spacio circumagi possit, hinc constabit.

QVID EI POTEST VIDERI MAGNVM IN REBVS HVMANIS CVI AETERNITAS OMNIS TOTIVSQVE
MVNDI NOTA SIT MAGNITVDO· CICERO·

中，成為了不論距離的未知地域代名詞。老普林尼形容
圖勒是「有史以來最遙遠的地方」，繪聲繪影地描述那裡
「仲夏無夜，太陽沿著巨蟹座升降，仲冬無晝，有些作者
認為永夜會持續半年而不間斷。」

　　然而人們對皮西亞斯現已佚失的紀錄《海洋百態》
（*About the Ocean*）存疑；史特拉波稱皮西亞斯為「大偽
人」，並在他的《地理學》第二卷第五章中寫著：

馬西亞斯・奎杜（Matthias Quad）
於西元1600年製作出來的驚
人世界地圖。幅員廣大的圖勒
位於不列顛北方，以及卓吉歐
（Drogeo）與弗萊瑟蘭等地理謬
誤（詳見第240頁）。

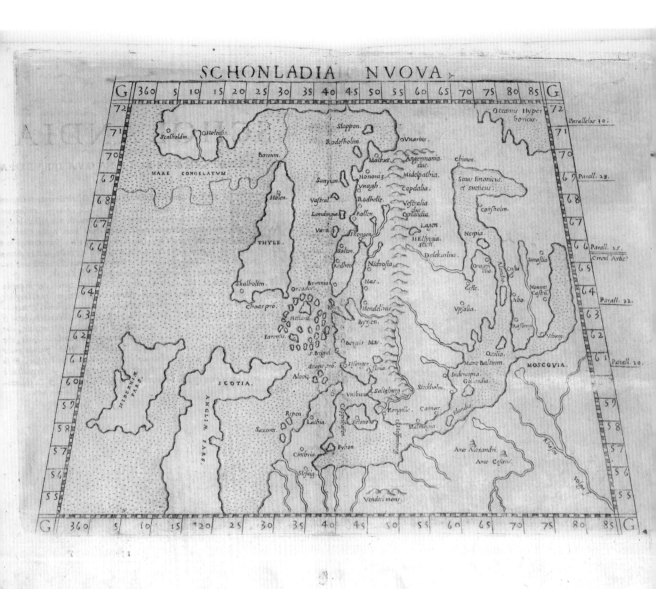

SCHONLADIA NVOVA

至於皮西亞斯當初接觸到的圖勒當地居民，史特拉波則持保守意見，並引述佚失的文獻寫著：

依馬西利亞的皮西亞斯所言，圖勒是不列塔尼亞群島（Britannis Islands）最北邊的一座，而那裡的夏季回歸線即為北極圈。但我沒有從其他作者手上得知這個主題——既不知是否真有座名為圖勒的島嶼，也不知道北方在夏季回歸線即北極圈的情況下，是否宜為人居。

吉洛拉莫·盧榭禮（Girolamo Ruscelli）於西元1561年製作的〈新斯孔拉地亞地圖〉（Schonladia Nuova），是最早的斯堪地那維亞印刷地圖，圖勒在此是位於蘇格蘭北方的一座巨島。

……當地人依靠小米與香草，以及水果與樹根維生；他們只要有穀物與蜂蜜，就能製作飲料。他說，至於穀物的部分，由於沒有正常的陽光，因此在第一次採收後，會於倉庫中重擊穀物，但是因為他們缺乏陽光又經常下雨，因此打穀脫粒也時常無用。

　　地理學家為了圖勒的真實位置傷透腦筋。梅拉將圖勒放在西徐亞以北（此地是綜合東歐與中亞地區的古典時期名稱）；托勒密將它放在挪威島嶼斯末拉島（Smøla）以北；而在普羅科匹厄斯（Procopius）筆下則是座北方大島，上面有二十五支部族，人們認為他指的是斯堪地納維亞（Scandinavia）。各家說法分別認為冰島、格陵蘭、斯瓦巴群島（Svalbard）與北蘇格蘭的群島即是圖勒，然而眾人並沒有共識。

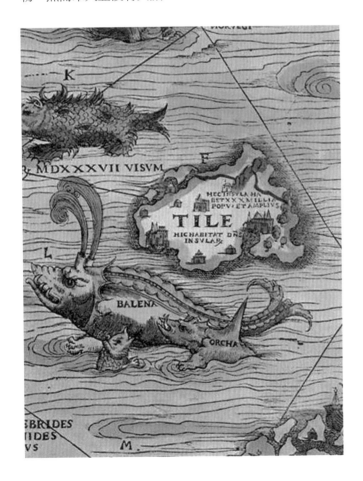

〈大烏勞斯海圖〉中所繪的圖勒，位於奧克尼群島（Orkney Islands）西北。

沉沒之城維涅達 SUNKEN CITY OF VINETA

東經 14°08'，北緯 54°06'；又拼作 Wineta、Veneta、維塔拔（Weltaba）、烏寧（Jumne）、維姆內（Vimne）

——北方亞特蘭提斯，被天災大浪吞沒之城

　　虛構城市維涅達據說是座繁忙興盛的貿易站，位自相傳位在波羅的海南部，也就是德國與波蘭海岸以北的地方，卻因為天災而在西元 1000 年以前被大浪吞沒，沒有留下一絲蹤跡。

　　被人稱作「北方亞特蘭提斯」的這座神話之城有許多變體，但是全都認定那裡是座巨大的商業中心。以十一世紀的德國編年史作家不萊梅的亞當主教（Bishop Adam of Bremen）為例，他筆下的維涅達就經常有維姆內（Vimne）與烏寧（Jumne）兩種變體。他描述這座城市開放所有人貿易，希臘人、斯拉夫人、薩克森人與蠻族在此城共處，這裡單純的居民有富榮譽感，樂於接待陌生人，且彬彬有禮，還曾接待過挪威國王藍牙哈拉爾（Harald Bluetooth）。

　　這座城市有北方國家五花八門的商品，還有像是「火山鍋」之類的珍品，或是火焰無法被撲滅的武器「希臘火」。有些版本的故事則以舊約聖經的口吻嘲弄這座城市，說它是知罪不悔的窩巢，因此被上帝毀滅，也有被海盜或侵略者搗毀的說法。

奧特里烏斯的波羅的海一帶地圖，維涅達被標示在中央。

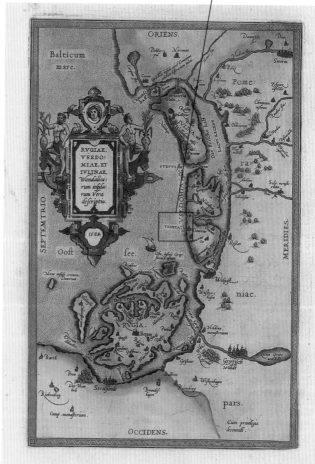

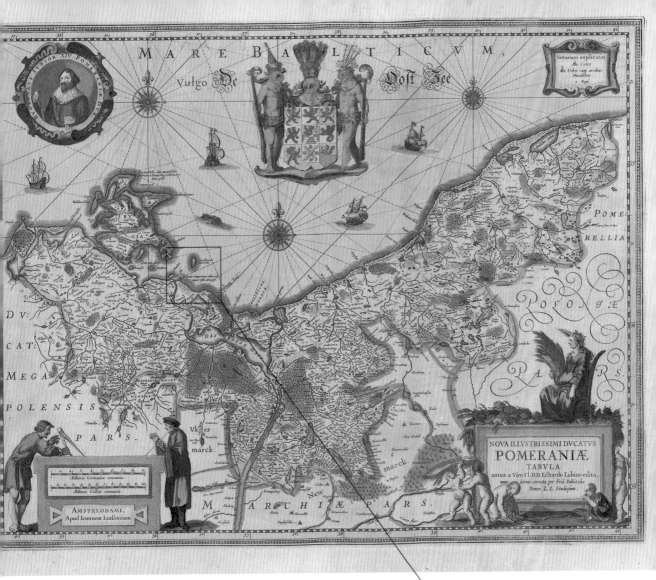

阿拉伯作家伊布拉罕・伊本・雅庫（Ibrahim Ibn Yaqub，約西元 970 年人物）口中的維塔拔（Weltaba），是座「有十二道城門的海濱大城，是歐洲最偉大的城市。它位於米西可（Misiko），即波蘭西北部的沼澤中。」十六世紀時，印刷地圖上的南波羅的海海岸有維涅達的蹤影。第 234 頁的〈綠根島、烏瑟多姆與烏林與其他凡達爾人島嶼的確切描述地圖〉（*Map of Rügen, Usedom and Julin, a true description of the islands of the Vandals*）是由奧特里烏斯所製，他將維涅達放在德國正北方的波羅的海上；艾爾哈德・盧比努斯（Eilhard Lubinus）於西元 1618 年製作的〈波美拉尼亞地圖〉（*Nova Illustrissimi Principatus Pomeraniae Descriptio*）則標示這座城市被丹麥國王康拉德（Conard）所毀。

洪第烏斯在西元 1640 年這張波美拉尼亞（Pomerania）地圖上，於海怪圖樣的正南方標示了維涅達。

一如人們從口述傳說中取得的斷篇殘片，能夠助人辨認維涅達確切位置的資訊少得可憐。我們不能說這座城市從未存在，但這沒有辦法擋住人們宣稱烏林島（Wolin）、烏瑟多姆島（Usedom）與巴爾特鎮（Barth）是維涅達的原址。波蘭海岸的烏林島上的確有人們在西元五世紀定居的證據，也認為這是伊本・雅庫口中的維塔拔。班貝格的奧圖（Otto of Bamberg）在西元 1140 年到 1159 年間有三份簡記，都使用了「烏林」（Julin）這個名字（類同亞當主教口中的『烏寧』），指涉現代的烏林島。不過考古證據顯示兩者並沒有交集，亞當主教口

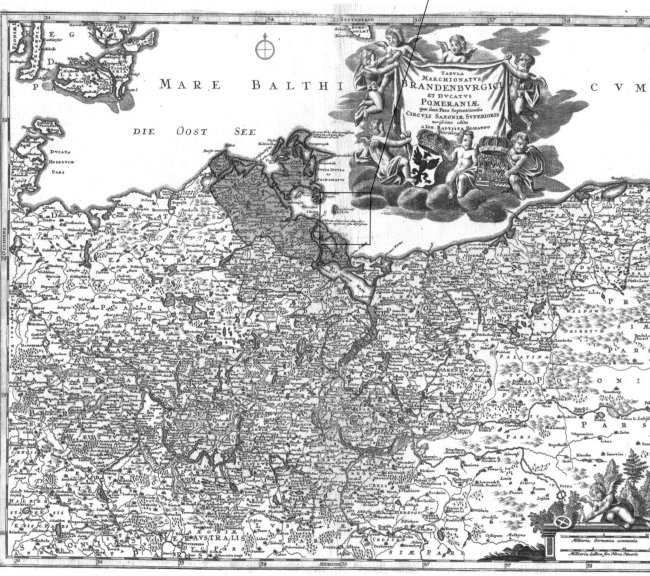

中可以容納三百六十艘戰船的巨大港口，並沒有曾經存在的跡象。

即便證據不足，當地居民仍然喜愛這則傳說。據說在海面平靜時，人可以看見海面下繁盛的維涅達，看著居民在浪花下交易。不過若想要親眼見到，那個人必須進行特定的傳統儀式，這個儀式經由《紐約時報》（*New York Times*）的旅遊作家傳承下來，他於西元1897年8月至波羅的海島嶼烏瑟多姆旅遊時寫下：

> 一男一女需要在復活節前一週的晝日齋戒。接近復活節黎明時，他們要取得一隻黑母雞與一隻天鵝，或是用純白的鵝代替天鵝，然後在朗恩貝格山脈（Langeberg）山腳行進。他們要在那裡褪去所有衣物，然後沿著砂質懸崖到達山頂。等到太陽升起時，男人便要殺掉母雞、呼喊雷德加斯特（Rhadegast）之名，女人則屠宰鵝隻、呼喊撒凡鐵維特（Svantevit）之名。接著，他們會看見腳下的維涅達，這座城在城門前崇拜的就是前述的神——雷德加斯特，是戰士與海盜的支持者；撒凡鐵維特則是音樂、預言與女人的愛情之神。

對頁地圖：J. B. 賀曼（J. B. Homann）約於西元1720年製的布蘭登堡（Brandenburg）與波美拉尼亞地圖，上面以拉丁文描述維涅達，說這是一處被海浪吞沒的著名商城。

瓦克瓦克島 WAK-WAK

東經 133°19'，北緯 38°45'；又拼作 Wák Wák、瓦庫瓦庫島（Island of Waq-Waq）

——《一千零一夜》中有著慘叫人頭果實的神話之島

東方文化史也和西方一樣有不少傳說島嶼，以同樣出現在日本神話的蓬萊為例，中國人相信這座島在渤海以東，此外還有四座島：方丈、瀛洲、岱輿與員嶠。這些受祝祐的島嶼是傳說中的樂園，是道家中掌握長生不老仙丹的地方。傳說當地的植物有魔力，可以讓人永保青春、死而復生。人們崇敬這些島嶼，派人搜尋的探險活動也廣人所知，像是秦始皇便在西元前 219 年派人探訪。

瓦克瓦克島（或稱瓦庫瓦庫）的故事是土耳其、阿拉伯與印度傳統文化的一部分，引用了九世紀許多波斯文地理文獻，將之放在韓國與中國東方。最有名的例子可能出自《一千零一夜》（One Thousand and One Nights）中巴斯拉的哈珊（Hassan of Bassorah）的故事。哈珊的妻子在結婚生子後，逃到她父親統治的瓦克瓦克島。她父親是那裡的王，指揮兩萬五千名「以劍打擊、以槍穿刺」的女兵。這座島的主要特徵是峰頂長著果樹的瓦克山，結的果實形如慘叫的人頭。《一千零一夜》裡寫著：「太陽升起時，所有的人頭都會大喊：『瓦克！瓦克！榮耀歸於創造之王哈拉克（al-Khallák）！』我們聽見他們的叫喊時，就知道太陽出來了。在日落的時候，這些頭顱也會喊：『瓦克！瓦克！榮耀歸於創造之王哈拉克！』，這時我們就知道是日落時分。」

布祖格·伊本·夏利亞（Buzurg ibn Shahriyar）在西元 1000 年左右所著的阿拉伯文作品《印度搜奇》（Aja'ib al-Hind）中描述了這顆樹。他說：「穆罕默德·伊本·巴比夏（Mahammedibn Babishad）告訴我，他從登陸瓦庫瓦庫的人口中聽說，那裡有種樹，樹上的圓葉有時會變成矩形，果實則像是葫蘆，但是長得更大，還有如人的模樣。當風吹襲而來，樹就會發出聲音……」

傳說中的瓦克瓦克樹與人形果，出自西元 1729 年的《西方印度歷史》（Ta'rikh al-Hind al-Gharbi）。

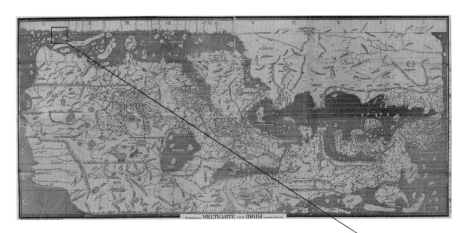

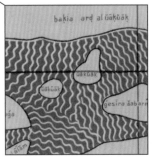

伊德里西在西元 1154 年的
《羅傑之書》（*Tabula Rogeriana*）
中所繪的瓦克瓦克島。

　　十二世紀時，有許多受人敬重的製圖學家將瓦克
瓦克繪製成多座島嶼──以穆罕默德‧伊德里西（西元
1099 生，1165 年歿）為例，他便駁斥了其中的奇幻成分
（阿拉伯地理學家瑪斯兀迪 Mas'udi 不可思議的故事不值
一提），但是他描述這座島上的居民以魚、貝類與龜肉維
生，卻沒有黃金或船隻。當地女人裸著身子，使用綴飾
了珍珠的梳子。

　　無怪乎這樣帶有異國風味的故事四處傳播，甚至
到了義大利人的耳裡。義大利波迪諾尼的歐多里可修士
（Friar Odorico of Pordenone）就在十四世紀帶人往東旅
行，他的遊記中也提到瓦克瓦克樹的傳言：

　　我在這裡聽說，那裡有長著男人與女人的樹。他們
　　有一立方公尺左右大，肚臍連著樹，靜止不動；但是風
　　一吹來，他們就活了過來，沒有風的時候則是乾萎。我
　　沒有親眼看見，但是曾看見的人這樣告訴我。

　　瓦克瓦克究竟純屬虛構，或是有真實依據，仍未有
人能提供解答。有人認為它的真實身分可能是婆羅洲、
巽他群島（Sunda Islauds）、蘇門答臘、馬達加斯加、
新幾內亞，甚至是澳大利亞；有些人則認為日本最有可
能是瓦克瓦克的原形，因為廣東話曾以「倭國」稱呼日
本，讓這種說法變得合理。

澤諾地圖的幽靈島嶼
PHANTOM LANDS OF *THE ZENO MAP*
—— 著名航海島先驅紀錄下的虛幻地域

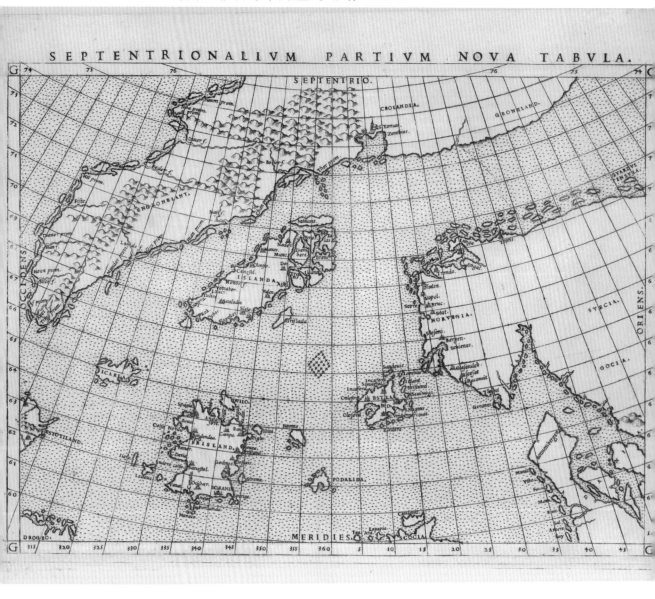

根據澤諾兄弟的紀錄，於西元
1561 年製成的北方區域地圖。

　　尼可洛・澤諾（Nicolò Zeno，約西元 1326 年生，約
西元 1402 年歿）與安東尼歐・澤諾（Antonio Zeno，約
西元 1403 年歿）這對威尼斯人兄弟是出名的航海家，他
們是航行北大西洋的先驅，並在旅途中發現了大量島嶼
與住民。澤諾兄弟的地理知識對後來的製圖學有深遠的
影響，奧特里烏斯、梅爾卡托等人的地圖都是以之為基

礎。然而今天我們要講的是個龐大的爭議，因為有人主張，澤諾兄弟根本沒有走過這趟發現之旅。

　　只有一本書記載澤諾兄弟（有時稱作澤恩）的旅程，那是他們十六世紀的後代所著的書。這位後代一樣名為尼可洛，後來由弗蘭契斯科·馬可里尼（Francesco Marcolini）於西元 1558 年出版，書名為《澤諾兩兄弟於北極發現的弗萊瑟蘭、艾斯蘭達與安果恩蘭、伊斯托提蘭與伊卡里亞》（*Dello Scoprimento dell'isole Frislanda, Eslanda, Engrouelanda, Estotilanda & Icaria, fatto sotto il Polo Artico, da due Fratelli Zeni*）。

　　此書內容是他們兄弟的信件往來，第一封是由尼可洛寫給安東尼歐的信，第二封則是安東尼歐寫給另一位兄弟卡洛（Carlo）的信。尼可洛回憶他如何在西元 1380 年遠航英國與法蘭德斯（Flanders）區域：他的船遇到風暴，因此偏離航線而擱淺在弗萊瑟蘭。這座北大西洋的島嶼在他的描述下，是比愛爾蘭還大的地域。尼可洛在這裡遇到弗萊瑟蘭的國王澤克姆尼（Zichmni），他的領土還包括環繞著弗萊瑟蘭的波蘭達（Porlanda）與索蘭特（Sorant）。尼可洛講述自己成為弗萊瑟蘭王侵略鄰近島嶼的參謀，並且邀請安東尼歐前來弗萊瑟蘭。安東尼歐感謝兄弟的邀請，後在澤克姆尼麾下作戰十四年。

　　安東尼歐往弗萊瑟蘭南方侵略艾斯蘭達，澤克姆尼則往北燈陸埃蘭達（Islanda）卻鎩羽而歸，因此轉攻東岸的島嶼，並攻下其中七座：布雷司（Bres）、波洛亞斯（Broas）、丹姆伯克（Damberc）、埃斯坎（Iscant）、敏滿特（Mimant）、塔拉斯（Talas）與崔蘭斯（Trans）。澤克姆尼在布雷司建了一座堡壘，並交給尼可洛，但是尼可洛後來航至格陵蘭，努力想找一座有中央暖氣配備的修道院。四年以後，尼可洛回到弗萊瑟蘭，溘然長逝。

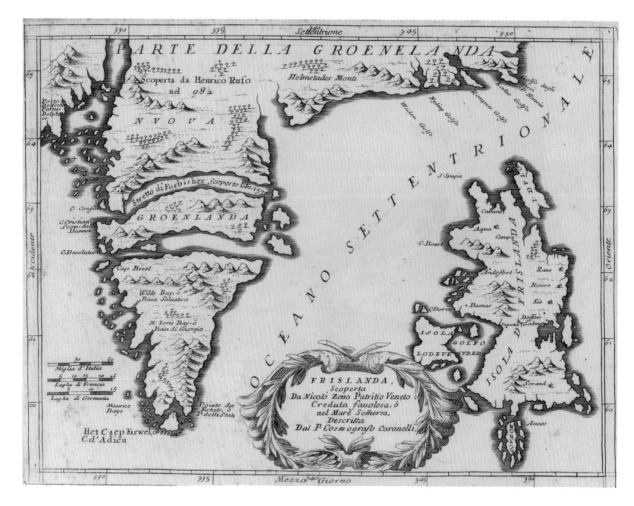

接著換安東尼歐講故事了，他記述自己在弗萊瑟蘭遇到一群剛從二十五年的遠航返鄉的漁夫。他們描述在遙遠的西方，登陸一處已開化的國家，那裡的人說拉丁文，國名是伊斯托提蘭（Estotiland）；這裡還有一座名為卓吉歐（Drogeo）的奇島，上面住著食人族與異獸，而他們靠著教導食人族捕魚脫逃。在澤克姆尼的命令下，，伊卡里亞人（Icaria）不准弗萊瑟蘭人登陸，準備拚死護衛他們的海岸，因此安東尼歐繼續航行，最後在安果恩蘭南端海岬崔林（Trin）登陸。水手認為這裡無法定居，但澤克姆尼則嘖嘖稱奇，決定繼續探索島嶼。安東尼歐與手下拋下澤克姆尼回到弗萊瑟蘭，最後回到威尼斯，然後在西元 1403 年左右去世。

「弗萊瑟蘭」與周邊島嶼。由文簡佐・馬里亞・柯羅涅里（Vincenzo Maria Coronelli）約於西元 1690 年所繪，便是根據澤諾家的發現而作。

澤諾兄弟的後代尼可洛所提供的文獻之信實度，在一開始沒有受到什麼人懷疑。拉姆西歐（Ramusio）在西元 1583 年的《論航海》（Delle Navigationi）亦收錄了澤諾兄弟的旅程；也有人將之翻譯成英文，收錄在哈克盧伊特於西元 1582 出版的《奇航》（Divers Voyages）與西元 1600 年《英國主要航海發現》（Principal Navigations）的第三卷。山繆・珀迦（Samuel Purchas）在西元 1625 年《珀迦朝聖記》中收錄了刪剪版的故事，但是已懷疑故事的真實性。直到十九世紀時，才有人質疑尤漢・佛斯特（Johann Foster）於西元 1784 年「證實」澤克姆尼真身為航海家亨利・辛克萊（Henry Sinclair）的說法。斐德列克・威廉・盧卡斯（Frederick William Lucas）於西元 1898 年在《尼可洛與安東尼歐・澤諾於北大西洋航行記》（The Annals of the Voyages of the Brothers Nicolo and Antonio Zeno in the North Atlantic）中，便指控寫作此書的澤諾家後代尼可洛所為「是可鄙的文字騙局──是欺騙得最成功的文字，應受譴責」。盧卡斯宣稱，書中提到的許多島嶼，是從馬提烏斯・普魯恩（Matheus Pranes）等人的早期地圖所取，然後遍布於北大西洋上。例如弗克斯蘭達（Fixlanda）就是普魯恩的波特蘭海圖上的地點，竟成為了弗萊瑟蘭的靈感。盧卡斯指出，這兩個地方指的都是冰島。

　　事實上，澤諾兄弟中的尼可洛雖說是參與旅行，但是紀錄上顯示他那時在威尼斯擔任公職；他在西元 1400 年寫了一份遺囑，然後西元 1402 年左右去世。西元 1394 年威尼斯法庭的公報也指出，他因為貪污而在希臘受審，當時是軍督摩冬內（Modone）與克羅內（Corone）執政的時期，期間橫跨西元 1390 年到 1392 年。

　　雖然弗萊瑟蘭可能就是冰島，但是在地圖上還是被畫作兩座不同的島嶼（詳見第 200 頁黑石峰，梅爾可托於西元 1570 年左右所繪的地圖）。埃蘭（Island）也被指為冰島，澤克姆尼征服的七座島並不存在，伊卡里亞不存在，艾斯蘭達也不存在，但可能與昔德蘭群島搞混。本書中有許多旅人的紀錄，然而若要從數百年來由謊言與謬誤羅織韌化的紙頁中找出真相，澤諾兄弟與弗萊瑟蘭冒險的案例則最為令人費解。至今，眾人仍在爭辯他們對於探險史的貢獻。

跨頁地圖：這是古斯（Goos）的南北半球地圖，出自他的《水上世界海洋地圖集》（Sea Atlas of the Water World）。古斯在妻子死後，才於西元 1672 年出版這本地圖集。

參考文獻

Adams, P. G. (1980) *Travelers and Travel Liars 1660–1800*, New York: Dover

Babcock, W. (1922) *Legendary Islands of the Atlantic*, New York: Plainview

Beatson, A. (1816) *Tracts Relative to the Island of St Helena: Written During a Residence of Five Years*, London: Printed by W. Bulmer and Co.

Burgh, J. (1764) *An Account of the First Settlement, Laws, Form of Government, and Police, of the Cessares, A People of South America: In Nine Letters, from Mr Vander Neck, One of the Senators of that Nation, to His Friend in Holland*, London: J. Payne

Cameron, I. (1980) *To the Farthest Ends of the Earth: 150 Years of World Exploration*, London: Macdonald

Cherici, P. & Washburn, B. (2001) *The Dishonorable Dr Cook*, Seattle: The Mountaineers Books

Colón, H. (1571) *Historia del Almirante*, Venice

Dalrymple, A. (1775) *A Collection of Voyages Chiefly in the Southern Atlantick Ocean*, London: J. Nourse

Dampier, W. (1697) *A New Voyage Round the World*, London: James Knapton

De Robilant, A. (2011) *Venetian Navigators*, London: Faber & Faber

Delumeau, J. (1995) *History of Paradise: The Garden of Eden in Myth and Tradition*, New York: Continuum Publishing Co.

Dwight, N. (1817) *A System of Universal Geography, for Common Schools: In Which Europe is Divided According to the Late Act of the Congress At Vienna …*, Albany: Websters & Skinners

Eco, U. (2013) *The Book of Legendary Lands*, London: MacLehose Press

Farini, G. (1886) *Through the Kalahari Desert: A Narrative of a Journey with Gun, Camera, and Note-Book to Lake N'Gami and Back*, London: Sampson, Low, Marston, Searle & Rivington

Flinders, M. (1814) *A Voyage to Terra Australis*, London: G. and W. Nicol

Garfield, S. (2012) *On the MAP: Why the World Looks the Way it Does*, London: Profile

Gould, R. T. (1928) *Oddities: A Book of Unexplained Facts*, London: Philip Allan & Co. Ltd

Hakluyt, R. (1582) *Divers Voyages*, London: Thomas Dawson

Hakluyt, R. (1589) *The Principall Navigations, Voiage and Discoveries of the English Nation, Made by Sea or over Land*, London: G. Bishop & R. Newberie

Horsburgh, J. (1809) *Directions for Sailing to and from the East Indies, China, New Holland, Cape of Good Hope, and the Interjacent Ports*, London: Black, Parry & Kingsbury

Howgego, R. (2003–2013) *Encyclopedia of Exploration*, Sydney: Hordern House

Johnson, D. (1997) *Phantom Islands of the Atlantic*, London: Souvenir

Lucas, F. W. (1898) *The Annals of the Voyages of the Brothers Nicolo and Antonio Zeno in the North Atlantic*, London: H. Stevens Son & Stiles

Mandeville, J. (c.1357) *The Travels of Sir John Mandeville*

Maslen, T. J. (1830) *The Friend of Australia, or, A Plan for Exploring the Interior and for Carrying on a Survey of the Whole Continent of Australia*, London: Hurst Chance

McLeod, J. (2009) *The Atlas of Legendary Lands*, Sydney: Pier 9

Morrell, B. (1832) *A Narrative of Four Voyages …*, New York: J. & J. Harper

Newton, A. P. (1914) *The Colonising Activities of the English Puritans*, New Haven: Yale University Press

Nigg, J. (1999) *The Book of Fabulous Beasts*, Oxford: Oxford University Press

Nigg, J. (2013) *Sea Monsters: The Lore and Legacy of Olaus Magnus's Marine Map*, Lewes: Ivy Press

Park, M. (1798) *Travels in the Interior Districts of Africa*, London: John Murray

Polke, D. B. (1991) *The Island of California*, Spokane: Arthur H. Clarke

Psalmanazar, G. (1704) *An Historical and Geographical Description of Formosa, an Island Subject to the Emperor of Japan*, London: Wotton, Roper and Lintort

Psalmanazar, G. (1764) *Memoirs of ****, Commonly Known by the Name of George Psalmanazar*, London: R. Davis

Purchas, S. (1625–1626) *Hakluytus Posthumus or Purchas His Pilgrimes, Contayning a History of the World in Sea Voyages and Lande Travells, by Englishmen and others*, London: H. Fetherston

Purdy, John (1822) *Memoir, Descriptive and Explanatory, to Accompany the New Chart of the Ethiopic or Southern Atlantic Ocean, with the Western Coasts of South America, from Cape Horn to Panama: Composed from a Great Variety of Documents, as Enumerated in the Work*, London: R. H. Laurie

Ramsay, R. (1972) *No Longer on the Map*, New York: Viking Press

Ramusio, G. B. (1583) *Delle Navigationi*, Venice: Giunta

Scafi, A. (2013) *Maps of Paradise*, London: British Library

Scott-Elliot, W. (1925) *The Story of Atlantis and the Lost Lemuria*, London: Theosophical Publishing House

Silverberg, R. (1972) *The Realm of Prester John*, Athens: Ohio University Press

Sinclair, D. (2003) *Sir Gregor MacGregor and the Land that Never Was*, London: Headline

Van Duzer, C. (2013) *Sea Monsters on Medieval and Renaissance Maps*, London: British Library

Wafer, L. (1699) *A New Voyage and Description of the Isthmus of America …*, London: James Knapton

Wellard, J. (1975) *The Search for Lost Worlds*, London: Pan

Williams, G. (2002) *Voyages of Delusion*, London: Harper Collins

Yenne, B. (2011) *Cities of Gold*, Yardley: Westholme

[Zeno, N. & A.] (1558) *Dello Scoprimento dell'isole Frislanda, Eslanda, Engrouelanda, Estotilanda, & Icaria, fatto sotto il Polo Artico, da due Fratelli Zeni*, Venice: Marcolini

索引

致謝

我想向幫助我完成書的以下人士表達由衷的感謝：Charlie Campbell, Ian Marshall, Laura Nickol 和 Keith Williams；感謝 Franklin Brook-Hitching 為我承受各種問題，以及所有支持我的家人；感謝 Alex Anstey 的藝術貢獻與鼓勵；Matt、Gemma 與 Charlie Troughton、Daisy Laramy-Binks、Kate Awad、Richard Jones 與 Marie-Eve Poget、Harry Man、Alex Popoff、Katherine Anstey、Alexi Sorrel Harrison、James Miller、Ciara Jameson、Tereza Urbaníková、Luciano Pelizza，Skye Ashton、Georgie Hallet、Thea Lees、Clare Spencer、Andy Murray、June Hogan 與 Hope Brimelow。

我特別感謝提供並允許重製本書中許多作品的人們：Altea Antique Maps Gallery 的 Miles Baynton-Williams 與 Massimo De Martini 提供許多圖片；加洲的 Barry Ruderman Antique Maps 公司也親切提供許多重要圖像；我另外還要感謝 Maggs Bros Rare Books、John Bonham Rare Books、Richard Fattorini 與 Sotheby's 公 司 的 Francesca Charlton-Jones；Peter Harrington Rare Books 的 Pom Harrington、Glenn Mitchell 與 Joe Jameson；還有雪梨的 Hordern House Rare Books 的 Derek McDonnell 與 Rachel Robarts。

圖片與地圖版權來源

Altea Antique Maps Gallery, London
Pg 64, 80, 97, 118, 148, 151, 165, 187, 224, 229, 240

Barry Lawrence Ruderman Antique Maps Inc.
Cover, Pg 12, 15, 16, 20-21, 51, 62, 68, 120, 160, 162, 164 (vignette), 183, 218, 222, 226–227, 230, 242

Boston Public Library
Pg 172

British Library
Pg 58

Hordern House Rare Books, Sydney. Colour by Alex Anstey.
Pg 34 (colour by Alex Anstey), 35, 36 (top and bottom), 37

John Bonham Rare Books
Pg 76, 78

Library of Congress
Pg 43, 66 (Geography and Map Division), 73 (George Grantham Bain Collection), 102 (Geography and Map Division), 124 (Geography and Map Division), 125 (Geography and Map Division), 161 (Geography and Map Division), 219 (Geography and Map Division), 243 vignette (Geography and Map Division)

Maggs Bros. Rare Books
Pg 32, 82

National Library of Australia
Pg 136–7

New York Public Library
Pg 4–5, 14 (Lionel Pincus and Princess Firyal Map Division), 173

Northwestern University Library
Pg 140

Peary-MacMillan Arctic Museum, Bowdoin College
Pg 44

Peter Harrington Rare Books
Pg 166 (bottom)

All other images courtesy of the author.

國家圖書館出版品預行編目資料

詭圖：地圖歷史上最偉大的神話、謊言和謬誤 / 愛德華・布魯克希欽
（Edward Brooke-Hitching）著；周翰廷譯. -- 初版. -- 臺北市：奇幻基地，城邦
文化出版：家庭傳媒城邦分公司發行，民107.01
面；　公分. -- (聖典 ; 43)
譯自：The phantom atlas : the greatest myths, lies and blunders on maps
ISBN 978-986-95902-3-5 (精裝)

1.世界地理 2.歷史地圖 3.地圖繪製

716   106024189

詭圖：地圖歷史上最偉大的神話、謊言和謬誤（精裝）

原著書名／The Phantom Atlas: The Greatest Myths, Lies and Blunders on Maps
作　　　者／愛德華・布魯克希欽 Edward Brooke-Hitching
譯　　　者／周翰廷
副總編輯／王雪莉
責任編輯／王雪莉

行銷業務經理／李振東
業務主任／范光杰
資深行銷企劃／周丹蘋
發 行 人／何飛鵬
法律顧問／元禾法律事務所　王子文律師
出　　　版／奇幻基地出版
　　　　　　城邦文化事業股份有限公司
　　　　　　台北市104民生東路二段141號8樓
　　　　　　電話：(02)25007008　傳眞：(02)25027676
　　　　　　網址：www.ffoundation.com.tw　email：ffoundation@cite.com.tw
發　　　行／英屬蓋曼群島商家庭傳媒股份有限公司城邦分公司
　　　　　　台北市民生東路二段141號2樓
　　　　　　書虫客服服務專線：02-25007718・02-25007719
　　　　　　24 小時傳眞服務：02-25001990・02-25001991
　　　　　　服務時間：週一至週五 09:30-12:00・13:30-17:00
　　　　　　郵撥帳號：19863813　戶名：書虫股份有限公司
　　　　　　讀者服務信箱 E-mail：service@readingclub.com.tw
　　　　　　歡迎光臨城邦讀書花園 網址：www.cite.com.tw
香港發行所／城邦（香港）出版集團有限公司
　　　　　　香港灣仔駱克道193號東超商業中心1樓
　　　　　　電話：(852) 25086231 傳眞：(852) 25789337
　　　　　　E-mail：hkcite@biznetvigator.com
馬新發行所／城邦（馬新）出版集團【Cite(M)Sdn. Bhd】
　　　　　　41, Jalan Radin Anum, Bandar Baru Sri Petaling,
　　　　　　57000 Kuala Lumpur, Malaysia.
　　　　　　Tel: (603) 90578822　Fax:(603) 90576622
　　　　　　email:cite@cite.com.my

封面設計／黃聖文
排　　　版／極翔企業有限公司
印　　　刷／高典印刷有限公司

■2018年（民107）1月4日初版一刷
■2023年（民112）3月17日初版6刷

定價／699元

ISBN 978-986-95902-3-5

城邦讀書花園
www.cite.com.tw

104台北市民生東路二段141號11樓

英屬蓋曼群島商家庭傳媒股份有限公司城邦分公司 收

請沿虛線對摺，謝謝

每個人都有一本奇幻文學的啟蒙書

奇幻基地官網：http://www.ffoundation.com.tw
奇幻基地粉絲團：http://www.facebook.com/ffoundation

書號：**1HR043C**　　　書名：詭圖：地圖歷史上最偉大的神話、謊言和謬誤（精裝）

讀者回函卡

謝謝您購買我們出版的書籍！請費心填寫此回函卡，我們將不定期寄上城邦集團最新的出版訊息。

姓名：_____　　性別：□男　□女

生日：西元_____年_____月_____日

地址：_____

聯絡電話：_____傳真：_____

E-mail　：_____

學歷：□1.小學　□2.國中　□3.高中　□4.大專　□5.研究所以上

職業：□1.學生　□2.軍公教　□3.服務　□4.金融　□5.製造　□6.資訊

　　　□7.傳播　□8.自由業　□9.農漁牧　□10.家管　□11.退休

　　　□12.其他_____

您從何種方式得知本書消息？

　　　□1.書店　□2.網路　□3.報紙　□4.雜誌　□5.廣播　□6.電視

　　　□7.親友推薦　□8.其他_____

您通常以何種方式購書？

　　　□1.書店　□2.網路　□3.傳真訂購　□4.郵局劃撥　□5.其他

您購買本書的原因是（單選）

　　　□1.封面吸引人　□2.內容豐富　□3.價格合理

您喜歡以下哪一種類型的書籍？（可複選）

　　　□1.科幻　□2.魔法奇幻　□3.恐怖　□4.偵探推理

　　　□5.實用類型工具書籍

您是否為奇幻基地網站會員？

　　　□1.是□2.否（若您非奇幻基地會員，歡迎您上網免費加入，可享有奇幻
　　　　基地網站線上購書75折，以及不定時優惠活動：
　　　　http://www.ffoundation.com.tw/）

對我們的建議：_____

_____

_____

M. Canaria.

Insulæ Fortunatæ :